RICARDO LARRAGA

MARIANO BRULL
Y LA
POESÍA PURA EN CUBA

© Copyright 1981 by Ricardo Larraga

Derechos de autor, ©, por Ricardo Larraga. Todos los derechos son reservados. Ninguna parte de este libro puede ser reproducido o trasmitido en ninguna forma o por ningún medio electrónico o mecánico, incluyendo fotocopiadoras, grabadoras o sistemas computarizados, sin el permiso por escrito del autor, excepto en el caso de breves citas incorporadas en artículos críticos o en revistas. Para obtener información diríjase a Ediciones Universal.

Primera edición, 1994

EDICIONES UNIVERSAL
P.O. Box 450353 (Shenandoah Station)
Miami, FL 33245-0353. USA
Tel: (305)642-3234   Fax: (305)642-7978

Library of Congress Catalog Card No.: 94-71551

I.S.B.N.: 0-89729-735-0

Óleo de la cubierta por José María Mijares

A la memoria de mi querido hermano, Ricardo, autor de esta obra.

Conchita Larraga de la Garza

ÍNDICE

Págs.

Prefacio		9
Capítulo I.	Denominación de poesía "pura": origen y desarrollo de una concepción hasta el debate	11
Capítulo II.	Hacia la modalidad "purista" en la poesía española del siglo XX — Desde el modernismo hasta la generación del '27	23
Capítulo III.	Hacia una "pureza" poética en Cuba: configuración e inicios	35
Capítulo IV.	Mariano Brull, figura representativa de lo "puro"	67
Recapitulación y Conclusiones		125
Notas a los capítulos		129
Bibliografía		189
Apéndices		219

PREFACIO

El objetivo de esta disertación ha sido el investigar el proceso de la poesía "pura" en Cuba. Como ejemplificación central de ésta, he seleccionado la figura de Mariano Brull, al cual estimo ser de máximo relieve en el panorama de lo "puro".

Con vistas a dilucidar lo expuesto, he creído necesario ofrecer una visión general de lo que fue o se entendió por "pureza" o poesía "pura". Es por ello que el primer capítulo está dedicado a exponer en síntesis, apretada si se quiere, algunas de las definiciones de lo "puro", sus implicaciones de historicidad lata, sus características más importantes, las figuras de más relevancia y lo que pensaron sobre lo "puro". El debate en Francia significó el otorgarle más vigencia: con las tesis bremondiana y valeriana, se abrían perspectivas de futuro en la poesía contemporánea, ansiosa de módulos renovadores.

Todo esto, a manera de lograr un esclarecimiento, de sentar ciertas bases, que nos ayudasen a entender mejor la "pureza" en Cuba.

El capítulo de España, en un intento de sintetizar el movimiento o ideal hacia lo "puro", creo puede ofrecer ciertas premisas, al igual que el anterior, desde las cuales pueda percibirse mejor ese proceso en Cuba.

Al destacar características de "pureza" en esos años, lo cual sería de marcada influencia en Cuba, lo "puro" podría comprenderse como un reflejo de lo universal, una inquietud por conferirle a lo poético carácter de permanencia, en un estado de serenidad.

Lo español, como veremos, se manifestará no solamente por medio de lo escrito, sino por la labor personal de poetas, como Federico García Lorca y Juan Ramón Jiménez, los cuales visitan la Isla y realizan una obra de divulgación y conformación hacia una "pureza".

En cuanto a Mariano Brull, viajero incansable y copartícipe él mismo de la atmósfera "purista" en Francia y España, he querido dar una muestra en conjunto de su vida y personalidad literaria, los ideales que lo animaron hacia lo "puro" y su poesía. Todo ello permitirá una apreciación más justa y acertada de este poeta cubano, tan poco estudiado por la crítica. No creo necesario señalar la labor ingente que este estudio representó, debido a la enorme dificultad en localizar trabajos, artículos y hasta libros relacionados con el tema.

Doy las gracias a todos aquellos que nos han facilitado alguna información, libros o escritos de o sobre el poeta cubano. En las notas, he dejado constancia de lo más importante.

Deseo reconocer asimismo la amabilidad del personal de las bibliotecas utilizadas: New York Public Library, Columbia University: Butler Library y La Casa Hispánica, Universidad de Miami en Coral Gables, la del Congreso en Washington, D.C. y la de New York University y su "interlibrary loan".

También a aquellos que nos alentaron en nuestra investigación hacia la consecución de esta obra, la cual me pareció tantas veces algo casi imposible de terminar.

La dedico a Cuba, para que los que la aman como yo, sepan valorarla, en los que como Mariano Brull, quisieron darle un alto relieve, así como para todas aquellas personas que se identifican con este sentir de lo autóctono, hacia un mejor entendimiento de lo universal.

CAPÍTULO I

DENOMINACIÓN DE POESÍA "PURA": ORIGEN Y DESARROLLO DE UNA CONCEPCIÓN HASTA EL DEBATE

1. El problema de su definición

Podría afirmarse que en realidad no existe una sola doctrina de poesía "pura", ni tampoco una única definición de lo que constituye la pureza poemática.

Robert Penn Warren, en "Pure and Impure Poetry", señala que existen varias teorías de poesía "pura" y que no todas son recientes. Según Warren, existe un denominador común de las distintas doctrinas de poesía "pura": es algo esencial que debe ser localizado en algún lugar del poema o en un elemento en particular. Basado en esto, el poeta, después de haber determinado ese "algo", procede a componer sus poemas acercándolos lo más posible a esa esencialidad poética.[1]

Frederick A. Pottle, en su libro *The Idiom of Poetry*, afirma que la doctrina de poesía "pura" es una parte necesaria de la teoría poética y que se pueden distinguir varios aspectos o definiciones de poesía "pura". Este crítico las reduce a dos: a) aquella poesía que es "pura" debido a que excluye lo moral y se abstiene de toda crítica de la vida. Produce siempre un "efecto", pero lo produce directamente en el lector; b) aquella otra que es "pura" no porque excluya las ideas sino debido a que las ideas, aunque presentes en la mente del poeta, han sido explícitamente eliminadas del poema y el lector debe proveerlas como un comentario o análisis del poema.[2]

Otro crítico, Max Eastman, nos da otra definición de poesía "pura", la cual niega que ésta sea una "esencia mística" que se supone exista en ciertos versos que son bellos o conmovedores o que sugiera perfección, por razones difíciles de analizar. Según Eastman, la poesía "pura" es una realidad del lenguaje en el poema.[3]

T. S. Eliot, en su concepción de la poesía "pura", hace hincapié en el proceso de desarrollo de la conciencia del lenguaje. Sin embargo, declara la imposibilidad de alcanzar el ideal de la pureza, ya que, según él, la poesía es poesía solamente en cuanto preserve alguna impureza en el sentido de valoración del contenido por sí mismo.[4]

Todas estas definiciones demuestran claramente la ambigüedad del término poesía "pura" y su estrecha relación con toda teoría sobre la esencia poética.[5]

2. Antecedentes históricos de un concepto moderno de poesía "pura"

La poesía habría de pasar por distintas etapas históricas, en las cuales se advertiría un "ininterrumpido proceso de especialización, de purificación."[6]

En cada época el lenguaje poético será resultado de nuevos conceptos sobre el papel de la poesía dentro de la circunstancia social o nuevas definiciones del quehacer poético.

En el siglo XVIII, se advierte una concepción nueva de una poesía en que el creador se aísla del medio y desea producir una poesía basada en lo mágico de los recursos de la lengua, con vistas a la sugestibilidad, más que al contenido en sí.[7]

Precisamente, es en el siglo XVIII, más exactamente en el año 1746, cuando aparece por primera vez en las letras francesas el uso del término poesía "pura", según las investigaciones del crítico inglés D. J. Mossop. El Abbé Batteux lo menciona en su obra *Les Beaux-Arts réduits à un même principe*:

> Il y a des fictions poétiques qui se montrent avec l'habit simple de la prose: tels sont les Romans et tout ce qui est dans leur genre. Il y a de même des matières vraies, qui paraissent revêtues et parées de tous les charmes de l'harmonie poétique: tels sont les Poëmes didactiques. Mais ces fictions en prose et ces histoires en vers ne sont ni pure Prose ni Poësie pure: c'est un mélange des deux natures.[8]

En su concepción, Batteux excluirá de la poesía "pura" tanto el didactismo moral como la verdad realista.

En el Romanticismo (siglo XIX) se aprecia la influencia de las teorías poéticas inglesas y alemanas de una "pureza" emotiva de inspiración divina. Se menciona como ejemplo representativo a Lamartine y sus *Méditations poétiques* de 1820.[9]

Hacia 1850, la poesía en Francia se proyectará hacia una "pureza" de equilibrio ante la influencia del idealismo alemán (Novalis especialmente).[10] La escuela parnasiana será el exponente más saliente de esta tendencia. La base teórica se halla condensada en la última estrofa del "Émaux et camées" de Théophile Gautier:

> Sculpte, lime, ciselle;
> Que ton rêve flottant
> Se scelle
> Dans le bloc résistant.[11]

De acuerdo con estos lineamientos, el parnasianismo buscaría la "pureza" mediante una técnica depuradora tendente a la perfección formal y a una "serenidad" de factura clásica.[12]

Todos estos antecedentes configurarán el desarrollo del concepto hacia una "pureza" poética. Éste adquirirá carácter de "modernidad" en el movimiento simbolista francés, influido por Poe y sus teorías poéticas. Las ideas de Poe se encuentran principalmente expuestas en dos ensayos: "La filosofía de la composición" y "El principio poético".

En el primero, refiriéndose a la composición de su poema "El Cuervo", afirma que nada en él fue dejado al accidente o la intuición, que al trabajar en el poema procedió, paso a paso, hasta su terminación, con la precisión y consecuencia rígida de un problema matemático.[13]

Poe tendrá como consideración primordial el "efecto" poético en el poema. Lo bello para este poeta no consistiría en una cualidad sino en un efecto o, lo que es lo mismo, en una intensa y "pura" elevación del alma (no del intelecto o del corazón). Esto es experimentado como una consecuencia de la contemplación de lo bello: "Now I designate Beauty as the province of the poem".[14]

En "El principio poético", extiende tales premisas teóricas. Según él, un instinto inmortal dentro del espíritu del hombre es sencillamente un sentido de lo Bello. Éste es el que gobierna para su deleite en las formas varias, sonidos, olores y sentimientos entre los cuales él esté:

> An immortal instinct, deep within the spirit of man, is thus, plainly, a sense of the Beautiful. This it is which administers to his delight in the manifold forms, and sounds, and odours, and sentiments amid which he exists.[15]

Todo esto, al repetirse bien en forma oral o escrita, aumenta la fuente de deleite del hombre. Sin embargo, ello en sí no es poesía ni tampoco la apreciación de su belleza por el poeta. Existe algo más allá de ese mundo que el poeta no ha podido —pero desea— cantar.

> It is no mere appreciation of the Beauty before us —but a wild effort to reach the Beauty above.[16]

Esta lucha por alcanzar la belleza sobrenatural, de parte de almas propiamente constituidas, ha dado al mundo todo aquello que ese mundo siempre ha sido capaz de comprender y sentir, a un mismo tiempo, como poético.[17]

De acuerdo con las ideas de Poe, es en la Música quizás donde el alma, inspirada por ese "sentimiento poético", se acerca al fin por el cual lucha, la creación de la Belleza sobrenatural. Esto lo lleva a afirmar que en la unión de Poesía y Música se encuentra el campo más amplio para el desarrollo poético. Poe definirá la poesía a manera de recapitulación, como "La creación rítmica de la belleza".[18]

Hacia el final de este ensayo, Poe formula algunas aclaraciones. Afirma que en la contemplación de la Belleza por sí sola es posible alcanzar esa elevación placentera o excitación del alma que reconoce como el Sentir Poético, el cual se distingue fácilmente de la Verdad, satisfacción de la Razón o de la Pasión, que es la excitación del corazón.

> In the contemplation of Beauty we alone find it possible to attain that pleasurable elevation, or excitement, *of the soul*, which we recognise as the Poetic Sentiment, and which is so easily distinguished from Truth, which is the satisfaction of the Reason, or from Passion, which is the excitement of the heart.[19]

El poeta deberá además proceder con precisión y rigidez matemática, para así obtener una unidad de "efecto" en el poema. Esto lo llevará a ser partidario de la brevedad, la cual sería una característica de poemas que aspiraban a ser "puros".[20]

3. Simbolismo poético: enunciados teóricos de Baudelaire hacia una "pureza" poética y su influencia en poetas del simbolismo

Existe una modalidad del simbolismo cuya concepción fue popularizada por el filósofo del siglo XVIII Emanuel Swedenborg, el cual postulaba el principio, de base místico-platónica, de que "... todas las cosas que existen en la naturaleza, desde lo más pequeño a lo mayor, son correspondencias. La razón de que sean correspondencias estriba en que el mundo natural, con todo lo que contiene, existe y subsiste gracias al mundo espiritual, y ambos mundos a la Divinidad... La Palabra fue escrita por puras correspondencias, como medio de unión entre el cielo y el hombre."[21]

Su concepción pasaría a América a través de Emerson. Eso, a su vez, influiría sobre Poe, aunque éste derivaría gran parte de sus ideas de Coleridge. Esa mística trascendentalista regresaría a Francia por medio de la relación Poe-Baudelaire. Este último trataría en sus ensayos muchos aspectos de la obra del poeta norteamericano, la cual repercutiría en Francia.[22]

Aunque influido por los principios teóricos de Poe, Baudelaire desarrollará una doctrina poética propia, lo que denotará una influencia notable de la filosofía trascendentalista de Swedenborg. Una de sus bases esenciales la constituirá su teoría de las correspondencias, que aparece esbozada en un estudio sobre Víctor Hugo aparecido en su *Art romantique* de 1861.

En él, Baudelaire, refiriéndose a las enseñanzas de la filosofía swedenborgiana, llega a la conclusión de que todo es jeroglífico. Sin embargo, los símbolos sólo serán obscuros de una manera relativa, según la pureza, la buena voluntad o la clarividencia natural de las almas. Según Baudelaire, el poeta no es otra cosa que un traductor, un descifrador, y todo poeta que se considere como tal no hará otra cosa que descifrar ese misterio haciendo una adaptación matemáticamente exacta de

las metáforas y epítetos (extraídos del inagotable fondo de la analogía universal) a la circunstancia actual.[23]
Esta teoría aparece ilustrada en su famoso soneto "Correspondances":

> La Nature est un temple où de vivants piliers
> Laissent parfois sortir de confuses paroles;
> L'homme y passe à travers des forêts de symboles
> Qui l'observent avec des regards familiers.
>
> Comme de longs échos qui de loin se confondent
> Dans une ténébreuse et profonde unité,
> Vaste comme la nuit et comme la clarté,
> Les parfums, les couleurs et les sons se répondent.
>
> Il est de parfums frais comme des chairs d'enfants,
> Doux comme les hautbois, verts comme les prairies,
> —Et d'autres, corrompus, riches et triomphants,
>
> Ayant l'expansion des choses infinies,
> Comme l'ambre, le musc, le benjoin et l'encens,
> Qui chantent les transports de l'esprit et des sens.[24]

El poeta, según lo expuesto, tendría que establecer un "orden" con el material analógico suministrado por su percepción o memoria, expresión exacta de su alma en relación a un momento específico de la circunstancia actual.[25] Esto conduciría a un método consciente de ajuste a lo que desea expresar, lo cual implicaría un poema trabajado, pensado cuidadosamente, "depurado". Baudelaire le otorgará máxima importancia a la composición poemática. Sin negar el hecho de la inspiración poética, aspiraba a substituirla por una técnica "purista" de corrección, de cambio, de ordenación.[26]

Baudelaire menciona dos veces el término "poésie pure" en sus "Notes nouvelles sur Edgar Poe". Al hablarnos sobre el género del cuento, lo menciona para contrastarla con él en el sentido de que la poesía "pura", al necesitar del ritmo para el logro de la belleza en el poema, se encuentra a una altura no tan fácilmente apreciable por el común del público, mientras que aquel teniendo por objeto la verdad, puede utilizar otros recursos (como el tono razonador sarcástico o humorístico) los cuales son foráneos a la idea de la belleza "pura".[27]

Al final del estudio, vuelve a mencionar el término, para destacar por contraste lo que debe ser eliminado del campo de lo "puro": toda finalidad didáctica.

> ... et toute âme éprise de poésie pure me comprendra quand je dirai que, parmi notre race anti-poétique, Victor Hugo serait moins admiré s'il était parfait, et qu'il n'a pu se faire pardonner son génie lyrique qu'en introduisant de force et brutalement dans sa poésie ce qu'Edgar Poe considérait comme l'hérésie moderne capitale: l'enseignement.[28]

Estos enunciados teóricos de Baudelaire llevan al movimiento simbolista a una concepción poética basada en la "pureza".[29]

Su impronta se hará sentir especialmente en dos poetas del simbolismo, Arthur Rimbaud y su amigo Paul Verlaine. Rimbaud, en una carta escrita el 15 de mayo de 1871, "Lettre du voyant", hace una declaración que puede ser relacionada con la teoría de las correspondencias. Escribirá que es esencial encontrar un lenguaje del alma, para el alma, que resuma todos los perfumes, sonidos, colores del pensamiento, encogiéndolo y estirándolo.[30]

En Verlaine se nota una sombra de Baudelaire por la importancia otorgada a lo musical. Verlaine hará declaración de principio en su "Art poétique".

> De la musique avant toute chose,
> Et pour cela préfère l'Impair
> ....
> Rien de plus cher que la chanson grise
> Où l'Indécis au Précis se joint.
> ....
> De la musique encore et toujours!
> Que ton vers soit la chose envolée[31]
> ....

En Mallarmé, las ideas de Baudelaire adquirirán nueva interpretación. Así como en Baudelaire, el misterio será algo fundamental para sus pronunciamientos sobre lo que consideraría ser una poesía "pura". Según este poeta, debe estar regida por lo aristocrático,[32] en que existe el alejamiento de lo más común o vulgar; o en otras palabras, de la cotidianidad.

El objetivo primordial lo sería la creación de un lenguaje nuevo, en el cual las palabras serían utilizadas para la obtención de un "efecto" en el poema, teniendo en cuenta sus sensaciones en el lector.[33] Esto lo ha de llevar a la meditación sobre el valor intrínseco de cada palabra y de sus relaciones con otras.[34] Mallarmé querría lograr un "efecto" justo, armónico, sin ningún tipo de disonancia.[35]

En un prefacio al libro de René Ghil *Traité du verbe*, Mallarmé expresa algunas ideas sobre lo "puro" poético.

En él declara que no existe propósito alguno en transponer un hecho de la naturaleza en una casi desaparición vibratoria, a través del juego de la palabra, a menos que de esto emane la "noción pura".[36]

A continuación aclara lo que ha querido decir:

> Digo una flor y más allá del olvido donde mi voz relega algún contorno, en tanto que alguna otra cosa que los cálices conocidos, se eleva musicalmente la idea misma y suave de la flor, ausencia de todos los ramilletes.[37]

En estas ideas sobre la "pureza" poética, se puede apreciar una concepción basada en la sugerencia musical de una idea, noción abstracta de una realidad concreta. Esto podría conferirle un carácter metafísico.[38]

Como hemos visto, en este bosquejo de desarrollo hacia una concepción de la "pureza" poética existen líneas divergentes; pero, al mismo tiempo, es posible apreciar una común (musicalidad-correspondencias-trabajo consciente) que, partiendo de Edgar Allan Poe, evoluciona hacia otras interpretaciones en el simbolismo francés (desde Baudelaire hasta Mallarmé), del cual surgiría el llamado "mito de poesía pura".[39]

El término "poesía pura" adquirirá nueva vigencia al ser mencionado por el abate Henri Brémond, en un discurso de entrada a la Academia Francesa en 1925, lo cual daría lugar a un debate en torno a su concepción y aquella otra del poeta Paul Valéry.

El abate Brémond, al comenzar su discurso, declaró que la poesía "pura" no era nada nuevo. Estaba infiriendo con ello que este concepto era tan antiguo como la poesía misma.[40]

De acuerdo con su concepción la poesía "pura" no designaría este o aquel elemento del poema —su significado, imágenes— sino una esencia, una realidad misteriosa infusa a través de todos los elementos del poema, pero distinta en naturaleza de todos ellos.[41] Encontraba, pues, Brémond que lo que hace verdaderamente poético un poema no es el contenido, ni la forma, sino sencillamente lo "inefable". Pero a la vez indicaba que eso, lo "inefable", no podía desligarse de la forma y del contenido. Por lo tanto, sus asertos críticos abarcarían no sólo la poesía de los contemporáneos sino también los anteriores, los románticos, los clásicos, todos aquellos que han creado alguna vez un poema.

Las conclusiones de su discurso no se desarrollaron en su totalidad hasta *Prière et Poésie*, y ciertos conceptos relacionados con el lenguaje poético fueron expuestos más detalladamente en *Racine et Valéry*.[42]

Brémond opinaba que el lenguaje en sí mismo, en todas sus formas —sugestiva, musical, discursiva— es "impuro". La labor mágica del poeta consistirá en transformar las palabras "impuras" en poesía o "talismán":

> En tant que signes, ils restent voués à la prose; mais, de simples signes qu'ils sont, la magie du poète les transforme en talisman.[43]

El abate sostiene que el poeta ejercerá esa acción transformante, no mediante un proceso selectivo de palabras, capaces por sí mismas de producir la poesía "pura" en el poema, sino logrando que todas las palabras conduzcan esa poesía "pura" a través del poema:

> Pour nous, au contraire, il n'est pas de mots qui soient poétiques de naissance; ils le deviennent, ils peuvent tous le devenir, comme les fils du télégraphe deviennent, à proprement parler, électriques, lorsque le courant les traverse.[44]

La corriente mencionada por Brémond en este pasaje, no podrá ser otra cosa que la poesía "pura". Ésta atravesará el poema intacta, sin ser uno de sus elementos constitutivos, de igual manera que la electricidad al pasar por el hilo conductor.

De lo anterior, se deduce que las palabras en sí mismas no tenían importancia para Brémond, en cuanto al hecho en sí, de crear una poesía "pura". Lo realmente esencial —según el abate— lo constituiría ese "efecto" poético puro, el cual sería "sentido" por el lector de una manera intuitiva, nunca racional.[45]

Por ello el modo más eficaz, de acuerdo con Brémond, de dilucidar el misterio de la poesía "pura", consistiría en analizar el acto de la inspiración o iluminación en el poeta. En *Prière et Poésie*, sostiene que la inspiración es de origen místico y afirma que prefería la palabra "mystique" sobre otras como "enthousiasme" o "influence secrète du ciel", al eliminar con ello la orientación estrictamente psicológica:

> Il a surtout l'avantage de rappeler l'orientation nettement, exclusivement psychologique, que nous entendons donner au débat sur la poésie.[46]

De acuerdo con la teoría bremondiana, en el acto de la iluminación poética debe existir un acercamiento a la realidad creada, y luego indirectamente, pero a través de esa misma realidad, una unión con el Creador. En este sentido, se identifica con la oración.[47]

En Valéry, por el contrario, la primacía corresponderá a la composición, después del acto, de la inspiración alejada de lo místico. Para él, lo fundamental es el lenguaje en el poema.

4. La concepción de Valéry sobre poesía "pura"

Paul Valéry escribió un ensayo específicamente dedicado a exponer sus ideas sobre el problema de la poesía "pura": "Poésie pure: Notes pour une conférence".[48] En este ensayo, explica con más detalle lo que había querido decir sobre esto en su "Avant propos" de 1920 al libro de Lucien Fabre, *Connaissance de la déesse*. Reitera que, al mencionar el término poesía "pura", lo había hecho no para designar una entidad distinta del poema, sino para sugerir una especie de poesía en "estado puro", como lo sería el agua libre de impurezas.

El poeta crearía esa poesía, mediante un proceso químico de decantación, por el cual se eliminarían todos los elementos "impuros" (no-poéticos) en el poema.[49]

Valéry reconoce que esto es un ideal imposible de lograr. Solamente podrán obtenerse fragmentos de poesía "pura", indisolublemente unidos al contenido del poema, de por sí "impuro". Esto implicaría una asociación íntima entre el fondo y la forma.

> En somme, ce qu'on appelle un poème se compose pratiquement de fragments de poésie pure enchâssés dans la matière d'un discours.[50]

Para este artista del verso, el lenguaje adquirirá primordial importancia en la creación de un poema "puro" o "absoluto". En su logro el poeta debe seleccionar cuidadosamente los vocablos, observar sus relaciones y aún más las relaciones de las resonancias entre las distintas palabras. Mediante esta metodología poética se crearía un "efecto" o "efectos" en el lector.[51]

Por consiguiente, la "pureza" poética sería una fase de la composición del poema y no anterior a ella, lo cual presupone una técnica "depuradora" de búsqueda y eliminación.[52]

En otro ensayo, los "Entretiens" de Frédéric Lefèvre del año 1926, se aclara esa idea con la cual el poeta afirma que su concepción "purista" era aquella en que la poesía sería un resultado de la supresión progresiva de elementos prosaicos en un poema, entendiendo por éstos todo aquello que pueda ser dicho en prosa: todo lo que siendo historia, leyenda, anécdota, moralidad, inclusive filosofía, existe por sí mismo, sin el concurso necesario del canto.

> Je n'avais entendu faire allusion qu'à la poésie, qui résulterait, par une sorte d'*exhaustion*, de la suppression progressive des éléments prosaïques d'un poème. Entendons par éléments prosaïques tout ce qui peut, *sans dommage*, être dit en prose; tout ce qui, histoire, légende, anecdote, moralité, voire philosophie, existe par soi-même sans le concours nécessaire du chant.[53]

5. Significación de este debate

Creemos que el aspecto más saliente de este debate lo representaría la confusión creada en relación con el significado del término poesía "pura".

Cuando el abate Brémond pronunció su discurso, sabía de antemano que el problema de la poesía "pura" no sería nunca resuelto. Es por ello que su objetivo no fue otro que provocar una polémica sobre la naturaleza misma de la poesía.[54]

Como vimos, resaltan diferencias fundamentales entre los conceptos del abate y los del poeta Valéry sobre lo que constituye la poesía "pura" en un poema. Aunque para ambos la función de la poesía consistiría en producir un "efecto" poético "puro" en el lector, de acuerdo con lo expuesto por Valéry, éste se lograría mediante un proceso selectivo-depurador a través del lenguaje, mientras que para Brémond ese lenguaje sería meramente un "conductor" de ese "efecto".

En contraste con el estado místico de inspiración que preconizaba Brémond, los postulados de Valéry hacían hincapié en un espíritu crítico y selectivo, ya que no todos los productos de la inspiración deben ser utilizados por el poeta. Ambas posiciones sobre lo "puro" serán interpretadas en varias formas: ir a lo absoluto, evasión de lo real, idealidad en lo bello.

Este debate, por consiguiente, no alcanzó a proveer una definición completamente satisfactoria de la poesía "pura", pero sí ofreció una oportunidad para expresar opiniones distintas y comparar criterios divergentes sobre la "esencialidad poética".[55]

La dilucidación de esta esencia, como vimos, no era algo nuevo, pero es indudable que adquirió nuevas perspectivas, quizás como expresión de una época revisionista y preocupada por la naturaleza misma de la poesía.

Los comentarios y artículos que suscitaría, demuestran a las claras las amplias reverberaciones que ocasionó y las repercusiones que tuvo entre el público de esa época. Por lo general, se acepta como final de este debate el año 1930.[56]

En Cuba, su principal expositor lo sería Mariano Brull, el cual había vivido en la capital francesa varios de esos años en que el debate llegó a un apogeo extraordinario.

Como veremos, este poeta cubano ofrecerá detalles de él al público de su Patria, en una conferencia muy importante del año 1931.

CAPÍTULO II

HACIA LA MODALIDAD "PURISTA" EN LA POESÍA ESPAÑOLA DEL SIGLO XX — DESDE EL MODERNISMO HASTA LA GENERACIÓN DEL '27

1. La renovación poética del modernismo

Al menos en una faceta, el modernismo poético representó una revalorización del lenguaje, sentando así un basamento estético hacia una "pureza" poética. Se sustentaba en un ansia de originalidad y trabajo consciente, con el propósito de crear una poesía alejada de todo didactismo moral, en consonancia con los pronunciamientos de Edgar Allan Poe.[1]

Se acepta, por lo general, el año de 1882, publicación del *Ismaelillo* de José Martí, como inicio de este movimiento en Hispanoamérica.

La poesía de esos años sufriría una transformación en la temática, lo estilístico, el vocabulario y la forma, como consecuencia de una actitud de renovación estética: los poetas querrán escribir una obra libre de "impurezas", alejada de lo cotidiano, que muchas veces la poesía romántica había exhibido.[2]

Esto conduciría a una exploración de nuevas modalidades expresivas, lo cual cristalizaría en un "estilo" común, basado en una voluntad de "... respeto a la belleza, la búsqueda de una palabra armoniosa y pura, que reflejara la armonía secreta de la Creación...".[3]

El programa teórico de este movimiento sería esbozado por el poeta nicaragüense Rubén Darío en varios de sus escritos.

En un artículo de 1888, titulado "Catulle Mendès. Parnasianos y decadentes", afirmaba Darío su creencia en la palabra, su sentido musical, sus asociaciones sensoriales, su sugestibilidad: "Juntar la grandeza o los esplendores de una idea en el cerco burilado de una buena combinación de letras; lograr, no escribir como los papagayos hablan, sino hablar como las águilas callan; tener luz y color en un engarce, aprisionar el secreto de la música en la trampa de plata de la retórica...".[4] En un prólogo de 1895 al libro de poesía de Alberto Ghiraldo *Fibras,* Darío sostenía el "valor supremo del arte" otorgándole un sentido aristocrático de rechazo de lo mediocre: seguir "... la religión de la belleza inmortal, la palabra de los escogidos...". Sentaba así las bases de la composición poemática: respeto de la gramática, tener inspiración ("dádiva divina") o "entusiasmo", pero con "trabajo", aspirando "hacia la altura".[5]

En otros dos prólogos posteriores, el poeta reafirmaría sus ideales de aristocratismo, musicalidad y culto a la creación de la belleza.

En las "Palabras Liminares" a *Prosas profanas* de 1896, escritas en forma de un manifiesto, Darío expresa algunas ideas que lo acercan, al menos en ciertos aspectos, a lo dicho por Verlaine sobre la primacía de lo musical en una combinación de la palabra-idea con lo armónico de las sonoridades en el ritmo, así como a Mallarmé en el sentido de una noción "pura" ideal, a través del juego en vibraciones musicales de las palabras: "Como cada palabra tiene un alma, hay en cada verso, además de la harmonía verbal, una melodía ideal. La música es sólo de la idea, muchas veces."[6]

En el prefacio a *Cantos de vida y esperanza* de 1905, reiterará muchas de sus ideas anteriores sobre lo bello por sí mismo, en un alejamiento de la mediocridad: "Mi respeto por la aristocracia del pensamiento, por la nobleza del Arte...". "Yo no soy un poeta para las muchedumbres." "... un intenso amor a lo absoluto de la belleza."[7]

Aunque podrían señalarse en España algunos intentos de renovación modernista, se acepta a Rubén Darío como el poeta que impuso este movimiento hispanoamericano en la península, mediante su labor personal y poética.[8]

Como dijimos al principio, este movimiento al revalorizar el lenguaje sentó bases para una "purificación" en la poesía española y, mediante su superación, obtener nuevas perspectivas hacia una "pureza" poética.[9]

Juan Ramón Jiménez sería el punto de enlace hacia esta modalidad en las generaciones posteriores.[10]

2. La "desnudez purista" de Juan Ramón Jiménez

Juan Ramón, en el prefacio al *Diario*, expresa sus ideas sobre una técnica "depuradora": ésta consistiría en una rectificación de lo que había creado anteriormente con el objetivo de lograr una mayor exactitud expresiva: "La depuración costante [sic] de lo mismo, sentido en la igualdad eterna que ata por dentro lo diverso en un racimo de armonía sin fin y de reinternación permanente... lo que da la belleza es el latido íntimo de la caída idéntica, no el variado espectáculo esterno [sic]; la esactitud [sic] del latido."[11]

En un poema de su libro *Eternidades* del año 1918, Juan Ramón nos ofrece lo que podría considerarse como una "trayectoria poética":

    Vino, primero, pura,
    vestida de inocencia.
    Y la amé como un niño.

    Luego se fue vistiendo
    de no sé qué ropajes.
    Y la fui odiando, sin saberlo.

    Llegó a ser una reina,
    fastuosa de tesoros...
    ¡Qué iracundia de yel y sin sentido!

    ... Mas se fue desnudando.
    Y yo le sonreía.

    Se quedó con la túnica
    de su inocencia antigua.
    Creí de nuevo en ella.

    Y se quitó la túnica,
    y apareció desnuda toda...
    ¡Oh pasión de mi vida, poesía
    desnuda, mía para siempre!

En este poema el poeta nos expresa su creencia en una poesía "pura". Ésta alcanzará una "desnudez" total y eterna, la cual implica un propósito de "depuración".

En otro poema del mismo libro, Juan Ramón nos da a entender que ese propósito debe estar sustentado sobre la inteligencia, y mediante ella, lograr la exactitud más posible en la expresión, con lo cual se obtenga una equivalencia absoluta entre palabra y objeto, en una recreación *a posteriori:*

> Intelijencia, dame
> el nombre esacto de las cosas!
> Que mi palabra sea
> la cosa misma,
> creada por mi alma nuevamente.[12]

Más tarde, en una carta dirigida a Manuel García Morente en diciembre de 1919, e incluida como prefacio a su *Segunda antolojía poética* (1922), el poeta aclara sus ideas sobre lo que él entiende como una "máxima depuración" en poesía, la cual equivaldría a la espontaneidad y la sencillez, lograda como resultado de un proceso espiritual acumulativo a través del tiempo (plenitud y perfección):

> Sencillo, entiendo que es lo conseguido con los menos elementos; espontáneo, lo creado sin "esfuerzo". Pero es que lo bello conseguido con los menos elementos, solo puede ser fruto de plenitud, y lo espontáneo de un espíritu cultivado no puede ser más que lo perfecto.[13]

Por lo tanto, el logro de una poesía sencilla y espontánea implica un estado "consciente", mediante el cual el poeta se "purifica" gradualmente, con vistas a alcanzar una perfección plena.[14]

3. Creacionismo y Ultraísmo: generadores de una nueva "pureza" en lo poético

En Chile, Vicente Huidobro introdujo un credo estético de "purificación" poética, que se conocía como "creacionismo".

Las ideas creacionistas de Huidobro se condensan admirablemente en un poema de su libro, *El espejo de agua*, que se publicó en Madrid en 1918, en una segunda edición.

En ese poema, titulado "Arte poética", expresa sus ideas de que el artista debe "inventar" una imagen que tenga realidad en sí misma, independiente de lo circundante, otorgándole al poeta un cierto sentido de superioridad. Él deberá tener plena conciencia de sus facultades mentales. Deberá buscar términos exactos, que sean "expresivos" de esa "realidad" interna del poema.

> ....
> Inventa mundos nuevos y cuida tu palabra;
> El adjetivo, cuando no da vida, mata.
> ....
> El vigor verdadero
> Reside en la cabeza.
>
> Por qué cantáis la rosa, ¡oh, Poetas!
> Hacedla florecer en el poema;
> ....
> El Poeta es un pequeño Dios. [15]

En un prefacio a su libro de poesías *Horizon Carré*, publicado en París en 1917, formula unos pronunciamientos teóricos que esclarecen lo anterior. En ellos hace fe de "creación", mediante un poema que tenga vida independiente ("vie nouvelle indépendante"). El proceso creador debe ser "depurador", al eliminar elementos anecdóticos y descriptivos. ("Rien d'anecdotique ni de descriptif"). En síntesis, "crear un poema como la naturaleza hace un árbol." ("Faire un poème comme la nature fait un arbre.")[16] Esto conduciría a una revalorización del lenguaje, con vistas al logro de una "pureza" poemática.[17]

En el año de 1918, el poeta chileno visita Madrid y divulga sus ideas sobre la "creación" poética, las cuales tendrían una "virtud de renovación" entre los poetas de aquella época.[18] Estos formarían un núcleo de tendencia renovadora; un ultraísmo poético.

El primer manifiesto publicado por este grupo "ultraísta" (otoño de 1918), proclamaba un deseo de superación, de hallar nuevas modalidades poéticas, sin distinción específica, en un ansia esencialmente renovadora: "Nuestro lema será *ultra*, y en nuestro credo cabrán todas las tendencias sin distinción. Más tarde estas tendencias lograrán su núcleo y su definición. Por el momento creemos suficiente lanzar este grito de renovación...".[19]

Gloria Videla distingue en el ultraísmo dos aspectos, uno negativo, de reacción contra lo caduco y gastado, y otro positivo de anhelo de "nuevas formas".

Para el logro de este último objetivo, mantendrían un espíritu "internacionalista", abierto a las tendencias "vanguardistas" del momento: el cubismo, el futurismo, el dadaísmo, el creacionismo, el expresionismo. Entre éstas la autora reconocerá en Huidobro y el creacionismo, como la de mayor influencia:

> La creacionista es, sin duda, de todas las escuelas de vanguardia, la que dio a Ultra mayores aportes... no cabe duda de que Huidobro despertó en España la voluntad "ultra" y de que sus teorizaciones y poemas señalaron medios para concretarla.[20]

El crítico Guillermo de Torre reduce los enunciados teóricos de los ultraístas a dos fines renovadores: "reintegración lírica e introducción de una nueva temática". Para su logro, estos poetas del ultraísmo concederán máxima importancia a la metáfora y a la eliminación "depurativa" de lo anecdótico y de lo sentimental. Su objetivo sería el de "mantener la pureza del flujo lírico."[21]

De Torre cita asimismo los "propósitos ultraístas", tal y como fueron expuestos por el argentino Jorge Luis Borges:

> 1° Reducción de la lírica a su elemento primordial: la metáfora.

> 2° Tachadura de las frases medianeras, los nexos y los adjetivos inútiles.

> 3° Abolición de los trebejos ornamentales, el confesionalismo, la circunstanciación, las prédicas y la nebulosidad rebuscada.

> 4° Síntesis de dos o más imágenes en una que ensanche de ese modo su facultad de sugerencia.[22]

Es de notar, sin embargo, que este movimiento hacia un "ultra" no consiguió plasmar sus enunciados teóricos en obras de perdurabilidad. Es por ello, que una gran parte de la crítica lo considera disuelto o fenecido hacia los años 1922-1923. Reconocen, sin embargo, su importancia como generador de una "pureza" poética, cuyo efecto se haría sentir sobre los poetas posteriores, especialmente los de la generación del '27.[23]

4. Los ideales de la "pureza": la generación de 1927

En el año de 1925 José Ortega y Gasset publica un ensayo titulado *La deshumanización del arte*. En él, deja constancia de la existencia, por esos años, de un arte aristocrático y artístico. Su tendencia hacia una "pureza" estaría sustentado sobre un método "depurador", el cual consistiría en una supresión gradual de todo aquello que tuviese un cariz extremadamente "humano":

> Aunque sea imposible un arte puro, no hay duda alguna de que cabe una tendencia a la purificación del arte. Esta tendencia llevará a una eliminación progresiva de los elementos humanos, demasiado humanos... Sería un arte para artistas, y no para la masa de los hombres; será un arte de casta, y no demótico.[24]

En ese mismo año de 1925, el poeta Antonio Machado escribe un artículo para la *Revista de Occidente* en el cual expresa su escepticismo sobre el ideal de una pureza poética:

> La poesía pura, de que oigo hablar a críticos y poetas, podrá existir, pero yo no la conozco. Creo que más de una vez intentó el poeta algo parecido y que siempre alcanzó a dar frutos del tiempo —ni siquiera los mejores— recomendables, a última hora, por su impureza...[25]

Al año siguiente, Fernando Vela en un artículo para la misma revista, hace un recuento del debate literario en Francia sobre la poesía "pura": En él se refiere a los antecedentes de la polémica, situando a Mallarmé como un punto de partida. Éste aislaría el lenguaje, conscientemente, de su uso cotidiano, para así crear una poesía "pura". Paul Valéry continuaría esta misma línea, pero extremando la rigurosidad de la técnica. Menciona la tesis del abate Brémond sobre la poesía "pura", equivalente a un "fluido misterioso".

Como contraste con esto, expone la opinión del poeta Jorge Guillén, en carta que le dirige. Según este poeta de la generación de 1927, "... no hay más poesía que la realizada en el poema, y de ningún modo puede oponerse al poema un estado inefable que se corrompe al realizarse... Poesía pura es todo lo que permanece en el poema, después de haber eliminado todo lo que no es poesía."

Guillén, aunque reconociendo la posibilidad de "fabricar" una "poesía poética, poesía pura, poesía simple" como preferirá denominarla, se declara partidario de una "... poesía compuesta, compleja, por el poema con poesía y otras cosas humanas. En suma, una 'poesía bastante pura', *ma non troppo...*".[26]

En ese mismo año de 1926, aparecen referencias a un arte "aristocrático y puro", en dos revistas: *Alfar* y *Mediodía*.

> El arte que corre, cada día más aristocrático... más depurado, exige una disciplina no solamente del modo expresivo sino de la misma emoción.
>
> (*Alfar*, abril de 1926)

> ... una sola norma: depuración... Hoy sólo hay arte. Arte desnudo, verdad; creación pura, perfecta, conseguida.
>
> (*Mediodía*, junio de 1926)[27]

Todos estos escritos, aparecidos en España por esa época, son indicadores del ambiente de "pureza" que dominaba la producción artística española. Sería esta atmósfera "purista", la que Dámaso Alonso calificaría de "aséptica".[28]

Como vimos anteriormente, el ultraísmo había sentado ya unas bases teóricas hacia una modalidad "purista" en la poesía, pero sin haber logrado obras de absoluta permanencia.

Tratarían de realizar esta labor un grupo o generación de poetas (Dámaso Alonso, Jorge Guillén, Pedro Salinas, Federico García Lorca, Gerardo Diego, Vicente Aleixandre, Luis Cernuda, Emilio Prados y Manuel Altolaguirre entre los más importantes), los cuales tendrían en común una voluntariedad consciente del acto poético, en un esfuerzo por alcanzar una expresión poética "pura".[29]

Luis Cernuda, poeta y crítico de esta generación, a la cual denomina generación de 1927, distingue en ella una "actitud clasicista", además de su gusto por la metáfora.[30]

Esa actitud sería la expresión de un deseo revalorativo, hacia una "pureza" de ordenación, como consecuencia de la "aventura" vanguardista. Se trataría entonces de imponer un "orden" mediante una revalorización del pasado, de lo tradicional con vistas a lograr una síntesis de lo "nuevo" que se había preconizado, con aquello "viejo", que creyeran merecedor de ser aprovechado y adaptado.[31]

Tal ansia de revalorizar el pasado para buscar la "pureza" de un orden los llevaría a rendir público tributo, en el Ateneo de Sevilla (1927), al autor de las "Soledades", en el tricentenario de su muerte. En Góngora, admirarían tanto su metaforismo como su sentido normativo, sujeto a la labor de la inteligencia.[32]

Este sentido de reflexión hacia el logro de una "pureza" poemática, lo expresaría el poeta dominante de esta generación: Federico García Lorca. Sus ideas sobre esto se encuentran principalmente expuestas en su "Poética" (introducción a su *Libro de poemas* de 1921) y en una conferencia sobre la imagen poética de Góngora (pronunciada en la Residencia de Estudiantes en Madrid y publicada en 1932).

En la "Poética" declara que, de acuerdo con Paul Valéry, "el estado de inspiración no es el estado conveniente para escribir un poema... Hay que reposar la visión del concepto para que se clarifique... hay que observar ecuánimemente y sin apasionamiento peligroso la calidad y sonoridad de la palabra."[33]

En consecuencia, estos poetas otorgarían suma importancia a la elaboración consciente del poema: su concatenación lógica, la significación de los vocablos, la eliminación de elementos superfluos. Todo esto impulsado por un deseo de obtener un todo perfecto y "absoluto".[34]

Varios poetas de la generación dan fe de estos ideales en sus "Poéticas".

Dámaso Alonso expresa el ansia de "purificar" el poema, mediante una construcción logicista, eliminadora de todo aquello no esencial a la idea poética: "El poeta... Resuelve en palabras los elementos de su profunda conciencia, elimina los menos significativos, los enlaza por medio de un número mayor o menor de elementos lógicos y no poéticos...".[35]

Pedro Salinas explica su deseo de una poesía "absoluta", obtenida a través de una valoración de las palabras: "La poesía es una aventura hacia lo absoluto... Hay que contar, en poesía más que en nada, con esa fuerza latente y misteriosa, acumulada en la palabra, debajo, disfrazada de palabra...".[36]

Un poeta clave de la generación, Jorge Guillén, aunque reconociendo el valor y la significación de la palabra en el poema, no está de acuerdo con el principio de un vocabulario selecto *a priori*. Él le conferirá primacía a la colocación y enlace de las palabras dentro del poema: "Todo depende, en resumen, del contexto. Sólo importa la situación de cada componente dentro del conjunto, y este valor funcional es el decisivo. La palabra 'rosa' no es más poética que la palabra 'política'... No hay más que lenguaje de poema: palabras situadas en un conjunto."[37]

Este sentido "funcional" denotará un deseo de construir el poema racionalmente, siguiendo un criterio de cálculo en la organización de sus elementos constitutivos, hasta obtener el todo final: el poema.[38] Es este sentido de "orden" lo que inclinará al poeta, al igual que a algunos de sus compañeros de generación, a una admiración de los ideales del clasicismo.[39]

En el caso de Guillén habría que mencionar su gran entusiasmo por Paul Valéry, el cual compartía esos mismos ideales de una poesía "serena" y equilibrada.[40]

De acuerdo con Dámaso Alonso, los ideales de "pureza" conscientes en esta generación tomarían un rumbo diferente con la influencia del surrealismo, el cual orientaría, a este grupo de poetas, "hacia una nueva humanización":

> ... el influjo del superrealismo al dar valor primordial a los más primarios movimientos humanos, o mejor, infrahumanos: los sueños, las visiones, las asociaciones mentales, los símbolos oscuros... La poesía española, con este influjo, se cargó de pasión y alucinado vaticinio, y la generación que en 1927 vivía llena de limitaciones estéticas (pureza, eliminación de lo real, supresión de lo anecdótico y lo sentimental) llegó a la pasión y voluntariamente se manchó de toda clase de vivencias estéticamente impuras...[41]

El "aristocratismo" ha de ceder paso a una comunión, más en concordancia con las premisas, que tienden a una más completa participación con lo común de la vivencia humana (dependencia del mundo en Guillén, solidaridad de Aleixandre con el hombre).[42]

Es necesario señalar aquí la influencia personal y literaria de Pablo Neruda hacia una "nueva sensibilidad". El bardo chileno visita Madrid en 1935 y es homenajeado por los poetas españoles. En octubre de ese año publica un manifiesto en la revista *Caballo Verde para la Poesía*, en el cual asevera un credo estético que preconiza una "poesía impura... con arrugas... vigilias, profecías, declaraciones de amor y de odio...".[43]

La guerra civil, además, representaría una sacudida que les haría dificultoso mantener una postura "purista", acentuando el proceso hacia una poesía más "humana": al lema de "A la minoría, siempre" se le opondría otro: "A la inmensa mayoría."[44]

En Cuba, la influencia de esta generación, en su fase "purista", sería de mucha importancia para el movimiento de poesía "pura".

CAPÍTULO III

HACIA UNA "PUREZA" POÉTICA EN CUBA: CONFIGURACIÓN E INICIOS

1. La significación de Martí y Casal

Creemos necesario hacer notar, aunque sea brevemente, el carácter innovador representado por estos dos poetas cubanos del modernismo.[1]

En el primero se ha señalado su "modernidad poética", anunciadora de lo nuevo.[2] Los críticos Emeterio S. Santovenia y Raúl M. Shelton ven como característica de esto, la "fuerza de sugestión", "las sonoridades difíciles", así como un "verso selecto, elevado y auténtico". Citan las propias palabras del poeta en su prólogo a *Versos libres*:

> ... a nadie los pedí prestados... Amo las sonoridades difíciles, el verso escultórico, vibrante como la porcelana, volador como un ave...[3]

Se ha mencionado la influencia de los principios del simbolismo sobre Martí. En algunos escritos del bardo cubano, es posible comprobar la presencia de esto:

> La *música* es más *bella* que la poesía porque las notas son menos limitadas que las rimas: la nota tiene el sonido, y el eco grave, y el eco lánguido con que se pierde en el espacio: el verso es uno, es seco, es solo: —*alma comprimida—forma implacable—ritmo tenacísimo.*
>
> La poesía *es lo vago;* es más bello lo que de ella *se aspira* que lo que ella es en sí.

y añadiendo después:

> Tiene una imagen amadísima, y *en todo ve copia de su imagen*: ama lo azul, porque lo azul da *idea de pureza*, y

porque éste es el *color* de los ojos de su amada; ama la *claridad tenue*, porque esta *vaga* atmósfera de luz le da idea poética del exquisito espíritu por quien siente amor tan alto...[4]

Como vemos, se aprecia aquí la importancia que para Martí tenía la música y su poder de vaguedad y sugerencia, con vistas al logro de lo bello. También, la labor consciente, para obtener un verso esencial "puro", así como las "correspondencias" entre los sentidos (lo cual, como vimos, procede de Poe y Baudelaire).[5]

En unos apuntes de "Viajes", se nota el anhelo de lo "puro" en Martí: "Hice amén al abandono de Lola, cuya presencia antiestética molestaba mi concepto de belleza pura, aristócrata y descontentadizo ser congénito del mío...".[6] Esto, en mi opinión, denota un sentido de belleza elevada, que se aleja de lo común a través de un perfeccionamiento. Eso quizás lo llevaría a afirmar su creencia en la exactitud del lenguaje para encerrar lo poético, o más bien las ideas poéticas, con un sentido equilibrado y armónico:

> El lenguaje ha de ser matemático, geométrico, escultórico. La idea ha de encajar exactamente en la frase, tan exactamente que no pueda quitarse nada de la frase sin quitar eso mismo de la idea.[7]

En un poema de *Versos libres* titulado "Mi poesía", Martí expone sus creencias en una poesía auténtica, ansiosa de "pureza", lo cual identifica con lo musical, lo esencial, sin contaminaciones foráneas que puedan alterar su transparencia y limpidez original, de germen generador:

> ... Yo la sirvo
> con toda *honestidad:* no la maltrato;
> no la llamo a deshora cuando duerme,
> quieta, soñando,...
> ni con cintas retóricas le cojo:
> no: *no la pongo en lindas vasijas*
> que moriría, sino la vierto al mundo,
> a que cree y *fecunde,* y *ruede* y *crezca*
> *libre* cual las *semillas* por el viento.
> Eso sí: cuido mucho de que sea
> claro el aire en su torno; *musicales*

> —*puro su lecho* y *limpio* y surtido—
> los rasos que la amparan en el sueño,
> y limpios y aromados sus vestidos [8]

En el segundo poeta, Julián del Casal, existirá, al igual que en Martí, un marcado deseo de innovar. El ideal poético de Casal estará sustentado en un ansia de evasión, en un "alejamiento de lo vulgar y cotidiano". Su objetivo primordial lo sería la creación de una "belleza poemática".[9]

Raimundo Lazo ha dicho que Julián del Casal fue esencialmente un "renovador de la forma poética, de sus recursos expresivos —vocabulario, adjetivación, flexibilidad sintáctica— ... esteticista, individualista...".[10]

Este poeta ha esbozado una especie de teoría sobre lo poético, la cual se halla diseminada a través de sus escritos.

En primer lugar, Casal considera al arte, al igual que Mallarmé, algo sagrado y aristocrático. El poeta ha de llegar a él, por medio de un camino erizado de dificultades:

> Es preciso atravesar, para ir al *templo* [*del Arte*], ancho *sendero de abrojos*. Nada hay tan espantoso... los árboles, desnudos de hojas, ostentan *punzantes espinas*... las flores, salpicadas de oscuros matices, exhalan perfumes venenosos; las víboras, ocultas entre las zarzas, se enroscan en el cuerpo del caminante...
> Cuando tu cuerpo acribillado de heridas caiga sangrando sobre las piedras del camino; cuando tus labios, cerrados para siempre, exhalen el último suspiro; ceñiré a tu frente el lauro de los inmortales y te abriré las puertas de *mi templo*. ¿Quieres seguirme? Piensa que *me aborrecen las muchedumbres porque soy el Arte*.[11]

En otros pasajes reitera algunas de estas mismas ideas sobre el apartamiento evasivo del creador de su mundo circundante, para así obtener la inspiración única y absoluta del yo, en un estado pleno de soledad y quietud. Esto le otorga al poeta una completa independencia, en que afirma su individualidad al mismo tiempo que un ansia de elaboración pensada (en oposición a la mera imitación de lo que le rodea):

> Siempre el artista busca, a la manera del enamorado, el *silencio y la soledad*; porque la inspiración aguarda a que *el mundo se aleje* para poder entrar...

> Creo que el verdadero artista no se debe ocupar del prestigio que le concede el público, sino de *perfeccionarse en su arte y nada más...*
>
> Odio todo aquello en que predomina la obra de la Naturaleza y en que apenas se reconocen las *huellas del estudio*, de la paciencia, de *la propia personalidad...*[12]

Para Casal, el objetivo esencial de un poema lo será el producir un "efecto bello". Esto lo llevará a conceder máxima importancia a lo formal, presidido por un deseo de armonía y perfección:

> Los grandes artistas encierran sus creaciones en las *formas más bellas* que puedan ejecutar...
>
> ... la *hermosura de la expresión*, el gusto más exquisito, la *armonía* de los contornos y el *deseo ardiente de perfección...*
>
> ... la poesía "que no está escrita con más objeto que el de *producir una sensación de belleza* en el ánimo del lector"...

En suma, una poesía "pura", alejada de todo aquello que no conduzca a la obtención de una "pureza" poemática bella, en hermandad con las artes universales —la pintura y la música especialmente (recordemos el soneto de Baudelaire):

> La poesía consagrada a la *adoración de la belleza pura*, bajo todas sus manifestaciones, sin prurito trascendental, sin idea preconcebida...
>
> Esa ventaja tienen los músicos, lo mismo que los pintores, sobre los poetas...[13]

2. Una nueva renovación: hacia lo "puro", Regino Boti y José Manuel Poveda

Después de Martí y Casal, el panorama de lo poético estará caracterizado por una falta de propósitos claramente definidos. Ejemplo de esto lo constituiría la colección de *Arpas cubanas* de 1904, la cual siguió un criterio selectivo sumamente amplio.[14]

Eugenio Florit califica a este momento en la poesía cubana como de transición: no será hasta la obra inicial de Boti,

Poveda y Acosta, en que se producirá un rechazo de lo "estancado".[15] Existirá un deseo común en estos poetas, de renovar la poesía, de llevarla a una sobriedad o mesura.[16] En los dos primeros, mediante un proceso hacia la "perfección" y la "universalidad", basado en una rigurosidad estética, de autocrítica; y en el tercero, una aspiración a la sencillez lírica, de preocupación cubana.[17]

En los dos primeros poetas mencionados se perfilará claramente un ansia de rigor en la composición poemática, con vistas al logro de la belleza, mientras que en Acosta se apreciará más lo intimista subjetivo con mayor soltura en el poema. Es por ello que pudiera considerarse a Boti y a Poveda como precursores inmediatos hacia un movimiento de poesía "pura", y a Acosta más como un superador de la mediocridad anterior, evolucionando hacia otros módulos poéticos que lo alejan de los postulados de rigurosidad en la composición *a posteriori*.[18] El propio poeta nacional se ha encargado de aclarar él mismo su posición. En una carta que dirigiría a Jorge Mañach en 1927, haría afirmaciones que lo vincularían a un arte nuevo, basado en la "sinceridad", y en una inspiración: "Dilo como venga, sin aliño, sin retórica. El ritmo lo trae, le es propio. No rimes. Déjalo así"[19] y en otra carta, bastante reciente, hace destacar su diferencia de Boti y de Poveda: "Boti es el poeta del verso raro... de la visión colorista recia. Acosta trae a su modernismo la nota romántica, el elán lírico, musical e irónico. Poveda es el poeta de lo exótico, de lo artístico... depurado".[20]

De Regino Boti se ha dicho que es un continuador de la innovación inicial, efectuada por Martí y Casal, abriendo un "nuevo horizonte", por sus afanes de armonía, sentido universalista y exactitud —belleza en el lenguaje.[21]

En su primer libro poemático, *Arabescos mentales* (1913), Boti nos ofrece, a manera de introducción, algunas de sus ideas sobre la poesía.[22] Según este autor, la poesía será un producto del trabajo consciente ("una incesante construcción y reconstrucción") con el objeto de lograr un equilibrio ("... la poesía que se escribe bajo el fuego de una pasión arrolladora, resulta infantil, incorrecta y ripiosa."). Sin negar lo personal del poeta, cree firmemente en una forma artística, alejada del uso común ("Lo más personal que el artista pone en su obra es la forma... yo he forcejeado por no usar una del todo común.").²³ Es, por ello, que le concederá máxima importancia a un proceso selectivo del lenguaje ("... he recurrido á circunlocuciones, cambios de palabras, ó á la reforma completa de un verso ó de una estrofa..."), y eso, como vimos, lo acerca a los principios "mallarmeanos" en búsqueda de las palabras adecuadas.²⁴ Reconoce Boti, sin embargo, la imposibilidad de alcanzar una perfección, debido al carácter humano que el lenguaje conlleva en sí, lo cual podrá interpretarse como algo "impuro", que estorbaría al poeta en atenerse a un ideal de belleza en el poema ("... para mí el lenguaje poético constituye un verdadero ideal humano y es, por lo tanto, inasequible en lo absoluto de su perfeccionamiento. ¡Si cada poeta pudiera forjarse un lenguaje tan plástico y tan dócil que le sirviera para verter sus estados de alma sin que lo más sutil no se efundiera en el tránsito!"). ¿No sería esto algo similar a lo que expondría Brémond más tarde sobre lo "inefable" anterior a la composición poemática?

Ya hacia el final, hace Boti fe de creencia, similarmente a Baudelaire, en las analogías de los distintos sentidos o sensaciones, las cuales se corresponderán armónica y serenamente. Expresa asimismo un deseo de comunión con el Universo y un sentido de identificación con lo rítmico, lo cual para él debe poseer la exactitud de la armonía:

> Adoro en la forma que expresa la vida *serena*. Y mi espíritu, que goza, vive y se hunde en *la luz, el perfume, el sonido* y *el color*, clama por los tiempos heroicos de *la Hélade*.
> ... me ha fascinado la reverberación argéntea de aquel espejo movible (el mar); me he sentido llamar por el rastro luminoso de la estela, y he pensado en un suicidio así, para volver á *disolverme* en la inmensa retorta panteísta del *Gran Todo*. El sentimiento del *ritmo* que tengo... se lo debo á toda la Naturaleza... lo que vuela, lo que sube, me fascina. Lo radioso, *lo exacto, lo armónico*, lo justo, me arroba.²⁵

Creemos que las estrofas siguientes de "Madre Tierra" podrían ilustrar en algo estas ideas de Boti, sobre las sensaciones analógicas y la armonía musical de lo Universal, sustentada en una "serenidad", de procedencia clásica:

Madre Tierra, de dónde te arrancó la Energía?
En la plétora insana de la noche del *Caos*
fué un *himno* tu incendio, que del Sol desprendido
inmergióse en el éter con *prístina* arrogancia,
como una hecatombe de *matices cambiantes,*
como una inmensa cauda de carbunclos vivientes,
bajo un *firmamento* de manto eruginoso
en su hora del *alba azul* de metileno.

Madre Tierra, del acto de tu expulsión obtuvo
sus sistros la epopeya. Tu sideral esencia
sintió el doliente espasmo de la *metamorfosis*;
tu ignición se extinguía; *tu amorfismo* cuajaba;
y opresa por todos los *vínculos concordes*
de la *armonía universal,* obediente
á ese imperativo del sistema, ya nunca
dejarás, triste esclava, de seguir en tu curso
sometida á la insigne potestad del *Gran Todo.*

....

y cuando el mar *violento* sus embates *contuvo*
quedó un mogote sobre la *quietud* de las olas,
quedó una playa junto á la mar *sin quejumbres*
y un lecho temblequeante desde el que el mar ubérrimo
ensayaba los *yambos* de sus líquidas moles.[26]

En el libro de poesías que le sigue, *El mar y la montaña* de 1921, Boti inserta junto al título un pensamiento de Rodin muy significativo: "C'est vers la sérénité que nous devons tendre", lo cual expresa claramente su ideal de lo "sereno" en lo poético.[27]

En el prefacio a este libro, al cual le da el título de "Antes", expresa algunas ideas claves sobre un ideal poético.[28] En él declara que "no debe ni puede leer este libro quien no sea artista y filósofo" y además de esto poder tener la virtud de "descubrir imprevistas canteras de luz en el subsuelo de la escritura". El libro —afirma Boti— debe ser leído "silenciosamente", para así poder apreciar mucho mejor sus "síntesis torturadas". Hacia el final se queja de que el lenguaje resulta insuficiente para apresar los matices artísticos, que el poeta desea comunicar al lector.

La crítica ha destacado, en este poeta, características de "pureza". Entre éstas se mencionan, su cualidad de orfebre silencioso, en busca de un "verso puro". Existe una "labor de laboratorio", la cual conduce a una "elaboración esmerada" hacia el logro de lo sintético. Es por ello que se le reconoce como generador de una nueva estética.[29]

Para ilustrar estos ideales de Boti del logro de una poesía de concentración esquemática visual, hemos seleccionado dos poemas de *El mar y la montaña*: uno de la primera parte, "El mar", y otro de la segunda parte, "La montaña".

LA FAMA, DE CHINI [1]

Creada a golpe de *cincel*
en la propia eminencia y bajo el sol,
vuelas sin tener alas, porque
—aunque terrena—eres lo *ideal*.
 Grácil, ingrávida, serena,
tu *helénica* euritmia redime
de venal *mercantilismo*—pregonando su gesta—
a mi aldea natal.

[1] Américo J. Chini, escultor y arquitecto italiano, autor de la Fama que corona el edificio Salcines.[30]

EL DELTA

De arcaico *alfabeto griego*
escriben los dos arroyos
con agua *sonora cifra* esbelta.
Y la *triangular* corriente
fluye como una geórgica
que besa saudosa el △.[31]

En el año de 1927, Boti publicará un estudio sobre un libro de Juan Marinello, *Liberación*. Este ensayo constituirá, en palabras de Jorge Mañach, "uno de los intentos más formales —y más esenciales— de exégesis de la nueva poesía que se hayan producido entre nosotros".[32]

En 1928, aparecerá en la *revista de avance*, un estudio de Boti, bajo el título genérico de "Tres temas sobre la nueva poesía", el cual se subdivide en tres ensayos.[33] En ellos Boti formulará una estética de la poesía nueva y su adhesión a ciertos principios. Analizaremos ese estudio, así como el anterior, más adelante, al referirnos a los inicios de la vanguardia.

El segundo poeta, José Manuel Poveda, asumiría una posición polemista, con el propósito bien definido de "redimir nuestras letras", y servir de guía a los poetas nuevos.[34]

En su único libro de poesía, publicado en 1917, *Versos precursores,* se aprecian afanes "puristas" de evasión, de innovación en el lenguaje: selección de palabras que poseyeran el poder sugestivo de las sensaciones. Todo ello, encaminado a lograr la belleza en el poema.[35] Se ha advertido asimismo, en Poveda, un conflicto entre lo personal auténtico y lo impersonal, unido a una técnica de cariz aristocrático: "su horror tal vez algo exagerado por el decir común, en un conflicto bien visible entre lo estrictamente intelectual y la emoción humana y comunicativa del poeta".[36]

Las dos primeras estrofas de *Versos precursores,* con que se abre este libro, ilustran altamente cierto afán aristocrático, evasivo hacia lo ignoto, en que el poeta tratará de encontrar una respuesta a sus inquietudes personales, en un estado de serenidad gozosa:

> Con el gesto profundamente comprensivo
> de un porfirogeneta, con tranquilidad,
> he afirmado la huraña vida de que vivo;
> consagro mi silencio incomunicativo,
> soberbio de serenidad.
>
> Pasos sobrios y tercos que avanzan callados
> hacia fines sombríos, sin saber quizás
> cuál objeto secreto le muestran los hados,
> pero que en la alta noche marchan obstinados
> por el gozo de andar no más.[37]

Poveda, en su prefacio a este libro, expresa varias ideas que corroboran y amplían lo anterior. Declara que es el producto de un trabajo consciente, en el cual lo artístico va unido con lo intelectivo:

> Hoy que se halla concluída, tras doce años de esfuerzo doloroso, febril y mudo, la vasta faena de arte y de pensamiento...[38]

A continuación, explica que estos versos constituyen un crecimiento o perfeccionamiento del "yo", en etapas sucesivas, hacia una realización plena y absoluta. El mundo se ensanchará ante él y entonces el poeta tratará de alcanzar el misterio de lo infinito, estimulado por una creencia en la belleza.

> ... están ungidos por la virtud de un nuevo día; si el yo creador, el yo absoluto, reconoce, propaga esta obra precursora, no es sino por la fe absoluta... Las clasificaciones se limitan a señalar períodos estéticos, por los cuales atravesó sucedáneamente el yo en formación, antes de alcanzar su cima solitaria... El Autor no tardó mucho en abandonar los caminos perversos, y adoptar los rumbos que, durante lo mejor de su juventud, le proveyeron de esperanza y de belleza: el poeta vió crecer el mundo ante sí. A las agonías secretas, a los silencios herméticos, a las quietudes de cripta, sucedió el infinito, la noche sin lindes y el misterio sin fondo...[39]

Más adelante, destaca lineamientos comunes en las sucesivas etapas: "el culto de la forma", "el gusto de la plástica" y la "adoración de lo perfecto".[40] Por último, afirma una creencia en la música poemática, dentro de un marco de libertad controlada. Lo nuevo será la expresión de lo auténtico del poeta.

> Estúdiese la *música libre y ordenada* de los poemas en metrolibre que encierra este volumen... el canto libre desarrollado en *frases rítmicas, sin golpeteos ilógicos,* sin compás monótono... verbo nuevo con la *música autóctona* del verbo.[41]

En varias de sus crónicas, conferencias y artículos, Poveda dará a conocer muchas de sus ideas sobre el arte novísimo que se gestaba. Rafael Esténger ha efectuado una recolección de sus prosas diversas en diarios y revistas, publicadas la mayor parte entre 1914 y 1915.[42]

Hemos extraído lo que creemos de mayor relevancia hacia la configuración de un movimiento de "pureza" poética. Poveda se manifiesta partidario, en primer lugar, del uso de un lenguaje que se ahuyente del decir común: "aristocrático, alejado de lo cotidiano".[43] También, expresará su ideal hacia un trabajo creativo, lo cual tendrá como objetivo neutralizar lo arrebatado de la inspiración. Así lo resumirá en dos palabras: "serenidad" e "impersonalidad".[44] Creará, además, en la necesidad de un arte sustentado en una música "silente" y el principio de las correspondencias de Baudelaire (aunque citando a Rimbaud). Las analogías de lo olfativo (perfumes) y lo visual plástico (los diferentes colores) conducirían al poeta a un deseo central: aquél de la creación de un "arte por la belleza".[45] En otro escrito, reiterará estas mismas ideas de consagración de un arte por la belleza misma el cual, además debe encontrarse lejos de la "muchedumbre".[46]

En otro de sus ensayos, Poveda expresará algunas ideas, que consideramos de gran importancia, hacia un ideal poético "puro". En éste, dedicado especialmente a lo musical, mantendrá su criterio de la importancia de lo musical unido a lo lineal, lo sonoro, lo plástico y el lenguaje construido esencialmente de su unidad básica: la palabra. Esto lo llevará a afirmar su creencia en una "música interna" y una "pureza", basada en lo más recóndito del yo: "... el más puro poema es el que ha logrado registrar las palpitaciones más íntimas".[47] Según el poeta, el medio más idóneo para alcanzar esta "pureza", lo constituirá el "metrolibrismo". Así será posible "recobrar la pureza del poema... la virtualidad imaginífica de las lenguas vírgenes...".[48]

Creemos que Poveda resumirá con claridad sus ansias de renovación de lo poético, en uno de sus "parágrafos", al cual le da el título de "Vigencia poética", en el cual se lamenta de lo manoseado, tanto en lo formal como en el contenido, de los poetas precedentes: "... el tedio aplastante que producen (los poetas que le han precedido) tiene por origen lo explotado de los motivos y de las formas que emplean". Es por ello que hace una afirmación rotunda: "Regino E. Boti y José Manuel Poveda son los que dan carácter a la poesía cubana de estos momentos".[49]

Esto confirmaría nuestra opinión de considerar a estos dos poetas como precursores inmediatos de un movimiento de poesía "pura" en Cuba (tanto por sus escritos en prosa —configuradores de este movimiento— como por su obra, que la crítica ha estimado de influencia en los poetas posteriores que iniciarán oficialmente este movimiento de poesía "pura").

Yo añadiría aquí, como colofón, resumidor de esto último, la opinión de un poeta y crítico del grupo "Orígenes", Cintio Vitier, el cual ha escrito: "Quieren los dos, en fin, (Boti y Poveda) hacer una poesía suficiente en sí misma, adelantándose entre nosotros a la búsqueda de la 'poesía pura'...".[50]

3. Hacia un "cambio": desde el "minorismo" de 1923 hasta "la nueva poesía de Boti" en 1927

La labor artística de los poetas anteriores crearía una atmósfera en la cual primaría un ansia de "cambio". Otros hechos, sin embargo, contribuirían a esto.

Los historiadores y críticos han hecho mención de algunos, como lo fueron la creación de agrupaciones y revistas, inspiradas por divulgar "lo nuevo". Entre las más importantes instituciones culturales se encontraban el Ateneo de La Habana, la Academia de Artes y Letras, la Sociedad de Conferencias y la Sociedad Filomática (es de notar aquí que Mariano Brull fue uno de los fundadores de esta última): "se multiplicaban las asociaciones concebidas por escritores y artistas cooperando en una obra de superación de la realidad cultural".[51]

Es importante señalar que, ya desde 1910, se advierte este proceso hacia una transformación de la realidad cultural, el cual un crítico ha dado en llamar "incubador" hacia una plena realización.[52]

Entre las revistas, debemos destacar dos, cuya tarea de difusión de las ideas novísimas, las convertiría en faro y guía de los intelectuales cubanos. La primera, *Cuba Contemporánea*, fundada en 1913, se adheriría a un espíritu de universalidad, manteniendo como norma principios expresivos: "Las páginas de *Cuba Contemporánea* quedan abiertas a todas las orientaciones del espíritu moderno, sin otra limitación que la impuesta por el respeto a las opiniones ajenas, a las personas y a la sociedad, sin más requisito que el exigido por las reglas del buen decir: he ahí nuestro programa".[53]

La segunda, *Social*, fundada en 1916, tendrá, en nuestra opinión, una importancia capital en cuanto a ser órgano de expresión de escritos, en prosa y poesía, que denotan una tendencia de lo "puro". En ella aparecerán, en 1923, poemas de Mariano Brull (de *La casa del silencio*) y en 1926 otros (*Poemas en menguante*). También, el prólogo de Paul Werrie, al libro de poemas de Brull *Quelques poèmes*, publicado en Bruselas, en ese mismo año de 1926 (incluye dos poemas). En 1929, se publicarán otros "poemas en menguante", aunque ya después de publicado el libro, (bajo ese mismo título).[54] También aparecería en esta revista un ensayo de gran significación por haber sido una traducción al español, por primera vez, de Paul Valéry, "Ensayo sobre el orden". El traductor, Alejo Carpentier, hace mención de la sutileza y profundidad de Valéry, así como de ser un "defensor apasionado de una poesía pura".[55]

Ambas revistas ejercerían una hegemonía en lo cultural, caracterizada, al igual que la mayoría de las revistas similares de la década del 20, por una búsqueda de nuevas modalidades artísticas universales, así como por lograr una unidad cultural de raíz autóctona.[56]

Debemos hace notar, también, la atmósfera de "cambio", existente en la esfera internacional, la cual contribuiría, aunque indirectamente, a precipitar lo "nuevo", y por derivación o paralelamente, un movimiento hacia lo "puro".[57]

Carlos Ripoll sostiene que el año de 1923 marca el surgimiento de una actitud bien diferenciada, la cual preconiza un ideal común de "cambio". Se reaccionará contra los "valores falsos" prevalecientes hasta entonces y sitúa la "protesta de los trece" y su consecuencia, el "grupo minorista", como sostenes de su criterio de una generación nueva en Cuba en el año de 1923.[58]

De acuerdo con el criterio de Jorge Mañach, "la Protesta de los Trece" señalará el origen de las mutaciones "puramente literarias" de aquellos tiempos, "... primera manifestación del espíritu 'revolucionario'... Fue una reacción contra todas las especies de conformismo, de simulación, de retórica, de aislamiento provinciano...". Su sentido general, lo resumirá este crítico en dos palabras: "Autenticidad y Universalidad".[59]

Esta "protesta" habría de surgir del grupo de intelectuales que solía reunirse por las tardes en la biblioteca del Colegio Hoyos Junco, de la Sociedad Económica de Amigos del País, donde vivía Rubén Martínez Villena, ya que su padre era director de dicha institución. El Dr. Calixto C. Masó, participante él mismo, nos lo recuenta de esta manera:

> En aquellos días la prensa trataba diariamente, en la forma ácida en que se escribía entonces, de lo que se llamaba el negocio de la compra del convento de Santa Clara, destacándose el hecho de que el decreto había sido refrendado por el secretario de Justicia en vez de hacerlo el de Hacienda, que era quien le correspondía, y al conocerse que esa tarde y en la Academia de Ciencias iba a hacer uso de la

palabra el Dr. Erasmo Regüeiferos, en un acto organizado por la Asociación Feminista de Cuba en honor de la educadora uruguaya Paulina Luisi, nos dirigimos al local y cuando el Dr. Regüeiferos iba a comenzar su peroración, nos levantamos y Martínez Villena expresó que nos retirábamos del local para no escuchar a una persona que por su participación en el negocio del convento de Santa Clara no debía hablar allí. La protesta, ratificada por escrito, apareció al día siguiente en todos los periódicos de La Habana, siendo detenidos los trece y presentados al Juzgado de Instrucción de la Sección Primera de La Habana, que dictó auto de procesamiento, no celebrándose juicio porque, a virtud de una de las leyes de amnistía de aquella época, se dispuso que el procedimiento fuese archivado.[60]

Estos "trece" darían fe de su inconformidad por escrito, en un manifiesto fechado el 19 de marzo de 1923. En él, después de pedir disculpas al Club Femenino, hacen hincapié en el hecho de que el objeto único que los animaba era el "manifestar la inconformidad de la juventud", pero sin tener en mente ocasionar una perturbación "... sin ánimo perturbador ni más programa que lo que estima el cumplimiento de un deber...". Creen, sin embargo, en la necesidad de lograr una línea común inconformista. Es por ello, que concluyen pidiendo "el apoyo y la adhesión" de todas aquellas personas que estimen "es llegada la hora de reaccionar vigorosamente".[61]

La consecuencia inmediata de esta protesta lo constituiría el surgimiento de un movimiento "minorista", el cual encarnaría ese ideal rebelde y renovador.

Este "minorismo", estaría animado esencialmente de un propósito de "depuración", sustentado en un basamento cohesivo de afinidad en lo espiritual. Su objetivo sería lograr una nueva visión de lo cultural, tanto en el contenido substancial como en lo estrictamente formalista.

Emilio Roig de Leuchsenring, el cual presidía usualmente las reuniones de lo que se llamó el "grupo minorista", nos ofrece una acertada exposición de sus afanes renovadores:

> Fue un grupo de intelectuales jóvenes, de izquierda, que se pronunciaron desde el primer momento contra los falsos valores, los Pachecos y los consagrados, y por una radical y

completa renovación, formal e ideológica, en letras y en artes...[62]

Se ha dicho que este "minorismo" tuvo como meta el plasmar esos afanes en una especie de estética nueva, mediante un proceso selectivo o, como ya dijimos, "depurador", en el cual se elimine todo aquello, que no represente un valor auténtico, de arte genuino. Con vistas a esto, los "minoristas" verán en el arte universal, especialmente de Hispanoamérica, modelos a estudiar. Discernirían entre lo que estimasen de valor real, y aquello que considerasen foráneo o "espurio", a su concepto de genuinidad.[63]

Este "grupo" no formularía un programa por escrito hasta el 7 de mayo de 1927. En éste, llamado "Declaración del grupo minorista", se afirmaba su existencia como grupo. Los declarantes, encabezados por Rubén Martínez Villena, destacan como característica primordial el ser una organización minoritaria de intelectuales, la cual aunque sin reglamentaciones fijas, tendría un ideal idéntico de revisión, por un arte selecto, siempre y cuando sea estandarte de lo nacional:

> ... en Cuba se integraba, perfilándose sin organización estatutaria, pero con exacta identidad de ideales y creciente relieve, un grupo intelectual izquierdista, producto natural del medio... Es fenómeno innegable, comprobado en distintos países, la renovación ideológica, de izquierdización, de los grupos de esta índole. La minoría sabe hoy que es un grupo de trabajadores intelectuales (literatos, pintores, músicos, escultores, etc.). El Grupo Minorista, denominación que le dio uno de sus componentes, puede llevar ese nombre por el corto número de miembros efectivos que lo integran; pero él ha sido en todo caso un grupo mayoritario, en el sentido de constituir el portavoz, la tribuna y el índice de la mayoría del pueblo; con propiedad es minoría, solamente, en lo que a su criterio sobre arte se refiere.[64]

Hacia el final harían declaraciones de renovación sintetizándolas en siete propósitos o metas (expresadas mediante "por" y "pro") y dos oposiciones o rechazos (evidentemente socio-políticos o político-sociales). Tres de esas metas aspiraban específicamente a lograr lo artístico:

> Por la revisión de los valores falsos y gastados.

Por el arte vernáculo y, en general, por el arte nuevo en sus diversas manifestaciones.

Por la introducción y vulgarización en Cuba de las últimas doctrinas, teóricas y prácticas, artísticas y científicas.

Concluyen la declaración con un deseo de hermandad y cooperación con los otros países de Hispanoamérica:

Por la cordialidad y la unión latinoamericana.[65]

Sin embargo, ya antes de 1927, se producirían algunos acontecimientos de relieve, que serían reflejo de un estado decadente visto por los "minoristas", lo cual daría impulso a ese deseo, ya señalado, hacia una renovación total.

Consideramos de importancia el año de 1925, ya que en él aparecerá el ensayo de Jorge Mañach *La crisis de la alta cultura en Cuba*, se fundará el Partido Comunista y surgirá el "negrismo" como una moda ocasional en lo poético.

En cuanto a lo primero, el autor destaca una crisis en la "alta cultura" en Cuba, con lo cual entiende, un resquebrajamiento del conjunto organizado de manifestaciones superiores del entendimiento. Mañach cree ver un síntoma, en la carencia de seriedad colectiva, sobre todo durante las primeras décadas de la República: esto —según él— derivaría en un "choteo". Afirma que la superación de este estado "decadente" sería realizado por una minoría selecta. A ésta la guiaría —como vimos— un propósito revisionista de lo pasado.[66]

El segundo hecho, la fundación del Partido Comunista de Cuba sobrellevaba asimismo este deseo revisionista, aunque de matices más radicales.

Dos historiadores cubanos, al hablarnos sobre el nacimiento y los primeros pasos de este partido, destacan la novedad que representaron las "ideas comunistas", que denotaban un deseo de "lucha contra lo existente", hacia una completa o radical "reforma de la sociedad". El cariz idealista que emanaba de su programa reformador actuaría de imán para atraer a jóvenes intelectuales que, frustrados ante la realidad prevaleciente, querían cambiar los cimientos de aquella sociedad "decadente".[67]

En relación con lo tercero, la aparición del "negrismo" en la poesía cubana como una modalidad oficial en lo poético, sería de enorme importancia, por cuanto ofrecía puntos de contacto con el movimiento hacia un "purismo".[68]

Aunque se señala el año de 1925 como el inicio del "tema" y el "asunto", debido a los poemas de un inmigrante español, Alfonso Camín, "Elogio de la negra" y "Macorina" entre otros, no sería hasta después, cuando se afianzaría como "escuela" o "movimiento" con rasgos definidos, tanto en Cuba como en el resto de Hispanoamérica. En el año 1926, el poeta puertorriqueño Luis Palés Matos inauguraba un "estilo" procedente del *diepalismo*, aquella tendencia a la onomatopeya que él y su compatriota José de Diego hicieron surgir en 1921. En el mismo 1926, el uruguayo Ildefonso Pereda Valdés publicó su libro poético "La guitarra de los negros", título de su primer poema negrista, al que siguió "Los tambores de los negros".[69] También habría que rastrear entre las raíces o antecedentes de lo anterior, tanto en lo universal como en lo propio.

Se debe señalar el papel generador hacia el "negrismo" que tuvieron el cubismo y las investigaciones llevadas a cabo en África durante la segunda década del siglo XX: "... se extendía desde Europa hacia todos los rumbos el interés por las manifestaciones polifacéticas del espíritu africano que iniciaran las investigaciones etnológicas de Leo Frobenius y las indagaciones e inquietudes estéticas de Guillaume Apollinaire y sus amigos pintores, Picasso, Braque...".[70] Esto, en cuanto al carácter externo, o más bien la conformación siguiendo líneas trazadas por movimientos o hechos ajenos a lo autóctono nacional.

En relación con esto último, existirá un estado general de apatía en Cuba, especialmente en los primeros años de la República, lo cual llevaba a una subestimación de lo auténtico del país. Lo negro constituiría un aspecto saliente de esto. Se contemplaba con displicencia todo aquello que recordara los ancestros o huellas de África, dentro de lo cubano "blanco": "... lo auténticamente negro —es decir: lo que realmente entrañaba supervivencias africanas en estado puro— era mirado con disgusto, como un lastre de barbarie...".[71]

Este estado de cosas llevaría a una reacción que buscaba, como ya vimos —en sentido más general— un cambio de actitud. Cuba se incorporará a lo "universal", en busca de una respuesta para establecer, por depuración, los valores "auténticos".

Lo negro, símbolo de postergación injusta, se convertirá en objetivo primordial de esa tendencia general de revalorización y reivindicación.[72]

En el campo estrictamente artístico, lo poético principalmente, se irá a la búsqueda de una "pureza" originaria, en que predominasen los poderes del instinto y la intuición, ajena a lo "impuro" que una sociedad civilizada conllevaba: "... los artistas del movimiento negrista... se dedicaron a encontrar en aquel mundo instintivo e intuitivo un paraíso perdido... nostalgia por aquella visión del mundo más 'pura', el recuerdo mistificado del mundo negro africano antes de que entrara en contacto con la corrompida civilización occidental... esperanzas del retorno a un mundo elemental 'primitivo', de entusiasmo niño."[73]

En el año de 1926 aparecerá un florilegio poético a cargo de Félix Lizaso y José A. Fernández de Castro: *Antología de la poesía moderna en Cuba*, la cual consideramos de vital relevancia, ya que sus orígenes se remontan al año clave de 1923 y al grupo que formuló la "protesta de los trece".[74]

Los antologistas, en la advertencia preliminar, afirman su propósito de ofrecer una revalorización de lo poético siguiendo un "plan histórico-crítico" de selección objetiva, que respondiera a "distintos y aún opuestos temperamentos".[75]

La crítica de aquella época pondera su capacidad de generadora de lo nuevo, en sus diversas facetas "... el abundoso caudal de poesía que arranca del gran Heredia, se ha derramado por cauces diversos y ha llevado fertilidad y lozanía a lugares muy remotos"[76], así como de revalorización de lo poético, aunque con un criterio demasiado amplio: "... la revisión de los valores poéticos que registra... Los escasos discrímines anotados en tan dificultosa labor dicen de su bondad en conjunto."[77]

Un año después de esta antología, aparecerá la *revista de avance* (la cual por su extraordinaria importancia la examinaremos en epígrafe aparte).

Se publicará asimismo el estudio, ya mencionado, de Regino Boti *La nueva poesía en Cuba*, al cual estimamos como un intento de delimitar la nueva poesía y sus tendencias hacia una "pureza". Este ensayo tendría la virtud de unir las diversas tendencias en una línea común, de lo nuevo renovador.[78] En éste, Boti hace un recuento de lo que él llama "mutación del alma moderna" (menciona a Poe, Baudelaire, Verlaine y Julián del Casal entre otros), lo cual lo lleva a una revalorización de lo propio y de todo aquello que le circunda. En general, a poner en duda cualquier principio dogmático en arte. Un cambio del yo, necesariamente, daría por resultado una alteración en el poema:

> La rebeldía y el libre examen en materias de dogma y arte nos han colocado, en el afán de ir siempre adelante, entre el sí y el no, frente a lo exterior y frente a nosotros mismos... Y una de las consecuencias de la transformación de nuestra alma, lo es la del poema.[79]

De acuerdo con lo expuesto por Boti, el poema actual ofrece la característica esencial de una valoración del lenguaje. El poeta debiera buscar aquellas palabras cargadas de sugerencias, o que, en relación con otras, produzcan un efecto sugeridor. Todo esto, con el objeto de lograr la belleza en el poema.

De lo expuesto se derivará un afán de llegar a un estado "puro", a través del lenguaje. El trabajo consciente de selección de palabras tendrá también un sentido de "depuración", ya que el poeta se afanará en obtener una expresión esencial, de vuelta a una "desnudez" original (esto, como vimos, lo acerca a lo expuesto por Juan Ramón Jiménez).

> Toda la *belleza* tiende a radicar en la *palabra*... adquiere su *primitivo valor*. No significa lo que dice el vocabulario, sino lo que debe expresar en cada sitio del poema, individualmente o en consorcio con otras... la palabra *"siente y brilla"*... comienza ahora —trabajada por los poetas denominados de vanguardia— a cobrar su *primitiva limpidez*. Es algo *virginal* que surge a la vida y huye de toda prostitución, de todo contacto, de toda reincidencia. Despierta de una pesadilla, *pura y simple* como la concibió el hombre, como cuando no era más que palabra, la palabra, el verbo, *sin ningún atavío, desnuda* y fresca, *sin troquel* ni amo.[80]

Boti pedirá "una revisión de la poética": el poeta deberá volver a escribir sobre "la hoja en blanco", para así lograr lo esencial expresivo en las palabras. Expresa además, la importancia que sobre esto tendrá lo rítmico. Se refiere Boti aquí, no al ritmo externo, sino a aquel otro, el de la idea en la palabra, otorgándole con esto un valor nuevo: el de transmitir lo más esencial del espíritu del poeta.

> No se trata pues de una cosa externa, sino de *substancia*. El nuevo *valor de la palabra* trae el nuevo valor de la poesía. Y el del ritmo. Del *ritmo ideológico* que, en plena eclosión, reduce a sus últimas trincheras al ritmo métrico. Ese ritmo no puede reconocer estructura alguna preceptuada porque recoge la *esencia del espíritu*...[81]

Concluye Boti que asoma una tendencia común hacia lo "puro". La encarnarían ciertos espíritus selectos, una élite minoritaria, lo cual le conferiría un tono aristocrático de alejamiento de un criterio común. Esta "pureza" implicaba una vuelta, como en el "negrismo", a lo elemental, de niñez incorrupta.

> Estamos en presencia de una *emancipación ascensional*, asomo de la *poesía pura* en el *verso puro*. *Poesía-niña, verso-niño*, que no pueden realizar más que los *temperamentos de excepción*. *Arte superior*, tiene que estar muy *distante de las muchedumbres letradas* de esta hora.[82]

Este ensayo de Boti marcará, pues, nuevas pautas a seguir y se entroncará con los inicios de una vanguardia en Cuba, cuyo vocero lo será la *revista de avance*.

4. La *revista de avance*, inicios de lo "vanguardista": hacia lo "puro" poético

La *revista de avance* hará su aparición el 15 de marzo de 1927. Su lapso de vida se extenderá por cuatro años, siendo su último número el del 15 de septiembre de 1930. Los títulos que llevará la revista 1927, 1928, 1929 y 1930, así como el subtítulo, son indicativos de un deseo de "avanzar" hacia el futuro, lo cual estaría representado por las nuevas corrientes, tanto autóctonas como extranjeras: todo con el deseo de operar un cambio y crear algo nuevo y original.[83]

En un editorial del 15 de junio de 1927 (siempre los editoriales tendrán el nombre significativo de "Directrices"), los editores se adhieren al espíritu del "minorismo", de renovación y rebeldía. Esto los guiará hacia un "avancismo", el cual estaría dominado por un espíritu discrepante, que le otorgará independencia de criterio.

> Éste ha sido en Cuba... (el minorismo) una actitud, un estado de conciencia innegables e inequívocos... un denominador común juvenil de sensibilidad alerta, de inquietud e ideología renovadoras... ha sido y sigue siendo un movimiento de opinión militante... *Dentro del Minorismo,* al cual pertenecen sus editores, *"1927" representa un sector de avanzada, peculiar, independiente* y nada remiso a la discrepancia si ésta fuere necesaria, pero acorde con lo fundamental de aquel movimiento, que es su valeroso izquierdizmo espiritual.[84]

Ya en otro editorial anterior habían manifestado ese independentismo cultural. Estarían abiertos a todo lo universal; pero sin adherirse a ningún módulo específico. Su anhelo sería el de la novedad, que permitiese descubrir nuevas rutas a seguir. Su guía sería una rigurosidad y una autenticidad.

> Y lo que en Cuba se necesita no son deportes de esnobismo ni fanfarronerías, sino, más bien, obras de *positivo rigor estético, de honradez intelectual* sostenida y responsable. "1927" no pretende ser una revista de vanguardia, sistemáticamente estridentista y vocinglera. Aspira, eso sí, a un avance cierto, inteligente y seguro en las trayectorias del espíritu; mas para ello *no* estima imprescindible *afiliarse,* de manera cerrada y exclusiva, *a determinados "ismos" de vanguardia,* aun cuando ve en muchos de ellos un probo e interesante afán porvenirista y se propone, con ahínco y entusiasmo, *participar en todo movimiento* que revele *nuevos módulos* en la sensibilidad y en la ideología de la época.[85]

Debo señalar aquí que el período de tiempo que comprende esta revista es considerado como experimental en el sentido de estar abierto a todo movimiento, que les servirá para obtener una creación propia, innovadora y perdurable.[86] Esto será coincidente o similar a otras revistas de España e

Hispanoamérica, las cuales crearían una órbita de influencia enorme hacia lo nuevo.[87]

El periodista cubano Gastón Baquero ha expuesto que desde 1927 se desarrolla en Cuba una "voluntad cultural", la cual tendrá un cariz "minoritario", hacia lo autóctono-tradicional, aunque imbuida del espíritu mundial, que conducía a lo nuevo.

> Es voluntad cultural genuina, o sea, necesidad de expresar en acción una apetencia profunda, lo que sirvió de punto de partida al movimiento de la Revista de "Avance". Este movimiento centró actitudes que detrás de su apariencia de "última hora" respondían a un sólido sentimiento cultural, a una Tradición. Era ésta la viva tradición de angustiarse ante la forma, de sentirse obligado a preguntar, a definir, a iluminar... Armónicamente con esta tendencia, todo lo que se produjera entonces en un reino de jerarquía mínimamente comparable a la más elevada, llevaba el signo de lo minoritario, refinado, apartado, oscuro... La poesía, la pintura, la música, se vuelven muy nuestras al tiempo que muy universales... la tendencia a la información, al conocimiento, la inquietud universal.[88]

Félix Lizaso ha visto, en tal deseo universalista, un sentido de lo "puro", significando con ello un esclarecimiento, un discernir hacia lo nuevo. Esto tendría como norma la claridad, dentro de un marco general de evasión y reforma, lo que denomina la "vanguardia" por su matiz insurgente.

> ... un anhelo de pureza, de diafanidad... ¿Bajo qué signo hace la nueva revista su salida? Tanto bajo un signo de evasión como de cambio... para su norma de militancia, se parte de la palabra vanguardia...[89]

El destacado prosista Jorge Mañach ha explicado el surgimiento del vanguardismo en Cuba, esencialmente, como una reacción hacia todo aquello que indicaba una carencia de valores substanciales o de seriedad en lo colectivo. Tal era el estado general que prevalecía en la sociedad de entonces, que veía en lo práctico y no en el trabajo intelectual especulativo, la norma a seguir. Esa situación, encontraría forma expresiva en lo jitanjafórico, y otros modos, reflejos de un espíritu que se rebelaba por encontrar las esencias propias, aunque reconociendo la influencia de lo nuevo contemporáneo.

> El vanguardismo prendió aquí, pues, *no sólo* por mimetismo, o *por emulación de lo contemporáneo*, sino también y *principalmente por insatisfacción social*. Lo que queríamos aquellos críticos, ensayistas, poetas, que todavía éramos jóvenes en los años del 26 al 30, era *reaccionar* —estridentemente, con herejía y hasta con insolencia— *contra la inercia tradicional*, contra *actitudes* mentales y morales, y correspondientes *modos de expresión*, que, a nuestro juicio, traducían la *inanidad,* la *falta de sustancia* y el contentamiento con meras apariencias en que había venido a parar la ilusión fundadora. Las minúsculas, las imágenes desaforadas, *las "jitanjáforas"*, el encabritamiento tipográfico, *la deformación* plástica, no eran sino la *expresión* concreta *de aquel estado de ánimo...*[90]

Este mismo crítico, en un ensayo de fecha 15 de marzo de 1927, titulado "Vanguardismo" (primero de tres sobre este tema) califica a este "ismo" de una "actitud", la cual será determinadora de "un amplio estado de conciencia", y considera al vanguardismo, como una "época de proposiciones, de tanteos, de entusiasmos apostólicos...".[91]

En el segundo,[92] establecerá Mañach el principio de la existencia de una fisonomía de época. También si el artista ha de ser o no representativo de ella, lo cual no esclarece hasta el último ensayo. En él, mantiene que habrá dos tipos de artistas o creadores: el de inspiración en lo estrictamente circunstancial de la época en que vive, y el de una "pureza" que trata de hallar en la Naturaleza o en lo absoluto.

> El artista de temple revolucionario, de sentido político, *hará*, por imperativo interno de su curiosidad, ese arte nuevo o de interpretación temporal. Pero siempre habrá artistas puramente contemplativos que acudirán a las inspiraciones absolutas o naturales.[93]

De lo expuesto anteriormente, es posible inferir que de un período incierto, como el de la vanguardia, habrían de surgir nuevas creaciones definitivas. Todas ellas dentro de dos modalidades artísticas: una de inclinación social y otra hacia una "pureza", de base contemplativa. La poesía cubana, de hecho, se proyectará hacia módulos "puros" y "sociales", como una plasmación de las experimentaciones de la vanguardia.

... un conciente [*sic*] sentido de tránsito hacia nuevas formas... no tuvo ni persistencia ni intensidad como para dejarnos obras de gran importancia. Como resultado... la poesía cubana se dirigió por dos vías fundamentales: la poesía pura y la poesía social, que tuvo en la poesía negra un vigoroso representante del modo nacional...[94]

A manera de ilustración, del ansia vanguardista hacia modos más definitivos, he seleccionado tres poemas, aparecidos en la *revista de avance*.

"El Loco", de Manuel Navarro Luna, es exponente de un anhelo de sondear lo desconocido, en una búsqueda de algo ideal.

> "Se ha perdido una estrella
> en el fondo del mar,
> y la voy
> a encontrar."
> Así dijo. Sus ojos eran dos llamaradas
> muy rojas,
> y movía su cuerpo,
> con la espuma del mar entre la boca.
> Los hombres se reían
> al mirarlo pasar.
> Y él exclamaba: "cuando yo la encuentre
> me la querréis robar,
> porque también vosotros andáis buscando estrellas
> en el fondo del mar." [95]

Se pueden apreciar en este poema recursos típicos de la vanguardia, como lo son la disposición tipográfica, imágenes sugerentes de lo deforme (ojos-llamaradas, espuma del mar-boca). Late, sin embargo, en él un sentido inefable de lo "puro", o de lo inaccesible ideal, representado por el símbolo de la estrella. El poeta, ante la indiferencia del mundo ("se reían"), opta por una evasión, hacia ese ideal, el cual identificará con algo común, inserto en lo más recóndito del ser humano. Instintivamente, el hombre sueña con formar parte de ese algo ideal ("también vosotros andáis buscando estrellas").[96]

Es quizás, por eso, que se ha observado en este poeta, a un representante típico de lo vanguardista, pero notando una dualidad minoritaria, de "pureza" ideal y de identificación con lo humano que le circunda.

El segundo poema seleccionado es de Félix Pita Rodríguez: "Polirritmo de la Amada Marina". Debido a su extensión, hemos extraído algunos versos, los cuales ilustran ese deseo mencionado de lo "nuevo".

> ¡El puerto lila bajo la luna!
> Espejo malva que se estriaba de anhelos blancos...
> ¡Cuántas imágenes en el espejo!
>
> Hay un corsario muerto bajo la playa...
> Sueñan en costas inverosímiles nuestras locuras...
> ¡Bajo la luna...! Tú eras azul...
> ....
> Recuerdas luego...?
>
> Una saudade de mares muertos; costas violetas,
> y unos ensueños todos repletos de lejanías...
>
> ¡Tener una novia en cada puerto, como los marinos!
>
> Tabernas grises...!
>   Países como libros sin abrir...!
> Un bergantín...!
>   Las estrellas...!
> ¡Qué sirenas en las islas...!
>   ¿Y después...?
> Faro...?
>   Mujer...?
>   Senda nueva...?
> ....
> En cada onda había un camino sin desflorar...
>   Y tus ojos,
> y mi alma, se perdieron en el mar...[97]

En este poema es posible observar aún más claramente recursos vanguardistas como la disposición tipográfica, así como imágenes oníricas, que lo acercan al surrealismo: "corsario muerto bajo la playa", "Una saudade de mares muertos". Es posible percibir también una cierta correspondencia entre los colores. El símbolo del espejo servirá al poeta como medio de fusión con el mundo natural. (Esto, como vimos, procede de los fundamentos analógicos establecidos por Baudelaire).

Creemos existe un anhelo hacia una transparencia, de claridad infinita que el poeta, al igual que Navarro Luna, expresa mediante el simbolismo de las estrellas y el mar.

Es de notar también el sentido simbólico-sugerente al representar lo ignorado ("Países como libros sin abrir") mediante un símbolo femenino: (¿Y después...? / Faro...? / Mujer...? / Senda nueva...? / ... camino sin desflorar... / Y tus ojos, / y mi alma, se perdieron en el mar...).[98]

En el mismo número de la revista donde apareció este poema de Pita Rodríguez, se publicará otro de Don Miguel de Unamuno: "Vanguardismo". En él, se percibe la desorientación que, como vimos ya, era característica de la vanguardia. Existe, sin embargo, un deseo latente de encauzamiento, en moldes definitivos.

> Y bien, esas aguas rotas,
> cahorzos en medio del desierto,
> buscan... ¿qué buscan?
> No buscan, esperan
> la gran avenida que las unza
> y nazca del poniente el río;
> ....
> hasta que al fin se encauce en las riberas
> por donde ayer no más se iba a la mar el río eterno.[99]

Este poema tendría carácter premonitorio en lo cubano, ya que, como mencionamos antes, esa insurgencia o exploración de lo "nuevo" llevaría a una recapitulación, con vistas a lograr un arte perdurable en estado de "serenidad":

> ... tuvo una existencia breve... después del desbordamiento, las aguas volvieron a su antiguo cauce, serenándose los ánimos que habían sido sacudidos fuertemente por el vendaval...[100]

El año de 1928 sería, pues, decisivo en el movimiento de la poesía pura en Cuba, ya que además de los poemas antes citados, en que se esboza un deseo de descubrir una nueva expresividad, aparecerán los tres ensayos de Regino Boti, ya mencionados bajo el título general de "Tres temas sobre la nueva poesía". En ellos, Boti expresa su creencia en una "pureza" esencial y auténtica. El poeta debe alcanzarla mediante un proceso técnico de elaboración poemática consciente, lo que le permita el logro de la belleza. De ahí, que vea como un defecto, la ausencia de esto último, en la poesía nueva de vanguardia.

En el primero, ve en la versificación un factor de artificiosidad, que contribuye a disminuir lo esencial poético:

> ... pensé que en el mecanismo de la versificación había mucho de artificioso; a tal punto que ese artificio resultaba ser causa bastante para que, por domeñarlo, perdiera la poesía absoluta mucho de su esencia.[101]

El poeta, para mantener esa esencialidad "pura", debe regresar a lo anterior, a aquel estado primigenio, en que no existe la contaminación de lo formal impuesto. La norma a seguir sería aquella de "depurar", para que el resultado fuese una poesía breve y bella (como quería Poe) y de transparencia (como postulaba Juan Ramón Jiménez):

> Hay un modo de restituir a sus propios valores la poesía, haciéndola cada vez más pura, menos cautiva de lo formal interno y externo. Y éste consiste en el regreso al pasado... Con efecto, si el poeta se despojara de tanto obstáculo para vaciar su canto lo haría más breve, bella y nítidamente.[102]

Es por ello que se manifestará opuesto a toda versificación que aminore lo esencial de la idea poética que se quiera expresar:

> Primera manumisión: debe escribirse los versos —no renglones— del número de sílabas que salga sin curarse nadie si el siguiente cuenta las mismas que el anterior...
> Segunda manumisión: escribir deliberadamente sin rimas... que los versos consuenen y asuenen al azar, sin que haya temor de que los astros tiemblen porque sea una palabra consonante de sí misma y con el mismo sentido...
> Tercera y última manumisión: no escribir estrofas patentadas. Donde termine la idea o la emoción allí debe caer el punto final y concluir la estrofa.[103]

En el segundo ensayo, Boti reitera algunas ideas anteriores y declara que lo rítmico es esencial para obtener un efecto poético "puro" de belleza. Este ritmo ha de mantener su limpidez original, que involucre un efecto total. (Esto —creemos— lo acerca algo a lo dicho por Brémond):

> El ritmo —que es una de las más hermosas providencias
> que ha puesto en nuestra sensibilidad la Naturaleza— se
> produce sin afeites. El poeta no debe ponérselos. El verso
> puro debe producir la sensación de belleza de un sillar... en
> donde la euritmia no se aprecie según el secular entendido
> de distribución en partes iguales, sino en el de unión de un
> todo indivisible.[104]

Hacia el final de este ensayo, Boti reconoce la importancia de un lenguaje para producir esa belleza "pura". El poeta, por lo tanto, debe limar, pulir para así lograr un poema perfecto, acabado. (Esto lo acercará al concepto de "pureza", que postulaba la primacía de los recursos del lenguaje):

> Mas el ritmo tiene a su vez que ser desarrollado en un
> lenguaje bello. El verso del novopoeta debe ser parnasiano o
> no ser... producir versos perfectos, magníficos, totales como
> joyas y fulgurantes como gemas. Así el verso amplísimo de
> la novopoesía. Su creador debe esforzarse en hacerlos tan
> acabados que, como Pigmalión con su estatua, sienta la
> necesidad de desposarse con cada uno de ellos al animarlos
> con el soplo del ritmo.[105]

Lo último, sintetiza eso que el poeta cree son las direcciones de la novopoesía o poesía de vanguardia. (Se referirá mayormente a los ejemplos del ultraísmo y el creacionismo, y a lo que denominará paroxismo):

> Dentro de la denominación de vanguardia entendemos
> varias escuelas conjuntas caracterizadas todas por el común
> denominador de la novedad, siendo las principales de ellas
> entre nosotros y por ahora, según mi punto de vista, el
> ultraísmo, el creacionismo y el paroxismo...[106]

Esta última directriz es la de mayor relieve para Boti, ya que responde a un sentido más "humano" de lo poético, significando con ello una "genuinidad", en que el poeta se sitúa dentro de su creación. Por eso, acepta la tendencia hacia una postura artística de "pureza", sustentada sobre lo personal auténtico del poeta, pero rechaza la concepción de un arte totalmente apartado del hombre. (O como había dicho Jorge Guillén, una "poesía bastante pura, *ma non troppo*"):

> ... el impulso paroxista es el que está más a la faz en las manifestaciones de nuestra vanguardia. Es una fuerza asimilada que nos llega por canales indirectos, sin que nos percatemos, tal vez porque responde desde su raíz al llamado humano de la poesía contemporánea...
> Lo primero que como directriz observo en nuestra poesía vanguardista es su menosprecio en cantar al amor y la mujer, quizás si como una derivación de la proclama de deshumanización del arte subscripta por el polígrafo Ortega y Gasset... El arte no puede deshumanizarse porque es humano, concepción y hechura del hombre. Por mucho que el poeta se aparte de su obra, colocándose fuera de ella, en su obra estará, o de lo contrario su obra no será.[107]

Boti se muestra partidario de la autonomía poética, alejada de la esfera estrictamente social o política:

> Nuestra poesía de vanguardia está agitada por un soplo comunista que mira a Rusia... El error, para mí, de nuestra lírica del día, es que hace de lo sociológico como un programa, anteponiendo la acción social a la estética. Y nada más deplorable que la sociología en verso.[108]

Según este poeta el poder de sugerencia y la brevedad del arte vanguardista deben seguir como método la elaboración consciente que ofrezca un producto terminado. El poeta deberá alejarse de lo fácil, de la espontaneidad que implique una carencia de técnica artística. (Menciona a Bécquer como ejemplo a seguir):

> Descendiendo a las que podríamos llamar de técnica, encuentro una pasmosa pobreza en nuestra poesía de vanguardia.
> Por lo común se nos dan como poemas acabados simples apuntes, escorzos. Y en poesía, lo mismo que en pintura, sólo tienen derecho a desdibujar los buenos dibujantes. Si con ese procedimiento se pretende sugerir, también puede hacerse rematando la obra... Los [sic] rimas de Bécquer pueden considerarse como el antecedente del poema corto. En ellas nada falta por hacer. ¿Por qué no así en el poema breve actual?... En el arte de vanguardia nada debe ser espontáneo. Nada de improvisación...[109]

Es precisamente en este año de 1928 en que aparecerá el libro de Mariano Brull *Poemas en menguante,* aunque ya alguno de estos poemas habían visto la luz anteriormente (1926 en *Social* y 1927 en *revista de avance*).[110] Se considera a este libro de Brull como inicio oficial de la poesía pura en Cuba. Razón tiene Florit cuando apunta:

> Poesía pura. ¿Existe? Ahí están los poemas de M.B. Pura poesía. El verso, porque sí. Por armonía. Por juego de agua clara... Las palabras aladas, únense libremente por fuerza de su esencia... Nos trae interiores para nuestra decoración espiritual. Picasso, Valéry...[111]

Es posible afirmar que lo "puro", como movimiento poético, continuará en línea ascendente, presidida por una continua revisión de valores propios así como por la asimilación externa de todo aquello que ofreciera a los poetas nuevas maneras hacia una "pureza".

Esto último vendrá a Cuba a través de dos vías principales, ya apuntadas: la francesa y la española, sin olvidar lo hispanoamericano en asimilación de lo nuevo.[112] Se percibirá, sin embargo, una mayor abundancia de escritos sobre lo español,[113] lo cual es un signo de vuelta a las raíces propias.[114] En los años 30, el movimiento hacia la "pureza" adquirirá un mayor relieve al publicarse libros que son considerados como plasmación más definitiva de los ideales de pureza (*Trópico* de Eugenio Florit, *Júbilo y fuga* de Emilio Ballagas). Estos dos libros, junto al *Canto redondo* de Mariano Brull, aparecido en el año 1934, representan, en mi opinión, la consolidación de los ideales hacia una "pureza", de fundamentos de lucidez en la composición poemática.[115]

En un artículo de Eugenio Florit escrito en 1931, [116] se expone este ideal de lo "puro". El poeta, después de la aventura vanguardista, intentará recobrar la "serenidad". Ésta se sustentará sobre premisas, en que predominase lo geométrico y equilibrado. Esto implicaba una labor de creación, en la cual la inteligencia o "razón lúcida" actuaría como medio neutralizante de la embriaguez emotiva, asociada muchas veces con la inspiración.[117]

La meta a alcanzar, no sería otra que una "pureza" en el poema la cual se obtendrá dando a lo intelectivo una primacía en la composición, al organizar el poema y seleccionar su lenguaje.[118] Aunque otros poetas se adherirán a estos ideales de "pureza",[119] considero que los tres poetas mencionados formarán una especie de núcleo, que le otorga carácter de permanencia a lo "puro" en la poesía cubana.

Los dos primeros poetas, sin embargo, se orientarán más tarde, ya pasada la impronta de la visita de Juan Ramón Jiménez a La Habana y su recuento de la poesía cubana en 1936,[120] hacia modos más "impuros", en que a veces lo prosaico se manifiesta.[121] Mariano Brull, por el contrario, persistirá en alcanzar una "pureza" a lo largo y a través de toda su obra. Por ello lo consideramos como poeta representativo del ideal de la poesía pura en Cuba.

CAPÍTULO IV

MARIANO BRULL, FIGURA REPRESENTATIVA DE LO "PURO"

1. Su vida y su personalidad literaria

Creo firmemente en la íntima relación entre la vida de un autor y la obra literaria que realiza. Todo cambio, toda circunstancia o hecho externo conformador habría de influir necesariamente al poeta sobre la manera de ver el mundo en derredor, lo cual afectaría el desarrollo de su visión poética.[1] Esto, unido a condiciones innatas de personalidad, ofrecería un punto de referencia, desde el cual podría apreciarse mejor su poesía. Es, por ello, que consideramos de importancia indagar sobre la vida y la personalidad del bardo cubano.

Sobre Mariano Brull no existen muchos escritos biográficos, lo que hizo difícil la labor investigadora. Por eso hemos recurrido a entrevistas con personas que lo conocieron íntimamente, lo cual, junto a lo hallado por escrito, nos han permitido un enfoque general. Así podremos comprender, más cabalmente, el sentido profundo e íntimo de su poesía y explicar ciertos temas o recursos utilizados.

Mariano Brull nace en la ciudad de Puerto Príncipe, hoy Camagüey, el 24 de febrero de 1891; muere el 8 de junio de 1956. Sus padres fueron Miguel Brull Seoane y Celia Caballero Varela.[2]

Don Miguel era español y militar de artillería, el cual fue enviado a servir en Cuba. Aquí conocería a Celia, natural de Camagüey, con la cual contraería matrimonio. Además del poeta, tendrían una hija: Alicia.

Tanto en la línea paterna como en la materna, existía el signo de descendencia ilustre. El tío del poeta, José Brull Seoane, fue maestro de armas del rey Alfonso XIII, el cual se destacó por sus hazañas y escritos sobre armamentos. Esto último indicaba ya un antecedente en la vocación para escribir.

Su abuela, Dolores Pérez de Seoane, era nieta de Bárbara Valdés, sobrina del célebre Obispo Jerónimo Valdés. Éste, como sabemos, había sido el fundador de la Casa de Maternidad y Beneficencia de La Habana. Existe relación de familia con la realeza de Francia y de Aragón, como si con ello se indicara ya las dos líneas conformadoras del poeta: la francesa y la española. De esta última, sobresalen nombres famosos como Vasco Porcayo de Figueroa, uno de los conquistadores de Cuba, y Francisco de Zayas Bazán, el cual recibiría en 1640 una de las Mercedes del Rey de España: el Hato de Guaicanamar, finca que le serviría al poeta para la contemplación del mundo natural y como refugio de lo más mundano, que estorbaba a su introspección, en estado de soledad.[3]

Todavía siendo muy pequeño, Brull es llevado a España por sus padres, lo cual —así creo— habría de influir enormemente en él. En Málaga, Andalucía, pasó su infancia, donde asistió a la escuela primaria hasta los 11 años de edad. Esto, seguramente, tendría que conformar su modo de ver las cosas y contribuiría a la formación de su personalidad. Su mundo poético se nutriría —como veremos— de vivencias infantiles.

Al regresar a su ciudad nativa, el poeta-niño ya tiene indeleblemente marcados los motivos, que habrían de inspirarlo luego, en una "reviviscencia" por analogía, entre la tierra andaluza y la cubana: sus plantas, flores, fauna, la luna, el mar, el cielo límpido y cristalino, de reflejo en verde.

Comienza sus estudios de secundaria y escribe por aquel entonces sus primeros ensayos y poemas. Es, además, fundador y editor de un periódico escolar. Después, pasará a La Habana, en cuya Universidad cursa los estudios correspondientes a la carrera de Derecho. Es en esta etapa, cuando Brull empieza a colaborar para la revista *El Fígaro*, en la cual aparecerían muchos de sus poemas. Ejercerá la abogacía hasta el año de 1917, en que iniciará su carrera diplomática.[4]

Su primera asignación importante, fuera de Cuba, será en los Estados Unidos, donde está con la Legación Cubana en Washington por unos pocos años. El 25 de noviembre de ese año, tan importante en su vida, 1917, contraerá matrimonio el poeta con Adela Baralt.[5]

Esta esposa sería —así creo— motivo de inspiración. Adelita sería muy devota de lo musical: tocaba el piano con mucha frecuencia en la "sala de familia",[6] lo cual deleitaría enormemente al poeta, indicando con esto un deseo de intimidad en él.

Mariano Brull iría, después de Washington, a otros países. Esto le serviría de gran aliciente, no sólo en lo profesional como diplomático, sino también por el hecho de haberle permitido entrar en contacto con otras culturas. Conocería allí a muchos escritores y artistas, se imbuiría de lo más reciente en la esfera del arte y tendría la oportunidad de dar a conocer su mensaje propio y autóctono.[7]

En la capital del Perú, Lima, Brull es secretario de la Legación Cubana, junto a su cuñado el Dr. Luis A. Baralt, el cual era ministro de Cuba en el país andino. De su estadía allí, he hallado una reseña, que nos revela a un poeta ansioso de dar a conocer su poesía directamente, aunque sólo fuese a un grupo "minoritario". Baralt, cuando dicta una conferencia sobre los grandes poetas cubanos se refiere a los "nuevos portaliras de su patria", menciona el nombre de Brull y lee algunas poesías de su libro de 1916, *La casa del silencio*. El poeta, que se hallaba entre los presentes, accedió "a las calurosas solicitaciones del auditorio" y recitó su poema "A las manos", el cual fue recibido entusiásticamente por los estudiantes: "fue premiado con ruidosos aplausos".[8]

Esto nos indica, según creo, la personalidad de un hombre que se afanaba al mismo tiempo en sus empeños diplomáticos y de hermandad en el campo de la poesía. Esto último le permitiría dar a conocer lo íntimo, unido a la voz de la patria que representaba.

Esta arista de la intimidad en Brull, de una mejor compenetración humana, nos recuerda lo que me dijera el Dr. Carlos Márquez Sterling sobre el poeta. De acuerdo con este historiador cubano, Brull preferiría el "escenario pequeño". Esto le permitiría conocer a las demás personas en todas sus dimensiones, al entrar en una relación de camaradería más íntima: las "tertulias literarias" eran sólo un ejemplo de ello. El poeta y diplomático asistía regularmente a las que se efectuaban en casa de su padre, el Dr. Manuel Márquez

Sterling.[9] Esto nos muestra al poeta en una doble faz: la de una personalidad en introspección y al mismo tiempo de comunicatividad, en el sentido de querer intercambiar ideas, hacer sentir su pensar, con el objeto de una comprensión más exacta de sí mismo y de los demás. Esto último lo llevaría a mostrar afinidad espiritual con otros, convirtiéndolos en amigos de lo humano y de lo poético.[10] Uno de ellos, el poeta Felipe Pichardo Moya, en un artículo nos da una visión de esta dualidad, de participación en lo humano y el apartamiento o refugio en la soledad.[11] Eran precisamente los días en que Mariano Brull proyectaba escribir *El peñón del salto*, que sería más tarde *La casa del silencio*. Se solían celebrar "tertulias" habaneras en casa de un amigo común, Francisco José Castellanos, a la cuales iban con asiduidad Brull y Pichardo Moya. Brull participaba activamente en ellas, lo cual reafirmaba lo expuesto sobre el intercambio con otros seres humanos. Esto, sin embargo, se alternaría con escapadas a su tierra natal, Camagüey.

En su deseo de alejarse de lo mundano, se refugiaba en lugares tan remotos como la Sierra de Nájara. El poeta quiere, por lo tanto, entablar un diálogo a solas consigo mismo y con el Universo que le rodea. Su alma ha de elevarse, como quería Poe, a la contemplación de lo bello, en sus variadas formas. El poeta ha de revivir más tarde, por medio de la memoria, esas intuiciones, que sus ojos-anímicos habían percibido. Ese alejamiento explicaría quizás el calificativo de "silencio", aplicado a su primer libro *La casa del silencio*.

Pedro Henríquez Ureña, en el prólogo, resalta sus cualidades de "emociones virginales", de ser "huerto cerrado", en solitud meditativa "ante la hermosura y ante *la música del mundo*", lo cual conduciría a "largos y serenos deliquios". Esto último —creo— será una constante en su poesía posterior, ya bajo los "cánones" más explícitos de elaboración *a posteriori* en el poema.[12]

La década de los años 20 sería de gran importancia en la conformación de sus ideales hacia una "pureza".

En la capital de Francia, además de estar expuesto a las discusiones en los centros culturales y en la prensa, sobre el debate de poesía pura, el poeta cubano, en sus ansias de aprisionar todo aquello de esencia universal, se informa y participa en el movimiento de las ideas y del arte de esos años.

Asistiría a funciones de ballet, conciertos y teatro dramático, particularmente si el dramaturgo era el ruso Checkov. Celebraría, además, esas "tertulias", de las que, como vimos antes, frecuentaba: él es, ahora, quien las inicia en el piso que había adquirido en París. Entre sus amistades se encontraban los poetas y escritores Paul Valéry, Jules Supervielle y Emilie Noulet.[13]

Brull, en estos años parisinos, demostraría un interés extraordinario en el arte pictórico. Entre sus preferencias sobresalen el cubismo y la figura de Pablo Picasso, aunque, como ya dijimos, su curiosidad universalista lo lleva a estar abierto —en paralelismo con el movimiento "minorista" de que formaba parte— a lo nuevo, siempre y cuando se adhiera a un criterio de rigor y selección.[14]

En Madrid, donde había estado en años precedentes a los de París, el poeta cubano absorberá ideales de lo aséptico, hacia una "pureza", alejado de lo más cotidiano del vivir continuo, en tertulias y otras actividades del cultivo espiritual en sí. Entre sus amistades más notables, figuraban poetas de la generación del 27, como Jorge Guillén, Manuel Altolaguirre; y, de ese mismo grupo literario, Juan Ramón Jiménez y Ramón del Valle-Inclán.

En cuanto a Guillén, la amistad personal ha de extenderse a lo literario, con motivo de la traducción al español de "El Cementerio Marino" de Paul Valéry. Brull y el poeta español se escriben cartas, debido a esta coincidencia en querer ambos traducir al poeta francés de lo "puro".

Recordemos, asimismo, que Brull había colaborado en versiones del francés al español, con poetas de la generación del 27, como veremos al referirnos al arte de traducir.

Anteriormente a España, el poeta había estado en la capital belga. En su etapa bruseliana, se reunía con amistades íntimas como el literato Paul Werrie, el pintor Pierre Fouquet y el también escritor Francis de Miomandre. El primero y el tercero harán una traducción de poemas de Brull: *Quelques poèmes*, Bruselas, 1925.[15] Los poemas de este libro serían incluidos en el libro realmente inicial, *Poemas en menguante*. El primero, aparentemente, no tuvo en Cuba por ser en lengua francesa, la repercusión del segundo.

A la capital belga habría de regresar nuevamente el poeta en el año de 1950, como "Enviado Extraordinario y Ministro

Plenipotenciario".[16] Esto ocurriría ya después de publicados dos de sus libros más importantes, *Canto redondo,* de 1934, y *Solo de rosa,* de 1941. Dos años antes, en 1939, había aparecido en Bruselas el libro *Poèmes,* traducido al francés, en edición bilingüe, por dos amigos del poeta: Mathilde Pomès y Edmond Vandercammen. Paul Valéry escribiría un prólogo al libro, lo cual, estimo, aumenta su mayor prestigio.

Fue precisamente en el año de retorno a Bélgica, cuando salió a la luz su libro *Tiempo en pena,* en cuya solapa se menciona su participación en el movimiento cultural del momento y se perfila su calidad como ejemplo de una poesía "pura", bajo los principios de técnica de Mallarmé.[17]

Es por esta época cuando visita la casa de Erasmo de Rotterdam junto a un amigo, el poeta Eugenio Florit. Éste escribirá unos versos en los que hace referencia a la esposa del bardo cubano y con esto el anhelo de una "transparencia" en estado "sereno".

> Erasmo
> con Mariano
> Brull
> La luz
> entra finita
> por los cristales
> irreales
> (Luz como el alma
> en calma
> de Adelita)[18]
> Casa de Erasmo, Bruselas,
> 29 de agosto de 1951.

El poeta Florit observaría en este poeta de lo "puro", características que lo identifican con el modo de ser de los europeos.

Brull era muy reposado en su hablar, exhibiendo además una gran cortesía. Se mostraba elegante en sus maneras y sopesaba mucho lo que decía.[19] Esto lo aproxima a su ideal de una poesía en que exista la contención, la concentración depurada, en una serenidad espiritual, como reflejo de esa personalidad. Su último libro, *Rien que...(Nada más que...)* refleja mucho este ideal. Lo publica en París, dos años antes de su muerte, acaecida en La Habana en 1956.

Sobre este libro traducido al francés por su amiga Emilie Noulet, el crítico Jorge Mañach ha hecho algunos comentarios que considero de relevancia en cuanto al arte de la traducción. Según lo expuesto por Mañach, la vaguedad inherente en la poesía moderna hace posible una nueva creación, no una mera traducción literal:

> No hay conceptos ni referencias concretas demasiado precisas... Hoy traducir es crear, sin más dependencia por parte del traductor que el hecho de recibir... una inspiración suscitada por la vivencia del poeta original.[20]

Brull, estimulado por sus estadías en países extranjeros, que lo permean no sólo del idioma sino también de lo íntimo del espíritu de su raza, llegará a ser un verdadero maestro de este arte. Su metodología será, al igual que en su poesía original, de perfeccionamiento, que lo acerca al "purismo" de una técnica de depuración.[21] Esto constituiría uno de los puntales básicos de su ideología poética, como veremos a continuación.

2. Ideología de Mariano Brull: sus ideas sobre el arte, lo poético y lo cultural

Este poeta cubano ha de expresar muchas de sus ideas sobre el arte, así como lo poético y cultural, en varios de sus escritos, lo que deja entrever, también, rasgos de su personalidad analítica y apreciativa.

El primer escrito que hallamos en cuanto a lo más estrictamente poético, data de 1915, un año antes de la publicación de su libro *La casa del silencio*, el cual, como ya esbozamos antes, consideramos como precursor de la poesía "pura".

En respuesta a las preguntas, ¿Cómo haces tus versos?, ¿Cuál es tu proceso de composición mental y de composición material o puramente gráfica?, formuladas a varios poetas cubanos, Brull contesta mediante una carta, dirigida al director de *El Fígaro*, el Sr. Don Ramón Catalá. En ella, expresa su creencia, primeramente, en una metodología individual, que se adaptaría a la circunstancia específica en cada poema, queriendo significar con ello, una carencia de propósitos definidos.

> ... el proceso mental antecedente de mis poesías, ha sido siempre tan poco definido, y tan diferente en todos los casos, como el mismo proceso de composición material.[22]

Sin embargo, existiría en él un principio básico o común: el de considerar lo poético como algo misterioso o jeroglífico, lo cual, como vimos, puede ser una derivación de la lírica francesa de Diderot, Baudelaire y Mallarmé:

> Todos los modos y todas las formas caben en mi "manera" de realizar poesía, pero cuando yo escribo, abro las ventanas que miran al misterio, porque lo único perdurable no son las afirmaciones, sino las interrogaciones...[23]

Ya hacia el final, se afirma más un ideal poético de selección, tanto en lo temático o ideológico, como en las palabras a utilizar en el poema:

> ... siempre mantengo como propósito, el principio abstracto de la selección ideológica y la selección verbal.[24]

Lo dicho podría conferirle un cierto sentido de exquisitez o de aristocratismo. Esto —habría que aclarar— significaría la supremacía de lo espiritual, en que se advierte un deseo de perfección.[25]

El segundo que encontré fue el de "Poesía 1931",[26] el cual, como lo indica su fecha, es posterior al debate de poesía "pura" en Francia, y se centra en un año en que ya habían hecho su aparición tres libros claves de lo "puro" en Cuba: *Poemas en menguante*, *Trópico* y *Júbilo y fuga*. También se hacía sentir —como dijimos— lo español "purista" a través de los escritos mencionados en la *revista de avance* y la visita de Lorca a Cuba. En esta conferencia, Brull reitera algunas de las mismas ideas expresadas en 1915, pero otorgándoles ya un afinamiento más específico, al mencionar objetos que considera de una "puridad", de carácter intrínseco:

> ... cosas que casi son "poéticas" por definición: la flor, el jardín, el bosque, la luna, el crepúsculo, y muchas más... hay distinciones de jerarquía y distinciones de calidad, estados de mayor pureza en fin...[27]

Después, el poeta se refiere al debate literario francés acerca de la poesía "pura". Hace notar el interés que despertó, como dilucidación del problema filosófico de lo que es la poesía, como medio trascendente de llegar a lo "puro".

> La querella que hace pocos años se promovió en Francia... puso de manifiesto que el concepto de la poesía en sí misma, era uno de los problemas más difíciles que la mente humana podrá plantearse...
> Los escritos del abate Bremond, reveladores de un rico y variado saber humanístico, de una parte, y los profundos y sutiles conceptos de Paul Valery... han conseguido como resultado general renovar el interés sobre el problema y colocarlo en parejo plano al de cualquiera de los problemas fundamentales de la metafísica: la poesía como instrumento trascendental del conocimiento, de razón pura, de belleza pura...[28]

Poeta y también crítico, Brull ha de considerar la teoría de Brémond como algo místico y religioso —lo cual hicimos resaltar en el capítulo primero, al referirnos a este aspecto predominante en él— pero que no se sitúa dentro del verdadero problema: el del lenguaje. Esto en Valéry será el modo más adecuado para llegar a lo "puro". Es por ello que Brull reconoce en el libro de Brémond *Racine et Valéry*, una rectificación, al darle más reconocimiento a lo lingüístico, en un sentido selectivo.

> La poesía pura la cree encontrar el abate en la colina de la "nominación extasiada": forma no extraña a la lírica mística y religiosa de todos los tiempos... no logra darnos de la poesía pura sino un aspecto incidental, una relación de semejanza de una emoción con otra...
> (en "Racine y Valery")... ya bajo la influencia de Valery, nos declara "que todo en el problema de la poesía nos lleva, más que a sacrificar lo impuro a lo puro o, en otros términos, el discurso al canto, a separar por un esfuerzo de abstracción, lo puro de lo impuro, el canto del discurso".[29]

El lenguaje, según el bardo camagüeyano, será de primordial importancia en la creación poemática. Su dominio irá más allá de un arte determinado: podrá abarcar a todas las artes en conjunto, o a distintas de ellas, por separado.

... entre todos los artistas, es el poeta el que se sirve para producir su obra del instrumento más complicado y de acción más indirecta: el lenguaje... el más idóneo de los instrumentos para crear valores de belleza más ricos y variados que los de las demás artes. Su poder abarca varios dominios bien diferenciados, pues hasta cierto punto con él podemos bailar, pintar, esculpir, construir, musicalizar en fin.[30]

Ha de advertir después el peligro que hay en adherirse a una estética determinada, durante el tiempo en que se vive. Eso negaría lo individual que, como vimos, ya había pensado en 1915. Se corría el riesgo de aminorar los valores que debían ser perdurables. De aquí que el poeta —así creo— atribuyera relevancia a lo auténtico.[31] Brull habrá de admitir, sin embargo, que un apartamiento total del medio, o predominio de la época, iría en contra de la renovación:

> Esto que llamamos "sensibilidad de época" es un imperativo del cual no podemos sustraernos sin riesgo de quedarnos al margen de su corriente renovadora; pero abandonarse sin cautela al énfasis que le es peculiar, pudiera significar para el artista o para el poeta perder de vista los valores eternos del arte.[32]

Góngora sería un ejemplo de creador, de acuerdo con esos postulados. Observará, en él, a un poeta que compone sus poemas, "en función de la palabra misma como materia esencial de poesía... viene al poema con vida más independiente y cargada de toda índole de relaciones complejas: auditivas, visuales, táctiles, sensoriales en fin, y aun de resonancias ideológicas..."[33]

Lo dicho por Brull sobre esta resonancia ideológica implicaba la imposibilidad de alcanzar una total y completa liberación de lo conceptual, lo que hace de lo "puro" un ideal hacia el cual el poeta se inclina, pero que es imposible de lograr, por ser reales las cosas de que habla.

El poeta, en su intento de llegar a esa "pureza", le otorga máxima importancia a la obtención de un "efecto". Éste sería aquello de algo "puro", incontaminado a lo Brémond. Su logro consistiría en un desplazamiento y una ordenación expresiva dentro del poema, para acercarse así lo más posible a esa inefabilidad, en que lo prosaico no existe:

> ... el centro de gravedad del interés poético del poema se ha desplazado del "sentido" al "sonido"... se ha polarizado hacia el elemento de más ricas y matizadas *posibilidades de expresión*, que es al mismo tiempo en el poema, el elemento de materia en sí misma, más *pura, desinteresada* y *sutil*, por cuya virtud se *desvincula* de extrañas *adherencias prosaicas*, acercándose a la zona de *auténtica sensibilidad lírica*, aquella en que todos los valores de expresión se conciertan para *producir el hecho poético.*[34]

Ahora bien, esa "pureza" ha de ser adquirida a través de un lenguaje, que de por sí lleva y daría su misma normatividad. Se llegaría a ese "algo", mediante un todo "equilibrado", lo cual implica una plasmación trabajada en el poema:

> Lo *bien plasmado* en el verbo como instrumento, es poesía; y cada caso particular se da su ley de *equilibrio* y su *norma*, dentro del fondo común que le es propio a la lírica.[35]

Establecerá seguidamente —así lo creo— un principio de analogías. Eso, como vimos antes, tiene un antecedente en lo expuesto por Baudelaire, lo cual derivaría hacia otros planos en Rimbaud y Mallarmé, este último a un nivel más metafísico.

De acuerdo con el poeta cubano, se puede observar una correspondencia de base sensorial entre el mundo de lo natural, perecedero, y el divino, de permanencia eterna. Cree en una esencialidad artística: transmutación constante de lo concreto a lo abstracto:

> El mundo de lo real subsiste en su expresión más aguda. *Diversidad* y *unidad* en panorama concluso, sorprendidas en este momento único, fugaz, en que se incorporan a lo *eterno en lo transitorio*; sabor inimitable de *sensación total* indivisa... No hay que olvidar que el *arte* en general vive por esencia, *trasmutando* sustancias. De un plano de *realidad concreta*, transporta a un plano de *realidad representada*, con los medios que le son propios en cada caso.[36]

En escritos posteriores, la mayor parte en la década del 40, Brull expondría otras ideas, las cuales confirmarían mucho de lo afirmado hasta entonces. En general, mostrará creencia en las facultades del intelecto, lo cual conduce a una disciplina y un sentido de contención hacia una armonía.

Deberá existir —según Brull— una reciprocidad entre el mundo físico natural y aquel otro de lo moral. Hará notar, con ello, un deseo de comunión universal, en una unión de lo intelectivo y lo sensorial.

Hemos extraído algunos pensamientos de esos escritos, a modo de ilustrar lo que considero como una ideología:

> ... les qualités les plus marquantes du génie français sont la clarté et le sens de la *mesure*... conformément à une conception de la *discipline*...[37]

> ... el clima *moral* e *intelectual*, pese a las discrepancias inevitables y posibles, termina por convenir *armoniosamente* con la geografía, con el clima *físico* y con el *paisaje*...[38]

> La fecundidad de la *inteligencia* aviva los *sentidos* y los sutiliza para el *goce* de la *hermosura del mundo*; crece también ante el dolor el temple y fortaleza del espíritu, porque toda inteligencia que *crea, cree*...[39]

> ... pese a las diferencias que impone el decoro geográfico y la raíz étnica, se destacan *sustanciales semejanzas*, como si las luchas del hombre por alcanzar el pleno goce de su dignidad, cualquiera que fuera la latitud y la raza, los igualara a todos en una misma manera de conducta y en una *idéntica actitud* ante la *vida* y ante la *muerte*.[40]

> *Cooperación intelectual* significa... aspiración de *universalidad* en la pacífica exaltación de todos los valores humanos... abriendo a los caminos de la *inteligencia* perspectivas innumerables... todo acto de creación es un acto de fe y el hombre capaz de *crear* es también el que es capaz de *creer*...[41]

> ... la obra *pura* y desinteresada de su *inteligencia* que no se alumbra sólo con la luz efímera de la *sensación* del momento, sino que batalla contra la más espesa sombra para arrancarle a las tinieblas resplandores de luz *eterna*.[42]

> No hay que olvidar que la *poesía* es un medio de *conocimiento* y es también un conocimiento en sí, pero a

diferencia del conocimiento que nos llega por otras vías, el de la poesía es una *realidad* inmanente, *independiente* de toda materia, de toda dialéctica, porque poesía es lo que queda, cuando ya no queda *nada*.[43]

Necesitamos *sojuzgar* el ritmo a la melodía. En los primitivos el ritmo basta porque se entregan a él con embriaguez... Sólo el poeta puede restablecer el *equilibrio* en el Cosmos...[44]

... para sobrevivir necesitaba de la *inteligencia* y de la *acción*... Doble juego de espejos que se entremiran para devolver las imágenes duplicadas de la *realidad* y su *proyección mental* ya fundidas en *una sola*, como para ser asimilada por la insaciable apetencia de la vida...[45]

Tal imagen del espejo, como medio de unión de la acción necesaria, que todos debemos cumplir, y la inteligencia nos llevan a relacionarlo con lo que realizaría este poeta de la inteligencia, en su quehacer de hombre.

En su dimensión de lo humano en acción, este cubano propiciaría todo tipo de actividades, que se correspondieran con su creencia, de que es el intelecto lo único capaz de lograr una mejor comprensión entre lo autóctono y lo universal: una tradición enraizada, que busca nuevas maneras que se adapten a su propio sentir.

Ya es posible percibir eso desde su etapa más temprana: en un escrito en prosa que hemos revisado, Mariano Brull exalta los valores de Cuba en su arte. Ésta sería la manera más apropiada de llevar a otros aires lo auténtico de un país, que trata de hallar nueva expresividad:

... esta corriente de sano espiritualismo que pugna, en condiciones desfavorables, por darle a la Patria el alto sentido que sus más amantes hijos ansiaron para ella... propendiendo al auge y engrandecimiento de las artes. Unica manifestación por la que son realmente grandes los pueblos en el exterior.[46]

Su participación activa en organismos internacionales, nos indica una labor en pro de una cultura, que tuviera como fundamento el valor intrínseco o esencial que le pertenece, sin que factores ajenos mediasen en su genuinidad o, lo que es lo mismo, un autoctonismo que le otorga identidad verdadera y propia.

En un escrito del año 1935, Brull señala ciertas realidades de la América hispana: la política, la camaradería y la amistad personalista como factores que tienden a interferir con el mérito auténtico de una obra de arte, parece falsifican el mensaje "puro" y propio. Eso lo llevaría a abogar por una hermandad de autenticidad en los pueblos de la América, como dando ejemplo al resto del mundo, lo que implica lo esencial común en todos, como hijos de una cultura con características similares a otras.[47] Su labor en conferencias y "pláticas" lo atestigua así: mediante el intercambio de las ideas, se puede arribar a un mejor conocimiento de las culturas y de sus gentes. Deberá existir una cooperación en la inteligencia.[48]

El deseo hacia un mejor entendimiento de lo autóctono haría de Brull un divulgador de la obra martiana, en una cultura de la cual el poeta cubano asimilaría una gran parte de sus principios, hacia una "pureza" de armonía y contención: la francesa.

Mariano Brull, junto a dos de sus mejores amigos, Gabriela Mistral y Alfonso Reyes, concebía el propósito de establecer en París una biblioteca selecta de escritores hispanoamericanos. El cubano seleccionará el libro *América* de Martí para que fuera editado en francés, con lo cual dará a conocer a un pueblo del extranjero —o de lo universal— lo que creía ser un valor de real autoctonía.[49]

Brull vería, además, en las humanas representaciones de lo nativo, algo así como un reflejo de divinidad, lo que les confiere un cierto poder mesiánico, de poetas —Dioses huidobrianos:

> ... extraordinarios con su acción o con su pensamiento... han venido expresamente al mundo para dar testimonio de presencia del Dios desconocido... tienen algo de iluminados, de receptáculo viviente de divinas revelaciones... de hombres dotados de poderes extraordinarios...[50]

La publicación de la obra martiana llevaría este signo, pero en este caso aplicado también al mismo poeta cubano, por la ingente lucha y los obstáculos que tuvo que vencer para poder comunicar a otros aquella esencia de universal cubanía en eternidad.[51]

3. Mariano Brull, creador de la "jitanjáfora": medio de evasión hacia lo "puro"

Es de señalar el hecho de que la vanguardia, en sus postulados de libertad verbal,[52] ofrecía una manera de explotar lo subyacente o más intuitivo del subconsciente humano. Mariano Brull, siguiendo esta línea, la llevará a una realización muy propia. Además de lo onomatopéyico inherente, la aliteración le serviría como medio de llegar a una "pureza" en que las palabras aparecen desprovistas de todo elemento conceptual.

El poeta verá una correspondencia entre lo sensorial en el mundo natural y aquel otro de lo infinito. Existe una armonía oculta y recóndita, que se desea descifrar. El único medio es el lenguaje, con todas sus impurezas. El poeta, por lo tanto, deberá tratar de desproveerlo de toda intención designante, lo cual sería, como ya vimos, un mero ideal.[53] Esto lo llevaría a una doble faz: la de juego escapista, en que predomina la gracia musical y otra de profundo conocimiento del lenguaje, en la cual el poeta deberá hacer uso de lo intelectivo: selección de palabras, que de por sí o en relación con otras, produzcan ese efecto de "pureza".[54] Tal uso de los recursos intelectivos del lenguaje que abarca el análisis de las palabras y de su situación dentro del poema, conduce a una metodología consciente de eliminación y de ordenación.[55]

Un ensayista y amigo de Brull, Alfonso Reyes, se habría de encargar él mismo de darle nombre a este recurso de lo poético, tomándolo de una palabra del poeta cubano.[56] Hará Reyes una distinción muy clara entre lo estrictamente aliterativo y el lenguaje trabajado. De acuerdo con el mejicano, existe una vertiente popular y otra más culta. En la primera cabrá lo imitativo de los sonidos y en la segunda el lenguaje de selección, en proceso depurador. De lo primero, están los disparates o "cheers", y de lo segundo la "jitanjáfora", como algo americanista, de lenguaje esencial. Según Brull:

> Hay también una respuesta de América: la jitanjáfora. Para satisfacer a las exigencias de una poesía pura era

necesario crear un lenguaje puro, solamente para uso de pájaros o de duendes.⁵⁷

El surgimiento del término nos lo relataría Reyes de esta forma:

> Pues bien: eran los días de París. Toño Salazar solía deleitarnos recordando el peán de Porfirio Barba Jacob y lo recitaba sin un solo tropiezo. Es posible que de aquí partiera el intento de Mariano Brull. Antes de traerlo a su poesía, le dio una aplicación traviesa. En aquella sala de familia, donde su suegro, el doctor Baralt, gustaba de recitar versos del Romanticismo y de la Restauración, era frecuente que hicieran declamar a las preciosas niñas de Brull. Éste resolvió un día renovar los géneros manidos. La sorpresa fue enorme y el efecto fue soberano. La mayorcita había aprendido el poema que su padre le preparó al caso; y aceptando la burla con la inmediata comprensión de la infancia, en vez de volver sobre los machacones versos de párvulos, se puso a gorjear, llena de despejo, este verdadero trino de ave:
>
> > Filiflama alabe cundre
> > ala alalúnea alífera
> > alveolea jitanjáfora
> > liris salumba salífera
> >
> > Olivia oleo olorife
> > alalai cánfora sandra
> > milingítara girófara
> > zumbra ulalindre calandra.
>
> Escogiendo la palabra más fragante de aquel racimo, di desde entonces en llamar las Jitanjáforas a las niñas de Mariano Brull. Y ahora se me ocurre extender el término a todo este género de poema o fórmula verbal. Todos, a sabiendas o no, llevamos una jitanjáfora escondida como alondra en el pecho.⁵⁸

Surgiría pues, así, la jitanjáfora, que puede dividirse o entenderse en distintas modalidades. El crítico Reyes distingue una más "pura", a la cual denomina "candorosa", en que predomina el tono de las canciones infantiles. Otro tipo lo constituye la "maliciosa e impura", determinada por una combinación consciente de las palabras.⁵⁹ Existiría, sin embargo, una comunidad de actitud, esto es, el hallazgo de lo sensorial en lo verbal. Se hablaría de un retorno a lo mágico, al misterio de lo primitivo.[60]

En una anécdota que nos contara la hija de Brull, Silvia,[61] he captado muchas explicaciones de lo jitanjafórico, así como de la poesía, en general, de este poeta "puro". La "gran aventura", como nos dijo Silvia, era de mucha recordación para su padre. Tuvo lugar en Ceuta, el Marruecos español, durante esos años infantiles tan vitales —como ya expusimos— en una conformación del mundo poético.

Se acostumbraba en aquella época, que las moras —yo diría gitanas— fueran al desierto, montadas o acompañadas de burritos. Se las veía vendiendo muchos artículos, como naranjas e higos. El Brull-niño, en su deseo de descubrir el mundo, haría algo travieso: agarraría a uno de esos burritos por su cola y se iría con él, como Juan Ramón en su Platero, atisbando, abriendo sus ojos de poeta en cierne, a la inmensidad circundante. Ya cuando la luna y sus estrellas habían hecho su aparición en el firmamento, es cuando el "poeta" sería "encontrado". Se me ocurrió buscar relaciones de sentido con esto, en su "jitanjáfora", aplicando mucho uso personal de la intuición. He detectado en ella —al analizar semánticamente— muchas de las palabras aliterativas de su "jitanjáfora", una aplicación de los principios de analogía, que se remontan a la línea Poe-Baudelaire. Creo que la primera palabra, procede de "filigrana", la cual, además de ser algo formado con hilos de oro o plata, de delicadeza y pulimento, es un arbusto silvestre en Cuba, cuyas hojas son aromáticas.

Me parece que es muy posible que una de esas "gitanas" tuviera entre sus artículos de uso o de venta, alguna manta o trabajo similar de "filigrana", lo cual permitiría al poeta al ver la vegetación desértica, realizar una asociación visual y olfativa. En lo asociativo, la cola del burrito sería de inspiración a Brull.[62]

Con la segunda palabra, "alabe", creo que se trata, además de lo aliterativo en ala-filiflama, de establecer una asociación de ver —(be)— lo visual con lo auditivo de la interjección "hala", la cual es usada a modo de estribillo, en este poema-jitanjáfora. Es el poeta que incita a su burrito a que ande, que camine, que lo lleve a lugares desconocidos, donde pueda contemplar en "ala" desde su "raíz" terrestre lo divino (¡Alá!).[63]

La palabra "cundre" parece derivada de "cundir", lo cual nos da una sensación de extensión, de ir hacia nuevos rumbos, una cosa que se expande en infinitud, de cielo abierto, que cierra el horizonte de la arena, en "sal" del desierto.[64]

La segunda línea, nos trae la asociación trasluciente de la sal con la luna, en "alalúnea-luna, alífera-salífera". En la siguiente, imagino al niño, que quizás en realidad de ensueño o espejismo cree ver el ánfora de alguna gitana, que le trae agua para satisfacer su dualidad humana y espiritual al mismo tiempo: de ahí lo analógico de lo visual con lo olfativo, "alveolea", veo, huelo, oleo-jitanjáfora-gitana-ánfora-agua.[65]

La palabra "olivia" del poema "jitanjáfora", nos indica ese color verde, tan típico de lo andaluz y de lo cubano, en lo cual se advierte, una vez más, esa correspondencia de lo sensorial, en que el poeta en liris-ojos-luna ve, siente, huele y toca el paisaje de lo natural, hacia el sobrenatural de ramos de "olivo verde".

Otra de las palabras, "sandra", rima en consonancia con "calandra", y la asociamos con el verbo "andar" y con la "salamandra".[66]

El poeta-niño (en la noche perdido "zumbra", sombra nocturnal) ve a los gitanos que lo buscan en las "lindres"-"lindes" de un horizonte extenso: son luces, "faros" de estrellas que se mueven en círculo, que "giran" en "millas" al derredor, "milin/gítara" "girófara".[67]

Todo lo referente a la vivencia infantil nos coloca en el punto de observar la niñez como punto de apoyo, hacia una madurez, en que el recuerdo hace revivir lo anterior vivido — lo que lleva a una poesía de entusiasmo de niño — "virgen" o "puro".[68]

Como plasmación concreta de esta "jitanjáfora", en su doble faz su "Verdehalago", es ejemplo forzoso:

        Por el verde, verde
    verdería   de verde mar
    Rr con Rr.

> Viernes, vírgula, virgen
> enano verde
> verdularia cantárida
> Rr con Rr.
>
> Verdor y verdín
> verdumbre y verdura
> Verde, doble verde
> de col y lechuga.
>
> Rr con Rr
> en mi verde limón
> pájara verde.
>
> Por el verde, verde
> verdehalago húmedo
> extiéndome.—Extiéndete.
>
> Vengo de Mundodolido
> y en Verdehalago me estoy. [69]

Creo percibir, en este poema "jitanjafórico", un deseo reprimido de fuga. Posiblemente, la realidad en que vive se le muestra hostil: deseará escaparse, por lo tanto, hacia espacios abiertos, libres, que se extiendan con él.

Como en lo dicho anteriormente, la tierra abierta ante sus ojos es símbolo de una infinitud, en que predomina lo verde-natural. Creo es el anhelo de Brull de unir lo cubano en lo andaluz de su niñez: así, el pregón se puede aplicar lo mismo a las gitanas vendedoras, como al cubano que de puerta en puerta iba entonando, en "canto" los comestibles de "col y lechuga". Eso establece una dualidad o binomio, de idealismo y realidad. Lo mismo que en Don Quijote y Sancho, hay una fuerza de lucha entre lo práctico de cada día, que nos obliga a la satisfacción de nuestras necesidades primarias, y un ideal que nos impele a la huida o escape hacia "molinos de viento", que nos ayuden a olvidar o a compensar esa realidad, que oprime o nos aprisiona.[70]

La imagen de una prisión o cárcel nos recuerda la segunda anécdota que nos contara la hija del poeta, Silvia.[71] También experiencia de su padre, en los días conformadores de la niñez. Acaece en Málaga, donde el niño-poeta asiste a la escuela. Según era acostumbrado, aquellos niños solían hacer una jaulas de paja. No las construían en la misma escuela, sino que las traían ya hechas de sus hogares, quizás con alguna ayuda familiar. No eran jaulas vacías, sino llenas de algo muy íntimo del poeta, el canto de lo natural, en este caso los grillos: estos dejarían escuchar su sonido monocorde en esas noches cubanas y andaluzas —lo creo así— prestas a la meditación. Palpita, en ello, la noción de haber aprisionado un canto en libertad natural, dentro de algo construido artificialmente. Es quizás por ello que los niños —como dijera Silvia— "las querían vender", para que posiblemente —estimo yo— en manos desconocidas, aquel canto hallara su verdadera autenticidad, en "pureza" libre.[72]

Sería eje de algo muy íntimamente ligado a su poesía de cantos y trinos infantiles, que el poeta en "reviviscencia" posterior deseaba encontrar de nuevo: volver a lo verde de los limoneros, de pregón en canto de calle, de "pájara verde", en su "verde limón".[73]

En una carta a su amigo y entonces director de la Academia Cubana de la Lengua, José María Chacón y Calvo,[74] el poeta desea volver a ese mundo de niñez "pura", en aventuras que lo retornan a un paraíso de inocencia, de cantos y olores, de naturaleza virgen.

> De todos modos, la España que yo *ví* a retazos, de prisa, me ha dejado una impresión profunda, ha despertado *inefables* emociones de mi *niñez* lejana, tan rica en *aventuras* infantiles vueltas a vivir —ya en Sevilla, ya en Granada— en un *olor* o en un *canto* callejero. El día que llegué a Sevilla llegó hasta mi habitación una voz de niño que cantaba "estaba la *pájara pinta*..." que yo había cantado tantas veces y casi tuve ganas de llorar. Nunca sentí de manera tan punzante que el *hombre* ha perdido un *paraíso* que alguna vez poseyó. Tengo que agradecerte especialmente que tus palabras me llevasen a Granada: no hay ciudad que produzca una *emoción* tan turbadora, tan fuerte en su angustia y dulzura, *remota* y *cerca*, toda ella carne viva de *alma*.[75]

La jitanjáfora, creación tan suya, serviría de estímulo a muchos poetas, lo cuales verían una manera de llegar a las esencias mismas de lo humano y del mundo. Cada cual, en adaptación a su propia forma de concebir lo poético, como expresión.[76]

Entre los modos que hacen de este medio de evasión una forma de liberarse, se encuentra lo negrista. Aquel movimiento hacia una "pureza" —como vimos— querría hallar lo elemental en el mundo, de vuelta a lo originario, de civilización o paraíso no-conformado.

Lo jitanjafórico, como recurso, serviría a los poetas negristas como medio idóneo de acercarse a ese estado en "pureza". Ellos afinarían sus sentidos, al igual que los poetas "puros", para así intuir mejor los secretos esenciales del mundo. En este afán harán uso de lo histórico, de los cantos, bailes y "hablar de sus gentes", dándoles un valor de música en ritmo.[77]

Un poeta que cultivaría lo "puro", Emilio Ballagas, se adentra asimismo en lo negrista ofreciéndonos una poesía hacia un "purismo", en que lo intuitivo se une a lo selecto y "artístico".[78] Sin embargo, creemos que en Ballagas primaría lo jubiloso, de escaparse de un ambiente de realidad hostil, hacia lindes de infancia, en la alegría "natural" del juego, asociada con una niñez de "pureza", callada, de silencio, de paraíso primero.[79]

Veamos algunos ejemplos de sus poesías [80] que denotan lo jitanjafórico, como una evasión en júbilo, presidida por lo sensorial, hacia esa niñez de naturaleza, que el poeta añora.

LAS ALEGRÍAS

YO quiero echar en el viento
viajero estas alegrías
tiernas que en mi sangre cantan
una ronda de colores!

Yo quiero verlas salir
claras, eternas, divinas;
múltiples... En fulgas altas
yo quiero verlas salir.

Correr por toda la tierra
estremecida y cantar,
la ronda virgen, inédita
que me están cantando a mí.

> En el tierno verdejúbilo
> de frondas amanecidas,
> calzadas de primavera,
> a estrenar fugas y trinos
> yo quiero verlas salir...
> (*Júbilo y fuga*, pág. 24)

El poeta, al igual que Martí deseará "echar en el viento", su mensaje poético, para que sea testigo de su gozo al contacto del mundo. En Ballagas, como en Brull, hay canto y color sensorial. Deseará un canto de universo-niño, alegre y virginal como la naturaleza misma, "tierno verdejúbilo", "fugas y trinos".

En el "Poema de la ele", se nota más lo aliterativo de correspondencia sensorial, en que el poeta quiere despojar a las palabras de su significación, para penetrar con esto en la "pureza" adánica de un paraíso encontrado: en lo primaveral del agua y la palma, palpita un movimiento de canto, luz y baile:

> TIERNO glú-glú de la ele,
> ele espiral del glú-glú.
> En glorígloro aletear:
> palma, clarín, ola, abril...
>
> Tierno la-le-li-lo-lú,
> verde tierno, glorimar...
> ukelele... balalaika...
>
> En glorígloro aletear,
> libre, suelto, saltarín,
> ¡tierno glú-glú de la ele!
> (*Júbilo y fuga*, pág. 27)

En el poema "El Agua", de su libro ya mencionado *El mar y la montaña*, Regino Boti había intentado ya un retorno a lo primitivo, aunque sin la soltura libre, de jubilosa sensualidad que le confiere Ballagas.

> Salta un glu-glu inesperado
> de la cripta de la selva,
> y, levantando frescores
> de primavera,
> ríe, promete, discurre,

canta, se aleja, se aduerme:
dolor de la selva, añora;
alma del paisaje, sueña.
(*El Mar y la Montaña*, pág. 105)

En el "Poema de la Jícara", dedicado a Mariano Brull, el poeta Ballagas ha de nutrirse de elementos naturales, como el agua en el pozo, las flores, el aire y los ríos para llegar a la jícara, no como objeto real, sino intuido en su esencia misma de nombre:

JÍCARA.

¡Qué rico sabor de jícara
gritar: "Jícara"!

¡Jícara blanca,
jícara negra!

Jícara
con agua fresca de pozo,
con agua fresca de cielo
profundo, umbrío y redondo.

Jícara con leche espesa
de trébol fragante—ubre—
con cuatro pétalos tibios.

Pero... no, no, no,
no quiero jícara blanca ni negra.

Sino su nombre tan sólo,
—sabor de aire y de río—.

Jícara.
Y otra vez: "¡Jícara!"
(*Júbilo y fuga*, pág. 28)

De la poesía negrista de Ballagas, he seleccionado un poema que estimo es ilustrativo de lo sensorial, unido a lo lingüístico, hacia una pureza de niñez. El habla típica de los negros le servirá al poeta como medio de extraer lo sensorial e intuitivo, sus elementos de folklore, para, en correspondencia con lo frutal, dar una "pureza" de unión en lo cubano y lo más universal de la "canción de cuna".

PARA DORMIR A UN NEGRITO

DÓRMITI mi nengre,
dórmiti ningrito.
Caimito y merengue,
merengue y caimito.

Drómiti mi nengre,
mi nengre bonito.
¡Diente de merengue,
bemba de caimito!

Cuando tu sia glandi
vá a sé bosiador...
Nengre de mi vida,
nengre de mi amor...

(Mi chiviricoqui,
chiviricocó...
¡Yo gualda pa tí
tajá de melón!)

Si no calla bemba
y no limpia moco,
le va' abrí la puetta
a Visente e' loco.

Si no calla bemba,
te va' da e' gran sutto.
Te va' a llevá e' loco
dentre su macuto.

Ne la mata 'e güira
te ñama sijú.
Condío en la puetta
etá e' tatajú...

Drómiti mi nengre,
cara 'e bosiador,
nengre de mi vida,
nengre de mi amor.

Mi chiviricoco,
chiviricoquito.
Caimito y merengue,
merengue y caimito.

> A'ora yo te acuetta
> 'la 'maca e papito
> y te mese suave...
> Du'ce... depasito...
> y mata la pugga
> y epanta moquito
> pa que droma bien
> mi nengre bonito...[81]
>
> (*Cuaderno de poesia negra*, pág. 72)

En otro poeta camagüeyano, Nicolás Guillén, con el cual lo negrista adquiere un marcado tono de denuncia, se aprecia asimismo lo jitanjafórico. La aliteraciones fonéticas no serán solamente algo del hablar "negro", sino que, al igual que en Ballagas, se incorpora a lo más popular del lenguaje, usado por cubanos del pueblo en muchas de sus conversaciones diarias. Lo jitanjafórico es, por lo tanto, un reflejo de la colectividad.

De su libro, *Motivos de son*, de 1930, he seleccionado una poesía titulada "Tú no sabe inglé" que ilustra el uso de lo rítmico, de base jitanjafórica, para exaltar lo autóctono y "puro" del idioma español, que se encuentra amenazado por ingerencias extrañas a sus raíces: el "inglés" del Norte.

> Con tanto inglé que tú sabía,
> Vito Manuel,
> con tanto inglé, no sabe ahora
> decir: ye.
>
> La mericana te buca,
> y tú le tiene que huir:
> tu inglé era detrái guan,
> detrái guan y guan tu tri...
>
> Vito Manuel, tú no sabe inglé,
> tú no sabe inglé,
> tú no sabe inglé.
>
> No te namore más nunca,
> Vito Manué,
> si no sabe inglé,
> si no sabe inglé! [82]

Las jitanjáforas, pues, vistas en su dimensión de una vuelta a lo más elemental, de "pureza" en cierne, sería un recurso en que el poeta se evadiría de su realidad más perentoria, aunque manteniendo el hilo de lo vivido.

Sobre lo jitanjafórico, como recurso hacia lo "puro", volveremos al referirnos a los procedimientos poéticos en Mariano Brull.

4. Los temas hacia la "pureza". Su simbolismo de vuelta a los orígenes

Como he esbozado antes, en Mariano Brull se observa el ansia hacia una perfección. Al "seleccionar" los temas que ha de poetizar, lo hace con el propósito específico de llegar, a través de ellos, a lo primigenio mediante un simbolismo que une lo autóctono de un mundo natural, a aquel otro sobrenatural. Esto conduce a un "recogimiento" dentro de sí mismo,[83] que le permite establecer analógicamente una relación con lo que ve, palpa, oye o huele. Esto le haría afinar su sensibilidad innata, hacia una manera de percibir los variados matices de lo natural y elevarse a lo del más allá.[84]

En un entroncamiento de centro, su temática consistirá en una dilucidación de lo originario, *a priori*. Al poeta le molesta todo cuanto en el Universo altera la calma primera: hay una nacencia y un caos. Es por esto que se coloca en esa zona de indecisión del ser y del no ser: es como una visión alternativa o simultánea de lo que va surgiendo y su caducidad o "ruinas".[85]

Examinemos ahora sus temas a modo de ver cómo el poeta los emplea, simbólicamente, hacia una "pureza" originaria.

El tema del mar es uno de los más importantes. Mariano Brull encontrará en este elemento geográfico natural —recordemos sus viajes— una manera de reflexionar sobre la finitud de lo humano, en contacto con la infinitud sin límites. El poeta querrá, por ello, limitarla, llegar a su esencia germinadora, infantilismo en quietud de los sentidos.

Lo anterior vivido, en un mar de reflejos con verdores de Málaga o de su Cuba, azulado-verdoso que se vuelve rojizo, en cielo de infinito, le sirve de "reviviscencia" hacia una vuelta a lo más "puro" de lo humano, en lo prístino o primigenio. Deseará estar en un "Lunes" de "mar niña", que le sirva de síntesis sensorial en encauzamiento con lo "clásico" sereno, según los principios cubistas de "Picasso, el dorio".

A ALFONSO REYES

Yo me voy a la mar de junio
a la mar de junio, niña:
Lunes. Hay sol. Novilunio.
Yo me voy a la mar, niña.

A la mar canto llano del viejo
Palestrina.—
　　Portada añil y púrpura
con caracoles de nubes blancas
y olitas enlazadas en fuga.

A la mar, ceñidor claro.

A la mar, lección expresiva
de geometría clásica.—
Carrera de líneas en fuga
de la prisión de los poliedros
a la libertad de las parábolas.
—Como la vió Picasso el dorio—
Todavía en la pendiente del alma
descendiendo por el plano inclinado.

A la mar bárbara ya sometida
al imperio de Helenos y Galos;
no en paz romana esclava
con todos los deseos, alerta:
grito en la lira apolínea.

Yo me voy a la mar de junio
a la mar, niña
por sal, saladita......
　　　　　¡Qué dulce!
(Poemas en menguante, pág. 7)

En otro poema de este mismo libro, el autor aparece identificado como una parte de esa universalidad sin límites: infinitud de mar-estrella. Habría de unirse, desde una niñez que surge, a una totalidad que lo abarca, lo cual mantendría una esencialidad constante, una "pureza" en lo eterno, de estrella-niña en mar-padre.

> Mi eternidad y el mar
> Mi eternidad y la estrella.
>
> Mi eternidad—niño
> mar—mar niño:
> ¡hijo mío!
>
> —¡Padre mar!
> (*Poemas en menguante*, pág. 8)

En otro poemita, Brull deseará que lo reflejado en el mundo natural retorne a su "pureza" esencial, de punto originario. Este mar absorberá —como si fuera el mismo poeta el que hablara— su imagen de lo claro en la orilla, de modo que regrese a la entraña de quietud de donde surgió, lo que denota la absorción del hombre individual por otro más amplio o mayor —que no es otro que el Dios-Universal.

> El reflejo volvió a la cosa.
> La imagen—ciega—quedó velando.
> El mar para sí decía
> el paisaje de su orilla.—
> La sombra entró en la sombra.
> (*Poemas en menguante*, pág. 13)

Es por lo tanto, una simbolización del mar como un regreso a los orígenes,[86] en lo prístino. Esto nos lleva a otro poema, en que es el mismo poeta quien se adentra en un mar que le es "familiar", ya conocido: lo llama en amistad como una parte inserta en su yo de antes. Es una esencia espiritual, con la cual todos los humanos, aunque sin saberlo, queremos instintivamente asociarnos. Su tono es de silencio y de sugerencia, como marginando lo más profundo del paisaje, de un mar en playa.[87]

> El mar, buen amigo
> no está en casa.
> El mar, viejo amigo, ha salido.
>
> Y esta gente en la playa...
> Y esta gente en el agua...
> —No saben que el mar está
> en casa de otro mar—amigo.
> (*Poemas en menguante*, pág. 19)

En otro poema de este su libro "iniciador", el mar, por medio de imágenes a lo vanguardista, es un reflejo de lo creado, que se extiende ante los ojos del poeta. Existe un genuino sentido de lo transparente, como una recreación de lo terrestre, de su fauna y su flora, hacia una infinitud.

Es armonía y calma original, a la que el poeta desea integrarse: "llamaradas-pasma", "encabritados-pacen".

> Tras de este plano rosa Picasso
> —playa coralina—el mar.
>
> El mar,—azul polvoso
> y fugitivo de Foujita—vientre de loba
> erizado de senos.
>
> Dos olas, —hermanas siamesas—
> se tumban con un haz de signos de infinito.
> El cielo,—llamaradas de Vlaminck—
> se pasma en gris.
>
> De miel de sol y de verde de luna
> dos potros encabritados de Chirico
> pacen al unísono
> ramas transparentes
> del árbol ambulante del viento.
> (*Poemas en menguante*, pág. 34)

En un poema de otro de sus libros, ya se advierte más lo real, en su dimensión más metafísica. Brull ha de "reflexionar", sobre ese cambio operante, que nuestros sentidos intuyen: es realidad inacabada, que el poeta ansía aprisionar en sus contornos:

> A GABRIELA MISTRAL
>
> Bajo la alta soledad inmerso,
> a la deslumbre del azul ufano,
> el viento enseña el ala de reverso
> toda ventana abierta sobre el vano.
>
> Aquí, sobre este lado de antepecho,
> índice al mar, cambiante en lo inseguro,
> espejo inacabado, —ya deshecho
> cristal de aire de contorno duro...

Todo este mar sin tí. Oreada y clara
al deslustre del agua sin sentido:
mudez que se desnuda en algazara
bruñida por arenas de sonido.
(*Canto redondo*, pág. 5)

"Isla de perfil" de este mismo libro, sugiere al poeta sumergido en lo más autóctono natural: su isla nativa.[88] Con ello creerá hallar las esencias mismas hacia una autoctonía, en lo más Universal. Su isla, en su forma de caimán, es como una "llave" de mar (recordemos el escudo de Cuba) que le permitirá abrir y a un mismo tiempo ceñir, encerrar la infinitud de reflejo en sus montañas. Es como un regreso al "paraíso", en que lo natural cubano de "miel" y de "gallo" son símbolos que el poeta emplea, como medio de llegar a esa "pureza" incólume, alta e "intacta", de esencia espiritual tamizada o quintaesenciada, "zumo" y "cima".

ISLA DE PERFIL
A Jorge Mañach

Ilesa isla intacta
bozal del *mar* nómada,
cabezal de *nardos*
ahogados en luz.
Un *ladrido* en clave
de nácares rudos
y en ronda, *soleados*,
estíos de agua.
Clara y crespa aroma,
alta en voz de *gallo*,
la cresta levanta.
Mordaza *de azules*
con rizos de lumbre,
la pulsa y la ciñe.—
No *caimán* artero,
primavera *ecuestre*
a hombros de *hipocampo*,
abra de clamores,
rubiales de mieles,
espiral del gozo,
zumo: ¡*cima ilesa*
de la *isla intacta*!
(*Canto redondo*, pág. 17.
Lo destacado en cursiva es nuestro).

Es de advertirse, además a lo largo del poema, el uso de los substantivos y adjetivos, mediante una correlación sensorial, en que existe una "sugestibilidad" simbólica a lo Baudelaire, donde los colores se corresponden con facultades de los sentidos: visual, auditiva, olfativa, gustativa. El azul marino se une con la fauna terrestre del "hipocampo" y el amarillo u oro del sol, con los cañaverales de Cuba, "rubiales de mieles", eje central de la flora de la Isla.

El poeta ha de sentir temor ante el "ladrido" del mar amenazante (esto significa la teoría de que Cuba habrá de sumergirse en el mar). Quizás por eso viera, en ese paraíso de ingenios azucareros, de gallos que cantan al amanecer, al igual que el agua de sus arroyos, ríos y lagos, una realidad que no puede ni debe desaparecer. La esperanza es la altura, más allá de sus montañas físicas: quietud en lo sobrenatural, que impedirá su destrucción. No en vano utiliza palabras con adjetivos calificativos que resumen este triunfo, en el más allá de lo originario: "cima ilesa" e "isla intacta".

En su último libro,[89] el tema del mar se torna en una preocupación de más hondura filosófica. El poeta, impelido por ese mismo deseo, que se advierte ya en lo que adujimos anteriormente, de quietud y soledad, se adentra en los confines limítrofes del ser. Ante el flujo y reflujo de la vida —arena y mar— Brull quisiera ser un contemplador del mundo, anterior a su nacimiento o surgimiento: quedaría en una especie de suspensión entre lo que es y no es, en una presencia y ausencia, a un mismo tiempo, aunque el tono se torna más familiar, por haberle infundido un aliento jitanjafórico, que se aleja del mayor esquematismo y concentración del poema anterior.

LA PUERTA DEL MAR

I

Abre el mar la puerta
que la playa cierra:
- Mar de tantos brazos,
Mar de tantas piernas -.
Y la playa calla
escuchando atenta:
la arena *está dentro*,
el agua *está fuera*.

Cuando el mar *se va*,
la arena *se queda*.
- Y la puerta inmóvil
cerrada y abierta -.
La arena se *junta*
si el agua la *deja*.
Si la arena avanza
el mar se destierra...
¿Quién dejó al pasar
la puerta entreabierta?
- Si alguien *viste, di,
di* lo que no *vieras*.

II

La calle *mira al mar*
con mirada fija:
y *mira y mira y mira*...
De par en par las puertas.
De *salir*. De *entrar*.
Por allí van todos.
¿*Quién entra*? ¿*Quién no sale*?
¿Quién no pasó por la puerta
que nadie cierra, que nadie abre?
- Yo sé... que no lo sabes.
   (*Rien que... Nada más que...*,
   págs. 38-40. Lo destacado
   en cursiva es nuestro).

La incertidumbre problemática de una ausencia y presencia, de lo que cambia y se mantiene, se torna reflejo de temporalidad en "Solo de Mar". En este poema, el poeta querrá llegar a aquella esencialidad permanente de su ser, que se une a lo mutable de la existencia. Es un mar de luz y sonido, de variedad sensorial en espacio, de la hora diurna, en que se desea "hilar" —desierto de niño— en la infinitud de un horizonte que no dice, que simplemente es:

Por el huir de huída transparente
a donde va la mar - mar también ella -:
¿En qué ausencia, punzante, está presente?
¿En qué velada limpidez destella?

> Pensada en ola va sin pensamiento
> al mudo cascabel de la pupila
> y en el hueco espiral del crespo viento
> hila en el vano cuanto vano hila...
> Y el mar que calla en su mudez sonora
> muda el cristal por ella en transparencia,
> y mira, en el espejo de la hora,
> nacer la imagen de su propia ausencia.
> *(Rien que... Nada más que...*, pág. 42)

Tal ansia hacia la "pureza", de búsqueda de lo esencial en una realidad inacabada, nos lleva a recordar una décima de Eugenio Florit.[90] En aquel entonces este poeta "puro", al igual que Brull, se sustenta en los sentidos, como medio de una intuición o captación de lo misterioso que nos rodea. Se pretende descubrir con ello el origen mismo de nuestra existencia: mar de presencia real y de ausencia espiritual —vida y muerte.

> Hoy, en voces de la ausencia,
> lejos de ti, por mirarte
> cerca llega de tu parte
> milagro fiel de tu esencia.
> Mar para mí de presencia
> grata en crepúsculo incierto,
> lleva ingravidez de muerto
> fantasma de ecos perdidos
> entre los vagos sonidos
> errantes de su desierto.[91]

Se podría asociar asimismo lo esencial de "puro" mar, en reflejo de infinito con el de Juan Ramón. Esto, desde luego, en algunos aspectos solamente, ya que el mundo poético del poeta de Moguer se informa y conforma de elementos muy propios. Existirá, sin embargo, un deseo compartido, hacia una "original" esencia. El poeta anhela llegar a una quietud o calma primera, en el caos o desorden del mundo: es por ello contemplador en vigilia constante de la infinitud del espacio. Veamos algunos ejemplos:[92]

NOSTALJIA

EL MAR del corazón late despacio,
en una calma que parece eterna,
bajo un cielo de olvido y de consuelo
en que brilla la espalda de una estrella.
....
(L.P., pág. 425)

¡DESNUDO!

¡DESNUDO YA, sin nada
más que su agua sin nada!
¡Nada ya más!

Este es el mar.
¡Este era el mar, oh amor desnudo!
(L.P., pág.427)

MAR DESPIERTO

....
Tu corazón sin cárcel,
de todo tu tamaño,
no ha menester reposo;
ni porque desordenes
tu hondo y alto latir sin cuento,
te amedrenta la muerte
por ningún horizonte.
....
¡Mar fuerte, oh mar sin sueño,
contemplador eterno, y sin cansancio
y sin fin, del espectáculo alto y solo
del sol y las estrellas, mar eterno!
(L.P., pág. 445)

El mar, en símbolo de lo originario, se transforma en "hilos", que proyectan lo que ha de venir: es el mundo anterior a lo real que vemos, el anterior a la misma creación.

El poeta —quizás como una "reviviscencia" de lo que hubiera deseado en su andanza por el desierto marroquí— conjuga un deseo físico de agua con los resplandores de su visión en "luz y claridad", hacia una absorción sensorial del origen de lo natural, a través de una correspondencia de los sentidos, que lleva a lo sobrenatural. Obsérvese esto en lo destacado en cursiva:

> Por el cerco de la mañana
> húmedo en la *color de estreno*
> a *cielo abierto,*—rizo y veladura—
> ¡alegría chorreando *luz*!
>
> Agualuz de ancho reboso limpio
> agua bruñida en la mano del viento
> —acariciada aquí—*rubia de júbilo.*
>
> Yo,—*sediento de lo que no bebía*—
> me secaba en los ojos la gota por venir.
> (*Poemas en menguante*, pág. 17.
> Lo destacado en cursiva es nuestro).

En un poemita de un libro posterior,[93] se repite esta misma simbolización, aunque ya con un sentido de más profundidad ontológica. El espejo será punto de apoyo, hacia una afirmación del ser y del no-ser: imagen de lo cambiante, que desea un retorno al origen mismo de su nacimiento. Es una duda, que hace al poeta vacilar, en cuanto a la senda a seguir: el quiero y no quiero de lo instantáneo, que pasa y no vuelve.

FUGA

> Se iba el agua de prisa entre los dedos
> al querer sin querer...
> ¿Qué espejo la retiene y la devuelve,
> imagen real que finge su remedo?
> ¿A qué luz parpadea
> agua en mudanza atónita en el brillo?
> ¿Quién vigila
> por el límite justo de la huida,
> ahogada en voz de limpio
> metal de aire en renuevo?
> ¿Por qué camino,
> —al querer sin querer—
> bruñida de temblores,
> ágil de gozo, corazón recluso
> de cielo en busca de su mar cautivo?
> (*Temps en peine. Tiempo en pena*, pág. 20)

El simbolismo de los ojos, como esencia prístina, lo llevará a una temática de lo infantil, en que la mirada del niño es símbolo de la "pureza" de algo intacto, que aún no ha podido ser contaminada, por el razonamiento *a posteriori*. Es una poesía, en que se quiere intuir lo inefable o "puro" bremondiano, *a priori*: fluido que se siente como un efecto. En el poema "Ojos Niños" de Mariano Brull, brota ese anhelo aunque el poeta le confiere una aureola de tonalidad pesimista y dubitativa. Querría, sin embargo, que se mantuviera, al menos, algo de esa original transparencia "pura", que se impurifica con la existencia, en oscuridad de muerte.

> ¿Qué dicen esos ojos niños,
> del mundo que, por ellos, nace?
> ¿qué tienen de eterno, en luz,
> todavía de ayer?
>
> ¿Qué ya no miran hoy
> que, aún parece, miraban?
> ¿qué no tienen—que tenían
> a luz de antes—ahora?
>
> ¿Van lavándose, en el tiempo,
> del mirar eterno de un alba
> ya muerta en la vida?
> (*Poemas en menguante*, pág. 9)

Esto nos trae a la mente un poema de Eugenio Florit, en el cual se manifiesta esa misma pérdida de la "pureza" transparente en el "viaje" de la vida. La mirada ha de querer ser otra vez "niña", en que se aprende de nuevo a contemplar el mundo: serían ojos de angelical y etérea intuición:

EL NIÑO LOCO

> En el viaje perdió la luz y ahora está a ciegas
> en una esquina de su risa, con el asombro entre los labios.
> Ya no sabe de ayer, ni de mañana.
> Hoy es un hueco de asombro prendido a su cerebro.
> Tiene los ojos sin historia, niños;
> tal vez con el recuerdo partido en mariposas;
> acaso con las alas sin rumbo de los ángeles
> que miraron saltar el mundo de sus manos inquietas.[94]

Este "purismo" visperal, del mirar, lleva a Mariano Brull a crear una atmósfera de soledad, en que el niño es símbolo de un juego en espejo: inadvertencia de lo esencial inaparente, que se corresponde sensorialmente en el mundo.[95]

EL NIÑO Y LA LUNA

La luna y el niño juegan
un juego que nadie ve;
se ven sin mirarse, hablan
lengua de pura mudez.
¿Qué se dicen, qué se callan,
quién cuenta, una, dos y tres,
y quién, tres, y dos y uno
y vuelve a empezar después?
¿Quién se quedó en el espejo,
luna, para todo ver?
Está el niño alegre y solo:
la luna tiende a sus pies
nieve de la madrugada,
azul del amanecer;
en las dos caras del mundo
—la que oye y la que ve—
se parte en dos el silencio,
la luz se vuelve al revés,
y sin manos, van las manos
a buscar quién sabe qué,
y en el minuto de nadie
pasa lo que nunca fue...

El niño está solo y juega
un juego que nadie ve.
(*Temps en peine. Tiempo en pena*, pág. 34)

Se denota un halo de lo musical, de espiritualidad en soledad de niñez-juego. En ello podemos palpar ciertos matices que lo identifican con el niño lorquiano, en una inefabilidad sensorial:

La luna vino a la fragua
con su polisón de nardos.
El niño la mira mira.
El niño la está mirando.
....
Dentro de la fragua el niño,
tiene los ojos cerrados.[96]
....

Esa misma idealidad de "pureza", de un "juego que nadie ve", nos impulsa a establecer cierta correlación con Juan Ramón Jiménez y su "Platero": es el fantasear en "diálogo", donde lo sensorial predomina— una naturaleza en silencio.

I

>...........
> Sólo los espejos de azabache de sus ojos son duros cual dos escarabajos de cristal negro... Lo llamo dulcemente: "¿Platero?", y viene a mí con un trotecillo alegre que parece que se ríe en no sé qué cascabeleo ideal...
> ....
> Tiene acero. Acero y plata de luna, al mismo tiempo.

V

> La luna viene con nosotros, grande, redonda, pura... Sobre el vallado, un almendro inmenso, níveo de flor y de luna... Un olor penetrante a naranjas... Humedad y silencio...[97]
> ....

Otro poema de Brull exhibe ese mismo deseo de "pureza" en lo sensorial. La luna será en este caso símbolo de lo lumínico: de querer descubrir en sus reflejos la vida escondida en lo terreno. Se quiere llegar a su secreto íntimo, su mágico deseo, que nos haría cantar o bailar: esa fuerza de "pureza" intuitiva de creación original—"cielo y estrella".

> Esta piedra llena de escamas
> tiene que ser un pez
> ¡cómo brilla!
>
> Esta piedra con ojos que saltan
> quiere que la miren
> ¡cómo mira!
>
> A esta piedra le baila por dentro
> un cielo enano
> y una estrellita gorda
> ¡luna, lunita![98]
>
> (*Poemas en menguante*, pág. 36)

Las flores como tema hacia una "pureza", alcanzarán en el símbolo de la rosa el ideal del poeta, de llegar a su esencia originaria. Su misterio y belleza inmaterial, casi inapresable, preocupa al poeta, aún antes de consagrarle un libro, totalmente dedicado a ella.[99]

En su primer libro, *La casa del silencio*, el cual, como dijimos, no entra dentro de la órbita estrictamente "pura" de su poesía, puesto que se adscribe a un postmodernismo "intimista", es posible, sin embargo, ver ya ese ideal de espiritualidad en la flor-rosa.

> Amar lo delicado y lo otoñal,
> el arte antiguo, la canción de ayer;
> la clara transparencia del cristal
> como una forma espiritual de ser.
>
> Ansiar la gracia añeja del rosal
> y en rosas nuestro ensueño florecer.
> Para lo bello ser sensible, igual
> que un alma sensitiva de mujer. [100]
> ....
> (*La casa del silencio*, pág. 117)

así como el anhelo de retorno a lo original de ella, en su armonía primera, de soledad en lo eterno.

> ....
> Hoy, bajo la eterna mirada del cielo,
> bajo luz tan bella como el primer día,
> a veces retoña una flor de anhelo
> y busca en silencio su antigua armonía.
> (*La casa del silencio*, pág. 37)

Ya en sus *Poemas en menguante*, lo expresivo se manifestará en una asimilación de principios de "pureza", en que se nota una concentración, un mayor esquematismo selectivo, en que el lenguaje se "depura" hacia una noción más abstracta, o de objetividad.[101] En un poema de este libro, esa idealización de la rosa, como belleza inaccesible, es esencialidad o noción a lo Mallarmé, de su idea misma.[102]

> En el aire están las flores—invisibles
> serafines suspensos.

Y el árbol crece para alcanzar su flor.
Y el rosal crece para llegar hasta su rosa.

Empínate muy alto,—vida—hasta mi flor.
¡maravilla no vista en los jardines!
(*Poemas en menguante*, pág. 25)

En un poema de su *Canto redondo*, el poeta, bajo estos mismos cánones ideales de "pureza", quiere descubrir o intuir en el recuerdo, la rosa en ideal, de elevación a lo eterno. Se presiente su belleza inmanente, de mundo que se detiene, hasta llegar a su esencia escondida. Será ausencia en lo físico, que se palpa solamente en una elevación musical-silente, de comunidad con lo natural, hacia su idea misma: rosa desconocida, en lo ausente, presencia de rosa futura.

A LA ROSA DESCONOCIDA

Para el aniversario de una rosa en el tacto
Jaime Torres Bodet

Apartada, —ya toda amor de olvido—
y en limpia ausencia recreada,
la cima de tu hermosura diviso
nublada por un silencio de ángeles:
y al acecho de un ágil morir
en el perenne umbral de la mudanza,
la imagen —en tu imagen sola—
¡rosa total de otro vivir reclamo!

De alba lucida, húmeda, alta,
y curva ardiente y quieta,
tu forma —azar preciso— se desciñe
en cauda musical de margen muda
y unce la almendra de una llama helada.
En hora rosa se detiene el cielo
para vivir su eternidad más lenta,
y una orilla de frescores defiende
el hueco, sin contornos, de la rosa.
Tesón eterno. Abril inacabado.
Halo de olor que ronda sobre ausencia:
espacio en ciernes de la rosa futura
que el aire rezagado punza.
(*Canto Redondo*, pág. 3)

Esta "pureza" hacia lo originario en cierne, se entrecruza con los conceptos de vida-muerte-eternidad. Al no haber ocurrido el acto de la creación o alumbramiento del ser, la rosa es vida, en su ideal o noción "pura" de lo bello. Esto la protege del perecer, que el acto físico conllevaría consigo: es por ello salvación de la muerte en su esencia prístina y eterna: rosa inconformada.

MADRIGAL A LA ROSA

Sí, pienso en ella,
en la rosa dormida
soñando apenas en nacer, nacida
en la belleza misma, —sola y bella;
que luz—más luz—alumbra en su hermosura
transida de impaciente alba
antes de estar despierta su figura,
y —como muerta— de la muerte, salva.
(*Solo de rosa*, pág. 3)

El ansia de ser eterno se traducirá en una liberación de los sentidos, desde la cual el poeta ya ve, siente y huele la rosa. El deseo anterior es tangibilidad en este otro poema: se alcanza una identificación absoluta de lo naciente con la potencia regresiva, que puede destruirla o dañar su "pureza" ingénita: una y otra, rosa en rosa, mortalidad vencida:

A LA ROSA ROSA

Esta rosa quema el aire
templada, si desgarro,
a solas con lo eterno,
llega al morir de ahora
de sí misma apartada.
Sin pies, ¿por dónde vino
en hamaca de olores
hasta la linde lúcida
de horizonte vencido?

Ya estás rosa en tu rosa,
si firme, desasida,
sola, y otra —y a un tiempo—
¡viva junto a tu muerte!
(*Solo de rosa*, pág. 6)

En otro poema de este libro, dedicado a la rosa, se percibe un gozo extremo, ante lo maravilloso de un mundo natural. El poeta clama, en un tono que lo acerca algo a la declamación por un paraíso, perdido en esta tierra al impurificarse la palabra primera: "pureza" virginal de rosa, en esencia y calma, dura incorruptible, de imagen reflejada.[103]

LA ROSA SIN NOMBRE

Yo te llamara con todos los nombres
que supe antes de nacer;
palabras de tu imagen, traslúcidas,
presas en mudez luminosa.
¡Gloria de natividades! ¡Oh, día claro de tu nombre!
¿Quién lo separa? ¿Quién lo junta?
¿Quién te habla como a su propio corazón
con gorjeos que nadie puede recordar?
¿Quién te llama con el íntimo nombre de las olas
que guardan en secreto los delfines?
¿Quién olvidó tu nombre por tu rosa?...

¡Tú, la salvada del diluvio del mundo,
porque al tocarte el agua se convirtió en diamante!
¡Tú, virgen rondada por enjambres de nombres,
alfiletero en cierne de saetas!
¡Tú, novia eterna de jóvenes estrellas,
donde tu nombre es sólo luz
que aún no ha llegado a la tierra!
¡Tú, la sola escapada del nombre,
en paraíso sin memoria!
(*Solo de rosa*, pág. 14)

Un poema, casi después de éste, podría ser ofrecido como un apéndice resumidor de este ideal simbólico, en que existe un ansia incoercible de vuelta a lo más originario, a aquella parte de esencias que nos une a todos: de una rosa concreta a la idea misma o "noción pura" —como diría Mallarmé— o en regresión de la idea inspiradora, en sus elementos constitutivos esenciales, a su conformación, otra vez, en su concepto más abarcador de Universal-esencia. Esto, el poeta reconoce, es un ideal "imposible" de alcanzar: epitafio a sus rosas individuales en Rosa, de Categoría-Universal.

EPITAFIO A LA ROSA

Rompo una rosa y no te encuentro.
Al viento, así, columnas deshojadas,
palacio de la rosa en ruinas.
Ahora —rosa imposible— empiezas:
por agujas de aire entretejida
al mar de la delicia intacta,
donde todas las rosas
—antes que rosa—
belleza son sin cárcel de belleza.[104]
(Solo de Rosa, pág. 16)

El poeta habrá de adentrarse, aún más especulativamente, de afinación intelectiva, en esa región de lo intemporal e inespacial, donde el mundo flota como suspendido en realización de incertidumbre. Es posible adivinar una quietud universal, un silencio anímico, que se concentra y se diluye en rendijas que reflejan el deseo innato de llegar a lo ignoto primario-serenidad deseada, como unión de esencia divina, permanente y durable:

SI-NO

Ir y no ir: ahora —sin distancia—
ávido de mudez, naciendo único
de nieve y de silencio blanco grito...
Vacila el tiempo en dos —grávido y ágil—
hacia divinas lentitudes sube
la escala inmóvil del reposo ileso.
Torna la hoja del instante. Torna
al vuelo diáfano de cristal dormido,
collares de silencio traspasando.
Cada momento vuelve a su momento,
y calla, abriendo brecha en lo callado:
vano ferviente que amontona vanos,
huecos tenues de cielos transparentes...
Sin ir y sin no ir. Y sin espera.
(Temps en peine. Tiempo en pena, pág. 22)

En "Nada más que...", ese ser y no ser, de sacrificio, es como una interrogación de creencia en la mutabilidad de lo callado, en vivencia. El poeta deseará un silencio, de reposo último en el primero —inviolabilidad de su misma esencia original:

> Qué voz nueva, inesperada,
> dirá lo que aun no me dije,
> y está en mí, sin mí, diciendo
> lo que, al callarse, desdice?
>
> ¿Por qué inmolarse en palabra
> muda, y émula de altura,
> que cuando enmudece niega
> lo antedicho sólo al cielo?
>
> ¿Hay que cavar en el aire
> hasta el silencio primero,
> hasta llegar a la luz
> que tuvo el mundo en su estreno?
>
> ¿Y hay que volver a callar
> lo que nunca fuera dicho,
> para que muera en su ser
> la muerte de otra manera?
> (*Rien que... Nada más que...* pág. 14)

En éste, su último libro, el poeta cubano explicaría, con gran claridad, ese sentido de un silencio en plenitud: "pureza" de identificación con la esencia prístina o primordial del Ser.

> ... el poeta es todo querer sin querer que, como agua despeinada, corre hacia su querencia momentánea con el temblor del alumbramiento... está en las cosas asistiendo con ellas al nacimiento continuo y sucesivo por el cual ascienden hasta su incorruptible identidad... El mundo, encerrado en el molde de su horizonte, para no desintegrarse, no cesa de cambiarse en si mismo sin desviarse, abrazado férreamente a su propia identidad, mientras sigue atado por el impulso de su origen caótico, al acto potencial de la destrucción... La poesía calla para que el edificio de su música, sorda para los oídos, pueda oirse por los ojos y viva así más tiempo la plenitud de su ruina en el sigilo de la imagen...[105]

Ello resumirá, me parece, ésta su regresión a lo límpido o "puro", en originaria esencia.

5. Procedimientos poéticos en Mariano Brull: hacia la "pureza" en el lenguaje

Este poeta ha de emplear diversos procedimientos en sus poesías, que le permitan llegar a una "pureza", mediante los recursos del lenguaje. Aunque existirá un hilo central, hacia una perfección en "pureza", esto se advertirá con caracteres definidos desde su libro *Poemas en menguante*.[106]

El proceso que lleva a un acercamiento de la lengua hacia una captación universal, a lo "puro", se aprecia en el recurso de la jitanjáfora, que —como vimos— aspiraba a crear un lenguaje universalista[107] en que se trataba, sin lograrlo, de eliminar todo aquello "impuro", conceptual. El poeta deberá para ello hacer uso del intelecto, seleccionando y ordenando las palabras, al mismo tiempo que utilizaba su conocimiento del folklore, otorgándoles un sentido de profundidad, que iba más allá de lo meramente aliterativo.

Veamos algunos ejemplos, en los que es posible apreciar lo tradicional de los cantares populares, unido a lo profundo, en que se desea —como ya dijimos— una "pureza" originaria.

POR EL IR DEL RÍO...

Por el ir, por el ir del río
espero el nuevo venir.
Río abajo de mi vida
¡tan turbio de tanto huir!

Agua ida, agua muerta
para mi agudo vivir:
que en el ir, en el ir del río
espera el nuevo venir.

¡Agua viva, agua loca,
loca de correr, de ir
por el ir largo del río
para llegar y seguir![108]
   (*Poemas en menguante*, pág. 6)

Si no me engaña este olor,
si no mienten los colores,
los campos están en flor:
¡vamos a buscar amores!

Estela, escala de acento
en tímpanos de verdura:
melodía sin momento,
parálisis de hermosura.

Nudo del árbol que abraza
sólo de la flor latido,
albricias que el tronco enlaza
al júbilo azul del nido.

De agualimpio el cielo toca
verdelamido. Clamores.
¡Ala alucinada y loca
vamos a buscar amores![109]
      (*Canto Redondo*, pag.20)

LAS MARÍA

Las María, las María
de la Plaza de San Juan,
como los pájaros vienen
y se van como se van.

A la más chica la llaman
María de la Soledad:
es la que vino de lejos,
la María de ultramar.

María del Carmen vive
una casa frente al mar:
su padre le puso Carmen
cuando se fué a navegar.

María Rosa, Rosa María
y María del Pilar...
Y todas son como el sol
sólo una es Soledad.

Juegan allí lindos juegos
y cantares saben cantar:
alegres, cuando son tristes
y si son alegres, más...

> María del Carmen, María Rosa
> y María del Pilar...
> Si no son Carmen son Rosa
> sólo una es Soledad.[110]
>> *(Canto Redondo, pág. 24)*

En uno de sus libros[111] aparece un romance en que lo onomatopéyico de imitación de los sonidos del aire es simplemente una manera de lograr el efecto deseado, de un aquietarse, de un volver a ser, en un silencio primero y último de "eternidad".

> ### ROMANCE DE PIEDRA Y VIENTO
>
> Afila el viento sus dientes
> en la piedra de amolar:
> chuis, chuis,... rechinan las ráfagas,
> y unas vienen y otras van...
> Quebrados gritos de acero
> que se aguzan al quebrar
> baten pájaros de hierro
> para que quieran volar:
> chuis, chuis...chuis, chuis... en la alta
> torre de la catedral.—
> Si se gastaban los dientes
> se volvían a afilar...
> En un mar de mármol solo
> y silencio sin edad,
> afila el tiempo su diente...
> y no se oía afilar:
> callándose, sin callarse,
> —así bien callado va—
> trabaja —bajo el no oir—
> para los ojos no más:
> mano que amontona olvidos,
> a golpes de eternidad...[112]
>> *(Poèmes, pág. 10)*

En dos poemas de su libro posterior, *Solo de rosa*, esas resonancias de lo vanguardista se revisten en metal de "cuchillo" y "plata" que "baila" en un "viento", que se asemeja a lo gitano-andaluz de imaginería lorquiana, pero siempre manteniendo su ideal de la rosa intocable:

ROSA ALTA

Viene por el aire tenso
de resonancia metálica,
el hombrecito que baila
con sus polainas de plata:
se arranca una luz del pecho
y se la pone de alas,
y rueda, —fuego de angustia—
brasa viva de esmeralda,
¡cabritillo de la noche
que busca la rosa alta![113]
(*Solo de rosa*, pág. 7)

ROSA DE LOS VIENTOS

Al viento vuela pluma
cuchillo corta viento
cuchillo corta viento
cuchillo punza pluma
cuchillo punza pluma
y pluma baila al viento;
va en balsa de pluma
con remos de viento
con remos de viento
corre pluma en pluma
sobre el viento viento.[114]
(*Solo de rosa*, pág. 10)

Lo meramente aliterativo se transforma en un poema anterior a sus dos que expusimos antes, en una sugestión de sonido, donde lo criollo de la palma cubana sirve como medio de contención, en que la discordante nota vanguardista de "encendidas crines" se transfiere a un plano vertical, que limita o confina a un círculo lo terrestre horizontal: halo/apaga/planta/encadena/penacho/exhala:

PALMA REAL

La planta esclava, el ritmo encadena
de nubes, vientos y lluvias
a la tierra —asonante de ritmos—
cuerda de muda resonancia.

> El penacho libre, música exhala
> y recibe y cierne en luz alta;
> halo melodioso alumbra
> las rotundas múltiples alas.
>
> Si el rayo de encendidas crines
> la antena esmeralda abrasa,
> el halo, —quebrado de música—
> ¡la resonante lumbre apaga![115]
> *(Poèmes,* pág. 14)

Lo musical —como variación de lo jitanjafórico— llevará a lo bello poemático. El lenguaje, en su valoración de la palabra, hará uso de la asonancia y la consonancia, para obtener el "efecto" de belleza deseada.

> ### ROSA-ARMINDA
>
> Quiebro de albor fresco de mayo
> que alterna azul y niebla fina,
> perla y rosa: fuga y desmayo
> de la marquesa Rosa-Arminda.
> ....
> Al toque elusivo y tenaz
> de sus pulsaciones fluidas
> se ruboriza o palidece
> la marquesa Rosa-Arminda.
> ....
> El amarante canta de cerca
> como ingenua flor campesina
> bajo la crespa luz cernida
> de la boca que fluye sonrisas...[116]
> ....
> *(Poèmes,* pág. 56)

Es esa línea valorativa del lenguaje a utilizar, dentro de un poema, lo que lleva a Brull hacia lo selectivo. Muchas de las palabras seleccionadas llevan en sí, por su asociación sensorial, una característica de "pristinidad": sentido de algo inapresable, transparente. Así los substantivos "rocío", "ola", "lágrimas", "ojos", "cristal", "estrella", "luna", "diamante", "nácares", "nieves". Éstos, como vemos, tienen una asociación no sólo sensorial sino genérica: "rocío", "ola" y "lágrima", por ejemplo, son manifestaciones particulares del género mayor, el agua. La luna y las estrellas se encuentran enmarcadas en un todo abarcador, de infinitud primera: el firmamento —cristal— o cielo, lo cual se asocia a una correspondencia con lo divino.

Veamos un ejemplo que ilustre esa voluntad de selección hacia una "pureza", por asociación con lo lúcido o transparencia "pura" de lo primero:

VASO CON ROSA

....
En un *vaso*, la rosa, tersa y fresca,
vigila su propio sueño;
alto el pétalo en la cresta de la *luz*,
le abre al cielo un *ojo* de rosa.
Rotas las venas de la *transparencia*,
agua y *cristal*,
se ensimisman en la *oculta diafanidad*.[117]
(*Rien que...Nada más que...*, pág.28)

La adjetivación tendría similarmente esa ansia de llegar a una transparencia de incontaminación "pura": "limpio", "claro", "desnudo", "iluminada" son sólo algunos ejemplos. Existirá, además, un deseo de equilibrar, de armonizar, siguiendo ese simbolismo, ya estudiado, de situarse en el antes y el después al unísono: de ahí que diga "cadáver de luz", "cárcel fluida", "oscuro-claro". El procedimiento verbal seguirá igualmente esos lineamientos de visión de transparencia en lo armónico por antítesis: "nacer-morir", "hacer-rehacer", "ordenar-desordenar" y los de claridad intrínseca: "pulir", "lustrar", "bruñir", entre algunos de ellos.

Otro procedimiento poético hacia una "pureza" por medio de los recursos del lenguaje, lo constituye el uso selectivo de colores. Éstos, por su intrínseca capacidad o en relación asociativa dentro del verso, la estrofa o el poema en su totalidad, tendrían la virtud de conducirnos a esa "pureza" deseada por el poeta.[118]

Veamos algunas ilustraciones:

El espino en la tarde *lila*
amarillo encendido.
El cielo *malva*, *cárdeno*, frío.—

MARIANO BRULL Y LA POESÍA PURA EN CUBA

> Hay un *calor* jovial en la flor del espino
> —*amarillo* encendido—
> a *distancia*, me acompaña y me *abriga*.[119]
> (*Poemas en menguante*, pág. 18)

EPÍSTOLA
A Mathilde Pomès

> ¿Cómo romper tu ausencia o tu silencio?
> *Plata de pez* ¿qué playa?
> *Faisanes de oro* nuevo ¿qué montaña?
> ¿A dónde la marea de tus pasos
> espuma hasta el rebozo de su linde?
> Escama y pluma. —Fino estío
> dónde mar crespa y viento jubiloso,
> al rescoldo de un cielo de nuez *verde*,
> entre golpes de agua, canturrea...
> ¿Dónde la víspera de tu canción,
> en sábados de mar y luna nueva
> o en domingos de *pinos* y entretiempos?
> Los cuidados ¿al sesgo del olvido?
> ¿Qué albricias para siempre o para ahora?
> Yo me fui a la *mar* de agosto
> y he vuelto *verdelamido*
> de *verde velutoso*...[120]
> (*Canto redondo*, pág. 6)

ROSA
Andante

Alcanzarás tu cima, mientras prenda
la amapola fugaz de los rubores,
y haya un cirio de *púrpura* que encienda
la madrugada de los ruiseñores.

Tu nombre sólo el R-uiseñor *desgrana*
en O-la y S-ol y en A-lba de *albedrío*,
y en trino torna lo que fuera *grana*
y en *canto* llano lo que fué rocío.

Erguida en el *azul*, — muñón de *estrella*
con las aspas de *luz* recién cortadas —:
de su entrañable limpidez destella,
relámpagos de auroras y de espadas.

Túmulo de *frescor*. *Belleza ardiente*
que en un tumulto de pasión *reposa*:
— de espesa lentitud convaleciente —
un sueño en *verde* lívido de rosa.

Desgarro y orden que un azar resume:
— doble azar de *desorden* y *hermosura* —[121]
....
(*Poèmes*, pág. 34)

Lo infantil, que como apuntamos, integra una temática central en su deseo de alcance de lo "puro" y se vale de un procedimiento que contribuye al logro de esa infantilidad en "pureza": el uso de diminutivos y palabras que denotan achicamiento o reducción de otro mundo mayor. Los poemas que siguen sirven de demostración de ese procedimiento poético:

Esta piedra llena de escamas
tiene que ser un *pez*
¡cómo brilla!

Esta piedra con *ojos* que saltan
quiere que la miren
¡cómo mira!

A esta piedra le baila por dentro
un cielo *enano*
y una *estrellita* gorda
¡luna, *lunita*![122]
(*Poemas en menguante*, pág. 36)

¡*Mañanita* de vivos colores
—*salamandra* inquieta de rojo y añil—
ata tus *hilitos*, *hilitos* de luz,
al verde fragante del buen *perejil*!

Por el *caminito* la hormiga loquea,
y va dando tumbos al *escarabajo*,
con los *pies* descalzos como los mendigos,
y al sol, sin sombrero, se pasea el *gallo*.

¡Huye escarabajo! Huye salamandra!
Si te ve su *ojo*, negro, azorado:
¡Adiós *mañanita* de vivos colores,
salamandra roja, verde *escarabajo!*[123]
(*Canto redondo*, pág. 21)

LA BIEN APARECIDA

Entraba y salía de mí,
acostumbrada a mi sombra,
dueña total de mi olvido...
Manchada de mar ausente,
como pez de plata verde,
montañita de *reflejos*...
....
—Sí, yo *la vi*, yo la vi,
a paso de *tamborcillo*
venir *como lluvia fina*
por sorda seda limada,
acariciando frescores
en *montañita* de *brillo*.

—No, no era así, no era así:
montoncito de *deseos*
disperso en tantos *rocíos*
por tantas lenguas de fuego:
en el *hueco* de la *mano*,
hueco de lo que más quiero...[124]
....
(*Temps en peine. Tiempo en pena*,
págs. 16 y 18)

Un procedimiento seguido por este poeta cubano sería el de una constante depuración en el lenguaje, lo cual implicaba un ahondamiento interno, que se reflejaría en lo externo: desearía hallar aquella palabra que se ajustase exactamente al concepto o sugestión que deseaba.[125] Esto, como en Juan Ramón Jiménez o Paul Valéry, conducía a un proceso intelectivo de crítica y selección *a posteriori*, para hallar lo justo en la expresión. Su resultado sería una condensación y un esquematismo en el poema, lo cual según vimos eran características de un ideal, hacia una poesía "pura".[126]

La aplicación de los guiones constituiría un proceso, en el estilo de Mariano Brull, hacia una condensación esquemática, en que a veces se nota la técnica de vanguardia, de metaforización y eliminación de nexos gramaticales superfluos: "dos olas,—hermanas siamesas—"; "entrañas—espejo presuroso—"; "agua—transparente caos—". En varias ocasiones, esa técnica, con el fin de ampliar o reiterar lo que se quiere expresar, es empleada por él:

    1. y de hallarme de nuevo,—¡todo mío!—
    2. y aquí y allí, esclavo,—sin cadena—
    3. Polvo de estrella —en mi mano—
    4. al aire—perentoria siempre.
    5. la imagen —en tu imagen sola—
    6. en rezago—sucediendo.
    7. nadie las oye —y se oyen—[127]

Un poema de su *Canto redondo* creo nos servirá muy bien para ver esa técnica concentrada:

    ¡Aspa de claridad, —vértigo—
    que hace y rehace la distancia!
    Cuando seas eternidad limpia,
    luz de ahora,
    salvada —entre cenizas de luces—
    de tí misma voraz y tiempo nuevo:
    retenida y vuelta a perder,
    y otra vez en el aire, lúcida.
    Cuando seas de tí misma:
    sal diáfana de siempre ¡luz de ahora!
    ¡Cuándo —junto a mi muerte—
    transparencia,
    sin velo de cristal diamante eterno!
        (*Canto redondo*, pág. 7)

Si observamos en su estructura este poema, vemos que existe una idea clave, de la cual el poeta se vale: la de su "pureza", en eternidad permanente. Es por lo tanto una abstracción general que se halla en su mente esperando el hecho particular o propicio que se amolde a ella. En este caso lo será un molino de viento —alguno que posiblemente vería en Holanda o en la Mancha española— que, por ser giratorio, se identificaría con todo aquello que sigue y no vuelve.

El procedimiento, pues, aunque inductivo a primera vista, es en realidad deductivo, ya que existe la idea inspiradora al principio mismo, la cual el poeta declara ser "Aspa de claridad" y encierra su cualidad de temporalidad entre guiones con la palabra "—vértigo—", a la cual califica, como "luz de ahora". Es esa claridad primera la que el poeta desea mantener, en una transparencia de eternidad, en muerte que vuelve a la vida.

Véase, en los medios condensatorios de guiones y los dos puntos, cómo el poeta se afana en desarrollar esquemáticamente esa idea de "pureza" permanente —entre cenizas de luces—; sal diáfana de siempre; —junto a mi muerte— transparencia.

Esto lleva esa característica de brevedad "pura", y su desarrollo podría compararse con la exactitud de un problema algebraico.

$$A = \text{Idea de una eternal vivencia}$$
$$B = \text{Sujeto visible en la tierra}$$
$$C = \text{Imágenes en condensación hacia ella}$$
$$D = \text{Identificación final con esa eternidad}$$
$$\therefore A = D$$

De lo explicado en conjunto sobre sus procedimientos poéticos, se puede captar que en Brull lo "puro" se logra por una técnica en la elaboración poemática, que se adapta, lo más exactamente posible a lo que el poeta, en su visión interna-externa, desea expresar. Esto, en él, sería el retorno a una "pureza" primera, de incontaminaciones que mantiene su esencialidad espiritual.

6. A modo de nota final: su importancia generadora

Creo que no debo terminar el estudio en conjunto sin destacar, siquiera someramente, algunas aristas, que estimo revelan la importancia que tuvo este poeta y prosista cubano.

Su significación ha de extenderse más allá de lo meramente epocal, por su papel de generador hacia nuevas modalidades. Es indiscutible que su impronta se haría sentir con fuerza mayor en la etapa que va desde 1928, año "iniciador" de la poesía "pura" en Cuba, hasta después de la visita de Juan Ramón Jiménez en 1936.[128]

Sus *Poemas en menguante* de 1928, como apuntamos, dan inicio a lo que se conoce, históricamente, como un movimiento de poesía "pura". Nos trajo en ellos una expresión nueva y original, de base cubano-española o andaluza, unida a la innovación de lo universal. Lo francés en él se asimilaría en una rigurosidad de composición, bajo los principios que se remontan a Poe y que adquieren nueva vigencia en su amigo Paul Valéry. Nos traería en fin —como dijera Florit— una decoración novedosa para el espíritu cubano, el cual deseaba una superación mediante nuevas formas.

Al crear el recurso de la "jitanjáfora" —aunque pudieran rastrearse antecedentes— Brull desarrollaría y generaría una "pureza" en el lenguaje. Éste debería, pues, alejarse de todo aquello que implicase una "impureza", en que predominase el contenido.

Su impronta llegaría, además de lo cubano, a lo extranjero. En la poesía negrista se vieron puntos coincidentes, lo cual se extendió a lo social-nacional.

Los ideales de Mariano Brull hacia una "pureza" en los orígenes, el dilucidar el "de dónde venimos" y "a dónde vamos", lo acercan a Lezama Lima,[129] aunque los medios expresivos variarán. Este último, al fundar el grupo "Orígenes", preconizará un trascendentalismo de búsqueda de las raíces, de llegar a lo más auténtico y autóctono del creador, en una libertad de autonomía propia.[130]

En Brull se advertiría un camino progresivo de ahondamiento en los confines metafísicos del ser, haciendo su estilo algo más hermético, al adentrarse en ese desciframiento del misterio originario del hombre. Esto lo llevaría, asimismo, a enclaustrarse más en sí mismo, como medio de llegar a la Divinidad primera, lo cual, como señalamos, en sus últimos libros, se nutre de Mallarmé. Esto —en mi opinión— coincide con ideales del movimiento trascendentalista, alrededor de Lezama Lima; por esto quizás algunos de los poemas de Brull aparecen en revistas de aquel grupo literario.[131]

La poesía, durante los años de 1940 a 1958, se mantendría dentro de un alejamiento de lo más circunstancial, aunque evolucionando hacia módulos de expresividad que trataban de superar lo más formal de la poesía "pura", en sus aspectos de contención-brevedad y construcción elaborada, de acuerdo a una idea preconcebida o plan estructurado hacia la "pureza" poemática.[132]

En su más amplio alcance, lo poético ha de evolucionar, influido por hechos históricos, que como las revoluciones impelen a un compromiso, alejando al escritor de su "torre" escapista. Sin embargo, habrá siempre creadores y, por derivación, poetas que —como postulaba Jorge Mañach— son de base contemplativa, y con ello quieren seguir manteniendo una total autonomía e independencia del Arte: desean apelar a algo más básico o Universal, de la Humanidad en el Hombre.

Una prueba fehaciente de esta actitud en lo poético, lo constituye la obra de muchos poetas de la hora actual, tan comprometida, en que en un apartamiento de lo más cotidiano-circunstancial y del panfletismo político, son fieles a sí mismos, en una autenticidad artística.[133]

Conviene precisar aquí que la supervivencia de una "pureza", o más bien el ansia hacia ella, habrá de continuar como algo innato a la esencia espiritual misma del ser, palpándose en obras específicas de varios poetas.[134]

Esta dimensión tan espiritual se reflejaría asimismo en la labor de Mariano Brull, como hombre dedicado a empeños desinteresados en pro de valores auténticos y autóctonos, con vistas a una cooperación y hermandad espiritual, entre todos los hombres. La publicación de la obra martiana fue sólo uno de ellos: esto lo situaba por encima de lo meramente de época, hacia una mejor comprensión humana, en perennidad.

Su labor como diplomático cubano, en pro de la convivencia pacífica entre los pueblos, sin distinción de idioma o etnicidad, le confieren un alto estandarte en estatura nacional. No sería, pues, una sorpresa, que a este silencioso trabajador del espíritu, se le rindieran tantos honores a su muerte y de que su sepelio revistiera los ribetes que se otorgan a los grandes personajes —uno con honores militares.[135]

Su obra en total ha de inscribirse —así lo creo— en nuestra historia con un sello muy personal. Es la de aquéllos que, en silencio y sin algarabía, van construyendo el edificio de lo espiritual. Sus losas no serían las visibles de su nativo Camagüey o su Andalucía de niñez, sino aquéllas que se dirigen a lo alto, en un espíritu muy hondo: aquel que sentía y quería conocer mejor el secreto de la armonía del mundo. En esto radicaría la inmortalidad de este cubano: *llave del Universo, puerta de su Origen*; esto es descifrador o abridor de lo misterioso o jeroglífico, para entrar así al arcano de lo originario.

RECAPITULACIÓN Y CONCLUSIONES

He tratado en esta disertación de ofrecer —y así espero haberlo conseguido— una visión general de lo que se entendió por "pureza" o poesía "pura", su conformación en Francia y España —aunque seleccionando aquello más relevante para nuestro estudio en Cuba— sus inicios y el proceso conformador hacia el surgimiento oficial de lo que creo fue un movimiento hacia lo "puro", ejemplificado en algunos de sus poetas.

Mariano Brull representa, de acuerdo con mi estimación, la figura más representativa de esa poesía "pura" o de "pureza" en lo poético.

En el primer capítulo, al seleccionar diferentes interpretaciones de lo "puro" o poesía "pura", se pudo apreciar la enorme amplitud que podía derivarse de éstas, tanto en lo abstracto como en lo concreto de ejemplos específicos.

Warren trataría de establecer un patrón común, de esencialidad, al cual el poeta debía dirigir su esfuerzo, en la creación poemática.

Existiría una "pureza" inicial, a la cual el poeta trataría de llegar. Esto sería lo que Eastman mencionaría, al referirse al verso francés de Racine, lo que se identifica con un efecto, que ha de ser sentido o intuido por el lector.

T. S. Eliot reconocerá, como otros, que mantener ese "purismo" primero se convertiría en un ideal, ya que siendo el lenguaje el medio de lograrlo, la "impureza" de su contenido lo convierte en algo meramente teórico.

El debate en Francia, como fruto de una época de revisiones, otorgaría a lo "puro" o poesía "pura" nueva modernidad o vigencia. La tesis bremondiana le daría mayor importancia a la inspiración, al mantenimiento de ese fluido musical o místico "puro", original. La valeriana vería en el lenguaje y sus recursos la única manera de volver a lograr una "pureza". En él, lo fundamental sería un método de composición *a posteriori*. Este postulado, de una construcción en el poema como vía para ordenar lo desordenado de la inspiración, se remontaba a Poe. En Baudelaire, se desarrolló un sistema análogo, ordenador de lo universal, lo cual adquiriría en Mallarmé, como dijimos, una mayor profundidad metafísica.

En España, aunque sin sustraerse a estas influencias —que como señalamos fueron importantes— lo "puro" se nutriría de la tradición en una asimilación depurada de lo extranjero a lo propio.

El modernismo, con sus postulados de la Belleza en sí y la revaloración del lenguaje, ofreció una base hacia una renovación poética. Juan Ramón Jiménez lo superaría en una concentración expresiva de "desnudez", en que primaba la justeza: perfección en plenitud de "pureza".

El binomio creacionismo-ultraísmo, al ser un arte autonómico de realidad en sí mismo, por la hegemonía de la metáfora "pura" contribuyó a la atmósfera "purista" de los años 20. Ésta sería algo aséptico, de alejamiento de lo más circunstancial y cotidiano del hombre.

La culminación la constituirá lo que se llamó generación de 1927. En las poéticas de muchos de sus autores, se esbozaron ideales de "pureza". En García Lorca, como vimos, en unión de la inspiración con el trabajo, aunque con cierta insistencia en lo último. Para Jorge Guillén, lo "puro" consistiría en una organización poemática, donde primase, al igual que en Valéry, una técnica presidida por lo intelectivo.

Estos ideales de "pureza" tendrían repercusión en Cuba, aunque, como en España, se volvería a sus raíces propias, como medio de hallar lo "puro", en una tradición.

En Martí y Casal, se advierten ideas renovadoras hacia una "pureza", de crear en su arte, sin limitaciones impuestas. Les seguiría un período transicional de estancamiento, hasta que llegan Acosta, Poveda y Boti. En el primero, la renovación se daría a través de un intimismo lírico, de factura romántica, en que lo nacional alcanza su más alta expresión. En los otros dos, tanto en sus escritos en prosa como en lo poético, se palpan deseos de nuevas sendas, de llegar a lo "puro", con una técnica de serenidad, en que, al igual que en la lírica de Poe-Baudelaire-Mallarmé-Valéry, la técnica predomina sobre la inspiración, al contrario de Acosta, en que esto último sería un principio, una clave.

Por ello vimos en Poveda, y en Boti especialmente, a unos precursores hacia el movimiento de poesía "pura", que en Cuba se iniciaría oficialmente en 1928, con Mariano Brull.

Habrá otros hechos y factores, no menos importantes, que contribuirán al surgimiento de este "purismo" en la poesía. Como apreciamos, la "protesta de los trece" en 1923 y su consecuencia de "minorismo", originarán las "mutaciones puramente literarias" de esos años. La *revista de avance*, al hacerse eco de los ideales renovadores, serviría de medio de expresión y de conformación hacia lo "puro" poético. En sus páginas vieron la luz poemas de Manuel Navarro Luna, Félix Pita Rodríguez y otros anhelantes de un ideal de "pureza"; y, asimismo, Mariano Brull publicaría poemas aunque ya aparecidos en *Social*, revista que con *Cuba Contemporánea* desarrollan también la nueva sensibilidad.

Al cesar la *revista de avance* su publicación en 1930, los gérmenes ya habían fructificado: había aparecido en 1928 el libro iniciador de Mariano Brull, *Poemas en menguante*, y Eugenio Florit había dado a la estampa ese mismo año de 1930 su *Trópico*. Al año siguiente, aparece *Júbilo y fuga* de Emilio Ballagas, que con el *Canto redondo* de Brull de 1934, consolida lo "puro" como movimiento poético.

En 1936, se abre un período en la poesía cubana, con la visita de Juan Ramón Jiménez y su antología de la misma. Se aprecia en ella un remozamiento, el cual se hace notar particularmente en los poetas "puros". Más tarde, algunos de ellos se "impurificarían", mientras que Brull se mantendrá constante en sus postulados hacia la "pureza".

Se notará la labor del grupo "Orígenes", el cual ejerce una marcada influencia en las décadas de los años 40 y 50. Ese hermetismo lezamiano y su adentramiento en los confines mismos del ser, de intocabilidad mallarmeana, lo acercan a Brull y su simbolismo de vuelta a los orígenes, aunque existan variaciones en lo formal.

La importancia de Brull, como creador de lo "puro" en esencia y en los recursos del lenguaje como medio hacia ella, lo sitúan, como ya apuntamos, más allá de su época y de los lindes nacionales.

Es el poeta-hombre, ejemplar de creador en autenticidad propia, hacia una "pureza", a la vez que autóctona, universal o más bien Universal, de Esencia-Primera.

NOTAS A LOS CAPÍTULOS

NOTAS

Capítulo I

1. Robert Penn Warren, "Pure and Impure Poetry", *Kenyon Review*, Vol. V (1943), pp. 228-254.
2. Frederick A. Pottle, "Pure Poetry in Theory and Practice" en *The Idiom of Poetry* (Ithaca-New York: Cornell University Press, 1941), pp. 80-100.
3. Max Eastman, "The Tendency Toward Pure Poetry", *Harper's Magazine*, CLIX (July 1929), p. 222. (Cita como ejemplo de esa mística en esencia, el verso de Racine, "La fille de Minos et de Pasiphaë").
4. Thomas Stearns Eliot, *From Poe to Valéry* (New York: Harcourt, Brace and Company, 1948), p. 26.
5. En la *Enciclopedia de Poesía y Poéticas*, publicada por la Universidad de Princeton, se afirma que toda teoría de poesía que busca el aislamiento de una o más propiedades como esenciales y procede a excluir material considerado como no esencial, puede ser clasificada como una doctrina de poesía pura. En este sentido, puede aplicarse en un contexto histórico amplio y se cita como ejemplo la idea de "sublimity" del siglo XVIII. *Princeton Encyclopedia of Poetry and Poetics* editada por Alex Preminger (New Jersey: Princeton University Press, 1974), p. 682.
6. Véase José A. Portuondo, *Concepto de la poesía* (México: Colegio de México, 1945), pp. 103-109.
7. Hugo Friedrich, *La estructura de la lírica moderna* (Barcelona: Seix Barral, 1974), pp. 32-37. Este autor hace mención de la actitud en "superioridad" de Rousseau, que pudiera relacionarse con los "poetas malditos" del simbolismo. También destaca los pronunciamientos teóricos de Diderot, hacia una poesía de carácter "puro", en lo misterioso y jeroglífico, lo cual, se enlaza con los conceptos baudelarianos de la "pureza".
8. D. J. Mossop, *Pure Poetry* (Oxford: Clarendon Press, 1971), pp. 32-33.
9. Mossop hace mención de que a Lamartine, según la opinión de Albert Thibaudet, se le considera el jefe de una de las escuelas de poetas "puros": la que asocia la "pureza" con una inspiración espontánea de procedencia divina, en oposición a aquella otra en que existe un control de la composición poemática. Mossop también menciona algunos ejemplos sobre el uso del término poesía "pura" en la literatura inglesa: en 1756 Joseph Warton habló de poesía "pura" en su *Essay on the Writings and Genius of Pope* y el Obispo Hurd en 1769 contrastó la poesía que pudiera llamarse "pura" de Spenser y Milton con la poesía satírica y ética de Pope. Francis Jeffrey en 1815 aplica el término a los poemas de Keats. En la literatura alemana menciona a Schiller como propugnador de un cierto tipo musical de poesía "pura". Mossop, *op. cit.*, pp. 38, 33-34.

10. Para Novalis, la magia poética consistirá en la unión de la fantasía y el vigor mental de construcción matemática. Friedrich, *op. cit.*, pp. 37-40.

11. Citado por C. F. MacIntyre en la introducción a su antología bilingüe, *French Symbolist Poetry* (Berkeley and Los Angeles: University of California Press, 1971), p. vi.

12. Kenneth Cornell señala que los parnasianistas admiraron aquella poesía que mostrara la maestría de la técnica y la forma perfecta de procedencia helénica. "The Parnassians admired poets... of technical triumph; they showed preference for those who sought in Hellenism... in faultless form surcease from the iterated expression of the 'moi'." Kenneth Cornell, *The Symbolist Movement* (New York: Archon Books, 1970), p. 7.

13. Edgar Allan Poe, *Selected Writings* (England: Penguin Books, 1974), p. 482. Debo aclarar que este ensayo así como "El principio poético" aparecen en traducción completa al castellano en las *Obras en prosa*. Traducción, introducción y notas de Julio Cortázar (Madrid: Revista de Occidente, Ediciones de la Universidad de Puerto Rico, 1956), pp. 191-235.

14. *Ibid.*, p. 483.
15. *Ibid.*, p. 505.
16. *Idem.*
17. *Ibid.*, pp. 505-506.
18. *Ibid.*, p. 506.
19. *Ibid.*, pp. 506-507. El crítico Edd Winfield Parks, citando una carta prologal a los poemas de Poe de 1831, menciona ideas similares en él: "A poem, in my opinion, is opposed to a work of science by having, for its *immediate* object, pleasure, not truth...". Edd Winfield Parks, *Edgar Allan Poe as Lliterary Critic* (Athens: University of Georgia Press, 1964), p. 57.

20. Joseph Wood Krutch confirma la importancia para Poe en lograr una unidad de efecto al señalar que es imposible que el alma permanezca en ese estado de elevación por más de un corto tiempo. Por lo tanto, un poema largo es una paradoja y sin unidad de impresión los efectos más profundos no pueden ser expresados "And, without unity of impression, the deepest effects cannot be brought about." Joseph Wood Krutch, "The Philosophy of Composition" en *Poe A Collection of Critical Essays* (New Jersey: Prentice-Hall, Inc., 1967), p. 25.

Floyd Stovall señala en Poe un arte consciente, un método de esfuerzo deliberado en la creación poemática. Examínese Floyd Stovall "The Conscious Art of Edgar Allan Poe" en *Poe, op. cit.*, p. 178.

Es interesante el hacer notar aquí que el antólogo George Moore incluye varios poemas de Poe en una antología basándose entre otros criterios en el de la brevedad poemática. Véase George Moore, *An Anthology of Pure Poetry* (New York: Horace Liveright, 1925), p. 42.

Guillermo Díaz-Plaja, al exponer una síntesis de la teoría poética de Poe, cita entre sus bases que "el poema debe ser breve"; y citando a Poe, que "La extensión de un poema... puede ser calculada en relación matemática con su mérito, es decir, de acuerdo con la excitación o elevación que provoque... la brevedad debe estar en razón directa con la intensidad del efecto deseado...". Guillermo Díaz-Plaja, *Modernismo frente a Noventa y Ocho* (Madrid: Espasa-Calpe S.A., 1951), pp. 171-172.

21. Emanuel Swedenborg, *Heaven and Hell* (New York: E. P. Dutton & Co. Inc., 1911), pp. 44, 49. Citado por Anna Balakian en el capítulo "El swedenborgismo y los románticos" en *El movimiento simbolista* (Madrid: Guadarrama, 1969), p. 26.

22. Baudelaire ha visto en los postulados de Poe la percepción de las correspondencias o analogías entre las cosas como una función de la imaginación, derivada de una facultad casi divina, aunque ajena a los métodos filosóficos. "L'imagination est une faculté quasi divine qui perçoit tout d'abord, en dehors des méthodes philosophiques, les rapports intimes et secrets des choses, les correspondances et les analogies." Charles Baudelaire, "Notes nouvelles sur Edgar Poe" en *L'Art romantique* (París: Garnier-Flammarion, 1968), p. 174. Este ensayo de Baudelaire puede ser consultado en español en sus *Obras*, traducción de Nydia Lamarque (Madrid: Aguilar, 1961), pp. 884-896.

Sobre la enorme importancia de Poe sobre Baudelaire y la poesía simbolista francesa véanse los estudios en inglés de Patrick F. Quinn, *The French Face of Edgar Poe* (Carbondale: Southern Illinois University Press, 1957) y de William T. Bandy, *The Influence and Reputation of Edgar Allan Poe in Europe* (Maryland: Frank T. Cimino Co., 1962) y en español el de Emilie Noulet, *Poe en la poesía francesa* (Managua: Nuevos Horizontes, 1944).

23. Baudelaire, *op. cit.*, pp. 306-307.

24. La cita de este soneto la hemos tomado de la antología de C.F. MacIntyre, *op. cit.*, p. 12.

José Rafael Destéfano percibe en este soneto el misterio de las analogías entre las diversas sensaciones, lo cual permite entrever una hermandad más íntima entre todas las artes y un estado de comunión universal hacia una unidad eterna y soberana. José Rafael Destéfano, *Baudelaire y otras rutas de la nueva literatura* (Buenos Aires: El Ateneo, 1945), pp. 21-22.

El crítico Charles Chadwick ve en este simbolismo baudelariano dos aspectos, uno trascendentalista y otro humano, los cuales se asocian con correspondencias verticales en el primero (movimiento de un plano concreto a otro abstracto) y correspondencias horizontales en el segundo (movimiento en un mismo plano, de una sensación física a otra). Charles Chadwick, *Symbolism* (London: Methuen & Co., Ltd., 1971), p.14.

25. El crítico Marcel Raymond así lo confirma: "With the help of the disordered material supplied by his perception or memory, the poet creates an order that is the *infallible* expression of his soul in relation to a specific moment or condition, to 'the actual circumstance'...". Marcel Raymond, *From Baudelaire to Surrealism* (London: Peter Owen Limited, 1957), p. 16.

26. Ésta es la opinión de Jean Paul Sartre cuando afirma que "Thus without denying the fact of poetic inspiration, the poet dreamed of substituting for it pure technique... he came to spend such long hours correcting a poem... changing a word here and a word there which was derived from the pure pleasure of arranging...". Jean Paul Sartre, *Baudelaire* (New York: New Directions, 1967), pp. 112-113.

Varios críticos están de acuerdo con esta metodología consciente y coherente de su arte.

Hugo Friedrich ve en ese método consciente de Baudelaire la expresión del "purismo" poético: "Baudelaire cumple con el precepto de no entregarse a la embriaguez del corazón... El acto que conduce a la poesía pura se llama trabajo, construcción de una arquitectura según un plan previo, operación con los impulsos del lenguaje." Friedrich, *op. cit.*, p. 52.

Peter Quennell citando a Baudelaire confirmaría lo expuesto por Friedrich en el sentido del valor otorgado al trabajo en la creación poética: "... l'important est de prendre l'habitude du travail... L'inspiration... 'est décidément la soeur du travail journalier...". Peter Quennell, *Baudelaire and the Symbolists* (New York/London: Kennikat Press, 1970), pp. 8, 23.

T. S. Eliot señala que en el arte de Baudelaire se aprecian las características de perfección en la forma y el lenguaje, así como una coherencia lo cual —según él— es la forma externa del arte clásico. T. S. Eliot, "Baudelaire" en *Selected Essays* (London: Faber & Faber Limited, 1951), pp. 423-424.

El crítico Arnold Hauser, citando a Proust, ve en el arte de este poeta un "carácter consciente" y una "reviviscencia por el recuerdo". Arnold Hauser, "Baudelaire y el esteticismo" en *Literatura y manierismo* (Madrid: Ediciones Guadarrama, 1969), p.187.

27. Baudelaire, *op. cit.*, p. 185.

El crítico Henry W. Decker opina que el "efecto total" admirado por Baudelaire en los cuentos de Poe, al aplicarse a la poesía, consistiría en un efecto único (la belleza pura), lo cual quiere significar eliminación de medios y propósitos extra-poéticos. Henry W. Decker, "Baudelaire and the Valéryan Concept of Pure Poetry", *Symposium* (Summer 1965), p. 157.

28. Baudelaire, *op. cit.*, p. 192.

29. El crítico Wallace Fowlie reconoce la influencia de las ideas de Baudelaire sobre el movimiento simbolista: "their main body of doctrine was bequeathed to the symbolists by Baudelaire...". Wallace Fowlie, *Rimbaud. A Critical Study* (Chicago & London: The University of Chicago Press, 1965), p. 72.

También T. S. Eliot, en unas palabras introductorias a un libro de Joseph Chiari sobre poesía francesa contemporánea, reconoce el alcance de las ideas de Baudelaire en el simbolismo: "In part, the unity (of the Symbolist movement) is due to a common derivation from Baudelaire...". T. S. Eliot, Foreword a Joseph Chiari, *Contemporary French Poetry* (New York: Books for Libraries Press, 1968), p. viii.

30. Arthur Rimbaud, *Oeuvres* (París: Éditions Garnier Frères, 1960), p. 347.

Paul Claudel, en el prefacio a las Poesías completas de Rimbaud, declara que en su segundo período (el de un vidente) el poeta ensaya un método de arte nuevo por el cual se ejerce una alquimia o transmutación de los elementos de este mundo. "La seconde période est celle du voyant. Dans une lettre du 15 mai 1871... et dans les quelques pages de la *Saison en Enfer* intitulées 'Alchimie du Verbe', Rimbaud a essayé de nous faire comprendre la 'méthode' de cet art nouveau qu'il inaugure, et qui est vraiment une *alchimie*, une espèce de transmutation, une décantation spirituelle des éléments de ce monde." Arthur Rimbaud, *Poésies complètes* présenté par Paul Claudel (París: Éditions Gallimard et Librairie Générale Française, 1963; 1929 Éditions Gallimard pour la préface), p. 7.

Wallace Fowlie, en su libro antes citado, también reconoce la impronta de Baudelaire en Rimbaud: "Again, as with Baudelaire, Rimbaud believes that poetic language contains all sensations: perfumes, sounds, colors." Sin embargo, hace notar que la metodología poética variará ya que requiere la destrucción del "orden". Fowlie, *op. cit.*, p. 99.

En cuanto a este último aspecto, otro crítico opina que su metodología poética es la de un "criticismo racional": "Certainly Rimbaud was 'inspired', his unconscious deeply affecting his composition... but the ordered-in-disorder quality of his idiom argues that he polished, shaped and refined exercising the rational criticism...". Prefacio a Prose Poems from *The Illuminations of Arthur Rimbaud* (New York: New Directions MCMXLIII), p. 4.

31. Paul Verlaine, "Art poétique" en *Oeuvres poétiques complètes* (Paris: Librairie Gallimard, 1951), pp. 206-207.

Éléonore Zimmermann, con referencia a una carta de Verlaine de 1873, afirma que éste deseaba lograr un sistema poético basado en la primacía de lo musical: "Les vers seront d'après un système auquel je vais arriver. Çà sera très musical...". Éléonore M. Zimmermann, *Magies de Verlaine* (París: Librairie José Corti, 1967), p. 92.

El crítico Antoine Adam, señalando la influencia de Baudelaire, menciona que la preocupación de Verlaine era la de conseguir un "efecto" en el poema mediante combinaciones de palabras, ritmos y sonoridades. Antoine Adam, *The Art of Paul Verlaine* (New York: New York University Press, 1963), p. 70.

Otro crítico, al referirse a su "Art poétique", confirma este predominio de lo musical: "il renie la plastique pour la musique, l'éloquence pour la suggestion...". Jacques-Henri Bornecque, *L'Art poétique de Verlaine* (Istambul: Dialogues, 1956), p. 27.

32. Stéphane Mallarmé, "Hérésies artistiques. L'Art pour tous" en *Oeuvres complètes* (París: Librairie Gallimard, 1945), pp. 257-259.

33. Stéphane Mallarmé, *Correspondance 1862-1871* (París: Librairie Gallimard, 1959), p. 137. ("Pintar no la cosa sino el efecto que ella produce", sería lo dicho por Mallarmé).

Hemos consultado también "Letters: Ideas on Poetry" en *Mallarmé: Selected Prose Poems, Essays, & Letters*. Traducción al inglés por Bradford

Cook (Baltimore: The Johns Hopkins Press, 1956), pp. 81-106, lo cual nos ha servido de valiosa ayuda.

34. Mallarmé, *Correspondance... op. cit.*, p. 103.

Varios críticos han comentado sobre la valoración del lenguaje poético en Mallarmé: Joseph Chiari ha dicho que el arte de ese poeta consistiría primordialmente en situar las palabras aisladas de una forma correcta en el verso o todo el poema "as part of the whole". Joseph Chiari, *Symbolisme from Poe to Mallarmé* (London: Rockliff Publishing Corp., 1956), p. 120.

Paul Valéry menciona que Mallarmé medita en las palabras y formas que utiliza. Paul Valéry, "On Mallarmé" en *Selected Writings* (New York: New Directions, 1964), p. 215.

Hasye Cooperman destaca, como característica de su arte, el análisis y la combinación, "to analize and to combine". Hasye Cooperman, *The Aesthetics of Stéphane Mallarmé* (New York: Russell and Russell, 1971), p. 16.

A. R. Chisholm deriva del dominio del lenguaje en Mallarmé la característica más destacada de su arte: la condensación. A. R. Chisholm, *Mallarmé's Grand Oeuvre* (Great Britain: Manchester University Press, 1962), p. 101.

Robert Greer Cohn atribuye a esta característica de condensación, aunque usando el sinónimo de concentración "the concentration of pure poetry" la de ser una de "pureza" poética en Mallarmé, proveniente de sus impulsos clasicistas. Robert Greer Cohn, *Toward the Poems of Mallarmé* (Berkeley and Los Angeles: University of California Press, 1965), p. 1.

35. Mallarmé, "Carta a Cazalis" (enero de 1864) en *Correspondance... op. cit.*, pp. 103-105.

36. Mallarmé, *Oeuvres... op. cit.*, p. 857.

37. *Ídem*. "Je dis: une fleur! et, hors de l'oubli où ma voix relègue aucun contour, en tant que quelque chose d'autre que les calices sus, musicalement se lève, idée même et suave, l'absente de tous bouquets."

38. Guy Michaud afirma al respecto: "Mallarmé sees it (the symbol) as a means of climbing up from the world of material objects to the mystical or metaphysical world of pure concepts." Guy Michaud, *Mallarmé* (New York: New York University Press, 1965), p. 166.

El crítico Leonidas de Vedia ve en la relación mallarmeana entre objetos reales y sus ideas una derivación del principio de las correspondencias. Véase Leonidas de Vedia, "Las flores, en la creación de Mallarmé" en *La poesía del simbolismo* (Buenos Aires: Editorial G. Kraft, 1961), p. 64.

39. Renato Poggioli destaca la enorme importancia del simbolismo como generador de este mito, paralelamente a lo que Cézanne, en las artes figurativas desarrollaría: una pintura y escultura "puras" (cubismo-arte abstracto). Este fenómeno "purista" se extenderá después a otras artes (cinematógrafo y teatro "puros").

Existe también, según este crítico, una influencia por contraste: ciertas tendencias de vanguardia que preconizaron una "impureza" (surrealismo y expresionismo). La poesía surrealista, sin embargo, de acuerdo con Poggioli, denota muchas veces una "pureza" o más bien una inocencia "pura" en el sentido de "iluminación psíquica". Renato Poggioli, "Mística de la pureza" en *Teoría del arte de vanguardia* (Madrid: Ediciones de la Revista de Occidente, 1964), pp. 207-213.

Sobre lo expuesto por Poggioli convendría señalar algunas notas aclaratorias. Clive Bell destaca también la importancia de Cézanne en la formación de un nuevo movimiento artístico y sus esfuerzos en conferirle una "significación" a las formas "puras". Véase Clive Bell, "The debt to Cézanne" en *Art* (New York: Capricorn Books, 1958), pp. 135-143.

El sentido psíquico de "pureza" o ingenuidad mencionado es posible deducirlo del manifiesto surrealista de André Breton, el cual proclama en la creación un "automatisme psychique" ajeno a todo control racional. André Breton, *Manifestes du Surréalisme* (París: Librairie Gallimard, 1965), pp. 31-38.

Ivonne Duplessis está de acuerdo en que al suprimirse el "esfuerzo voluntario" en la creación existe un estado de inspiración "pura". Ivonne Duplessis, *El surrealismo* (Barcelona: Oikos-Tau, S.A., 1972), pp. 47-48.

Sin embargo, Sigmund Freud, en un estudio sobre el delirio y los sueños, sostiene que existe un control en el proceso psíquico de la creación arbitraria: "lo que en el mundo psíquico denominamos arbitrariedad, reposa sobre estrictas normas...". Sigmund Freud, "El delirio y los sueños en la 'Gradiva' de W. Jensen" en *Psicoanálisis del arte* (Madrid: Alianza Editorial, 1973), pp. 106-108.

40. Henri Brémond, *La Poésie Pure, avec "un débat sur la poésie" par Robert de Souza* (París: Bernard Grasset, 1926), p. 15.

41. *Ibíd.*, p. 16.

42. Véase *Entretiens sur Henri Brémond sous la direction de Maurice Nédoncelle et Jean Dagens* (París-La Haye: Éditions Mouton, 1967).

43. Henri Brémond, *Racine et Valéry: notes sur l'initiation poétique* (París: Bernard Grasset, 1930), p. 174.

44. *Ídem.*

45. D. J. Mossop así lo confirma cuando declara: "Brémond's originality lies in his reluctance to link this feeling (pure poetry) with any demonstrable artistic qualities in the actual poem or at least with what regards as the *rational* pleasure they can give. If they help... they do so by pleasing in a purely intuitive kind of way." Mossop, *op. cit.* pp. 167-168.

46. Henri Brémond, *Prière et Poésie* (París: Bernard Grasset, 1926), p. 86. Citado por Henry W. Decker en su tesis doctoral *The Debate on Pure Poetry, 1925-1930. A Critical Survey* (Ann Arbor: University Microfilms, 1955), p. 66.

47. Gabriel Germain cita una frase de Brémond la cual confirma la identificación de poesía y oración: "... j'ai dit simplement que la poésie tend de sa nature à rejoindre non pas la musique, mais la prière". Gabriel Germain, "Prière et Poésie" en *Entretiens sur Henri Brémond, op. cit.*, p. 188.

48. Este ensayo figura como un apéndice a su libro *Calepin d'un poète*. Ambos aparecen en sus *Oeuvres*.
49. Paul Valéry, "Poésie pure. Notes pour une conférence" en *Oeuvres de Paul Valéry* (París: Éditions de la NRF, 1933), pp. 199-200.
50. *Ídem*.
51. *Ibíd.*, pp. 200-201.
52. Paul Valéry, *Propos sur la poésie* (París: Maison du Livre Français, 1930), p. 11.
En otro de sus escritos reafirma la importancia de las palabras en la producción de un estado poético: "En vérité, un poème est une sorte de machine à produire l'état poétique au moyen des mots." Paul Valéry, *Poésie et Pensée abstraite* (Oxford: Clarendon Press, 1939), p. 24.
Hugo Friedrich le otorga al uso de los artificios del lenguaje en Valéry un sentido de exactitud matemática: "Escribir poesía, según una de las ideas que Valéry expresó con más frecuencia, significa penetrar en aquellos estratos primigenios del lenguaje donde en algún tiempo nacieron, y pueden todavía volver a surgir, las fórmulas mágicas. Por otra parte, escribir poesía equivale a ensayar las combinaciones entre zonas de significado cambiable y de distintos efectos sonoros hasta hallar *aquella única* combinación que posee la imprescindibilidad de una fórmula matemática." Friedrich, *op. cit.*, p. 239.
53. Frédéric Lefèvre, *Entretiens avec Paul Valéry* (París: Le Livre, 1926), pp. 65-66.
Según Jean Hytier este sistema eliminatorio, para alcanzar el ideal de la poesía pura en un poema, es un "sistema de rechazos". "In order to approach this ideal, (of pure poetry) the poet must expel numerous elements from the poem. Valéry's poetry, like his thought, is a system of rejections." Jean Hytier, *The Poetics of Paul Valéry* (New York: Anchor Books, 1966), p. 120.
54. Brémond, *La Poésie Pure... op. cit.*, p. 41.
55. Clément Moisan afirma con respecto a ello: "Brémond n'avait d'ailleurs jamais pensé apporter sur un sujet aussi controversé et aussi mystérieux une lumière définitive et des solutions satisfaisantes pour tous ses lecteurs. Les débats n'ont pas fait l'unanimité, loin de là, ni même apporté une conclusion." Clément Moisan, *Henri Brémond et la Poésie Pure* (París: Lettres Modernes, Minard, 1967), p. 182.
56. Consúltese Henry W. Decker, *Pure Poetry 1925-1930. Theory and Debate in France* (Berkeley: University of California Press, 1962), pp. 1-2.

Capítulo II

1. Jean Franco, señala la "renovación del lenguaje", como el aspecto más evidente. Menciona la innovación literaria francesa en el siglo XIX (romántica, parnasianista y simbolista). Según esta autora, "Los modernistas —y Darío en particular— aprendieron de todos ellos" (cita como ejemplos a seguir los nombres de Baudelaire, Rimbaud y Verlaine).

NOTAS

Jean Franco, *Introducción a la literatura hispanoamericana* (Caracas: Monte Ávila Editores, 1970), pp. 136-137.

Ricardo Gullón afirma que además de la "intención renovadora en cuanto al lenguaje" el modernismo buscaría la "belleza pura" por medio de la "disciplina", hacia el logro de la "obra perfecta". Ricardo Gullón, *Direcciones del modernismo* (Madrid: Editorial Gredos, 1971), p. 24.

Arturo Torres-Ríoseco opina que, debido al deseo de los modernistas de descubrir una nueva belleza, su objetivo primordial sería la originalidad, haciendo de la poesía un arte en sí mismo, sin tener relación alguna con propósitos morales o didácticos, de acuerdo con la definición de poesía "pura" de Poe. Arturo Torres-Ríoseco, *The Epic of Latin American Literature* (Berkeley, Los Angeles and London: University of California Press, 1970), p. 91.

El poeta Eugenio Florit destaca también la influencia de las teorías estéticas de Poe en el modernismo hispanoamericano. Véase, Eugenio Florit, "La poesía norteamericana" en *El libro y el pueblo*, México XI No. 26 (1956), p. 15, tomado de su *Antología de la poesía norteamericana contemporánea* (Washington: Unión Panamericana, 1955).

Asimismo, Pedro Salinas afirma que la revolución modernista fue una aspiración espiritual para renovar el lenguaje poético teniendo como modelo a seguir la figura de Edgar Allan Poe: "Edgar Allan Poe was worshipped by the Spanish American modernists because he served as leader and banner for their revolution." Pedro Salinas, "Poe in Spain and Spanish America" en *Poe in Foreign Lands and Tongues* (Baltimore: The Johns Hopkins Press, 1941), p. 30.

2. Pedro Henríquez Ureña así lo confirma: "Nuestra poesía experimentó por esta época un cambio total, en temas, estilo, vocabulario y formas poéticas. Los jóvenes adoptaron una actitud severamente estética frente a su arte y decidieron escribir poesía pura... una poesía liberada de esas impurezas de la vida cotidiana que tantas veces arrastraron consigo los versos románticos. Reíanse de los poetas 'explícitos'...". Pedro Henríquez Ureña, "Literatura pura" en *Las corrientes literarias en la América Hispánica* (México: Fondo de Cultura Económica, 1969), pp. 173-174.

3. José Olivio Jiménez y Antonio R. de la Campa, *Antología crítica de la prosa modernista hispanoamericana* (New York: Eliseo Torres & Sons, 1976), p. 9.

El profesor Ivan A. Schulman destaca como nota común al modernismo "la exploración de nuevos senderos expresivos...". Afirma que "Casi todos los modernistas, en su afán por ensanchar la expresividad del español literario, asimilaron elementos descomunales que enriquecieron la lengua: el color, la plasticidad, ritmos desusados...". Ivan A. Schulman, "Reflexiones en torno a la definición del modernismo" en Ivan A. Schulman y Manuel Pedro González, *Martí, Darío y el modernismo* (Madrid: Editorial Gredos, 1974), pp. 38, 54.

En otro libro, el crítico Schulman sostiene lo dicho anteriormente y afirma también que esas "novedades lingüísticas" son un rechazo del mundo circundante y constituyen un antecedente de las jitanjáforas. Ivan A.

Schulman, *El modernismo hispanoamericano* (Buenos Aires: Centro Editor de América Latina, S.A., 1969), pp. 45, 51-52.

4. Citado por Raúl H. Castagnino en *Imágenes modernistas* (Buenos Aires: Editorial Nova, 1967), p. 27.

5. *Ibíd.*, pp. 35-36.

El crítico Castagnino considera que este prólogo "resume una actitud ético-estética acorde con su concepción del arte puro...", p.33.

Según Anderson Imbert, Rubén Darío "tuvo conciencia de oficio", su deseo de "perfección" lo llevaría a alejarse de lo común, a resistir la "facilidad de improvisador" buscando un "orden": "Bordeaba la oscuridad como bordeaba el verso libre: coherentemente." Enrique Anderson Imbert, *La originalidad de Rubén Darío* (Buenos Aires: Centro Editor de América Latina, S.A., 1967), pp. 74-75.

6. Rubén Darío, "Palabras liminares" a "Prosas profanas y otros poemas" en *Poesías completas* (Madrid: Aguilar, S.A., 1968), p. 547.

7. Darío, "Prefacio" a "Cantos de vida y esperanza, los cisnes y otros poemas" en *op., cit.*, pp. 625-626.

De acuerdo con el crítico John Eugene Englekirk, los principios poéticos expresados por Darío fueron expuestos o implicados por Edgar Allan Poe. En ambos poetas, existe el ansia de lo absoluto de la belleza por sí misma. John Eugene Englekirk, *Edgar Allan Poe in Hispanic Literature* (New York: Instituto de las Españas, 1934), p. 194.

8. Enrique Anderson Imbert destaca que "por primera vez Hispanoamérica, en lugar de ir a la zaga de la Península, tomó la iniciativa e impuso sus modas a los mismos peninsulares." Enrique Anderson Imbert, "Originalidad y expresión en Hispanoamérica" en *Estudios sobre letras hispánicas* (México: Editorial Libros de México, S.A., 1974), p. 395.

Juan Carlos Ghiano señala su labor personal en Europa (la de Darío) como un ahondamiento interno afirmándolo como "uno de los líricos más puros de nuestro idioma." Juan Carlos Ghiano, *Rubén Darío* (Buenos Aires: Centro Editor de América Latina, S.A., 1967), p. 35.

9. José Olivio Jiménez, "Presentación" en *Estudios críticos sobre la prosa modernista hispanoamericana* (New York: Eliseo Torres & Sons, 1975), p. 8.

10. Federico de Onís mantiene que es Juan Ramón Jiménez aquel poeta, "... en quien el modernismo, llevado a su máxima rectificación y depuración, se enlaza con la poesía de las generaciones posteriores." Federico de Onís, *Antología de la poesía española e hispanoamericana* (New York: Las Américas Publishing Company, 1961), p. XVIII.

Gustav Siebenmann nota la "superación" del modernismo en Juan Ramón Jiménez mediante un proceso "depurativo". Gustav Siebenmann, *Los estilos poéticos en España desde 1900* (Madrid: Editorial Gredos, S.A., 1973), p. 184.

Ernesto Mejía Sánchez señala una "reacción" en la generación del '25 frente al modernismo. Ernesto Mejía Sánchez, "Rubén Darío, poeta del siglo XX" en *Cuestiones Rubendarianas* (Madrid: Ediciones de la Revista de Occidente, 1970), p. 113.

El mismo Juan Ramón Jiménez hace mención de su reacción en contra de "lo más manoseado del modernismo" en "El modernismo poético en España y en Hispanoamérica" (recogido en "Política poética, 1936-1954") en Juan Ramón Jiménez, *El andarín de su órbita* (Madrid: Editorial Magisterio Español, S.A., 1974), p. 264.

En su "Retrato de José Martí" Jiménez menciona su asimilación del modernismo, en su aspecto más profundo de "paisaje del cerebro" y no en el de "exotismo" externo, reconociendo la novedad diferente que representó su "libertad interior". Juan Ramón Jiménez, *Españoles de tres mundos* (Madrid: Aguilar, S.A., 1969), p. 95.

11. Juan Ramón Jiménez, *Libros de poesía* (Madrid: Aguilar, S.A., 1967), p. 203.

12. Hemos tomado las citas de estos poemas de Juan Ramón de sus *Libros de poesía, op. cit.*, pp. 553, 555.

13. Juan Ramón Jiménez, *Cartas*. Recopilación, selección, ordenación y prólogo de Francisco Garfias (Madrid: Aguilar, S.A., 1962), pp. 237-238.

14. Ricardo Gullón opina que la "rectificación" aunque "espontánea" ha de responder a un "estado de conciencia". Ricardo Gullón, *Estudios sobre Juan Ramón Jiménez* (Buenos Aires: Editorial Losada, S.A., 1960), p. 84.

De manera análoga, Guillermo Díaz-Plaja hace notar en la carta mencionada, la labor de "artesanía", unida a una inspiración espontánea. Guillermo Díaz-Plaja, "La emoción por contraste en la lírica de Juan Ramón Jiménez" en *Ensayos sobre literatura y arte* (Madrid: Aguilar, S.A., 1973), p. 75.

Antonio Sánchez Barbudo señala que a veces la norma de "exactitud absoluta" juanramoniana destruirá en parte "la sencillez y la espontaneidad". Antonio Sánchez Barbudo, *La segunda época de Juan Ramón Jiménez* (Madrid: Editorial Gredos, 1962), pp. 80-81.

Similarmente, Bernardo Gicovate opina que "... ese deseo de explicarse y aclararse, que se hace más intenso con su vejez... hace daño a menudo a su poesía en el estilo y la gracia...". Bernardo Gicovate, *La poesía de Juan Ramón Jiménez* (Barcelona: Ediciones Ariel, 1973), p. 28.

15. Vicente Huidobro, *Poesía y prosa* (Madrid: Aguilar, S.A., 1967), pp. 75-76.

16. Citado por Guillermo de Torre en su estudio "La polémica del creacionismo, Huidobro y Reverdy" en *Tres conceptos de la literatura hispanoamericana* (Buenos Aires: Editorial Losada, S.A., 1963), p. 153.

En un artículo algo reciente, Cecil G. Wood hace mención de poemas más tempranos de Huidobro, en que es posible apreciar estas mismas preocupaciones de renovación poética para producir una "nueva realidad", mediante un uso "especial del lenguaje". Véase Cecil G. Wood, "The Development of 'Creacionismo': A Study of Four Early Poems of Vicente Huidobro", *Hispania*, Vol. 61, No. 1 (marzo de 1978), pp. 5-13.

17. En la Enciclopedia anteriormente citada de la Universidad de Princeton, se afirma que los "creacionistas" trataron de crear una nueva

poesía pura la cual glorificaría la palabra escrita: "... he (Huidobro) and his followers tried to create a new pure poetry... which brought a sense of Godification to the written word." *Princeton Encyclopedia of Poetry and Poetics, op. cit.,* p. 158.

Ramón Xirau menciona un aristocratismo de carácter "purista" en el uso del lenguaje "creacionista", según lo expresado por Huidobro: "El valor del lenguaje de la poesía está en razón inversa de su alejamiento del lenguaje que se habla...". Ramón Xirau, "Vicente Huidobro: Teoría y práctica del creacionismo" en *Poesía iberoamericana contemporánea* (México: Colección Sep/Setentas, Secretaría de Educación Pública, 1972), p. 30.

Gerardo Diego se refiere también al valor de las palabras en los creacionistas, con el objetivo de alcanzar un simbolismo en la manera que preconizaba Mallarmé: "... lo que Mallarmé no logró, el perfecto simbolismo, lo consiguen Huidobro y sus discípulos de la primera hora." Gerardo Diego, "Poesía y creacionismo de Vicente Huidobro" en *Vicente Huidobro y el creacionismo,* edición de René de Costa (Madrid: Taurus Ediciones, S.A., 1975), p. 224.

David Bary ve en el "creacionismo" una estética "purista" por sus postulados de "construcción objetiva", "extirpación de elementos narrativos y didácticos", "primacía de la imagen nueva". Véanse sus estudios sobre Huidobro, "Vicente Huidobro y la literatura social" y "Vicente Huidobro: agente viajero de la poesía (1957)" recogidos en la edición de René de Costa antes citada, pp. 319, 357 respectivamente.

Saúl Yurkievich señala un afán de "pureza" en el creacionismo por sus postulados de lucidez mental, sin los cuales el poema no sería otra cosa que una "obra impura híbrida". Saúl Yurkievich, *Fundadores de la nueva poesía latinoamericana* (Barcelona: Barral Editores, S.A., 1973), p. 67.

18. Rafael Cansinos-Asséns hace una crónica de esta visita y su impronta en artículo de la revista *Cosmópolis,* de enero de 1919: "... los poetas más jóvenes le rodearon y de él aprendieron... Huidobro le perturbó a más de uno la conciencia literaria." Citado por Antonio de Undurraga en "Los días de oro del creacionismo: Madrid, 1918" en *Huidobro, op. cit.,* pp. 60-61.

Juan Jacobo Bajarlía destaca también esta influencia de Huidobro sobre la nueva poesía que se gestaba en España en los años de 1917-1918: "El espíritu renovador del creacionismo considerado como tendencia general, signará las páginas de los mejores autores...". Juan Jacobo Bajarlía, *El vanguardismo poético en América y España* (Buenos Aires: Editorial Perrot, 1957), p. 41.

19. Citado por Guillermo de Torre en "Génesis del ultraísmo" en *Historia de las literaturas de vanguardia,* Vol. II (Madrid: Ediciones Guadarrama, 1971), p. 213.

20. Gloria Videla, *El Ultraísmo. Estudios sobre movimientos poéticos de vanguardia en España* (Madrid: Editorial Gredos, 1963), pp. 90-91, 101.

Convendría hace notar aquí lo siguiente: El crítico H.R. Hays menciona los *Calligrammes* de Apollinaire (1913-1916) y sus experimentos en novedades tipográficas e imágenes desusadas, lo cual cristalizaría en una teoría cubista (revista *Nord Sud* de 1917). El objetivo primordial será la eliminación de lo anecdótico. H. R. Hays, *12 Spanish American Poets. An Anthology* (Boston: Beacon Press, 1972), p. 11.

Sobre las relaciones de Huidobro con esto, examínese el estudio de Guillermo de Torre, "La poesía creacionista y la pugna entre sus progenitores", *Cosmópolis*, Madrid, II (20 de agosto de 1920), el cual aparece incluido en la edición de René de Costa antes citada, pp. 129-143.

Marcos Ricardo Barnatán menciona el interés de estos poetas de "Ultra" por las vanguardias extranjeras y concuerda también al afirmar que la presencia de Huidobro fue "fundamental al fortalecimiento del ultra español." Marcos Ricardo Barnatán, *Jorge Luis Borges* (Madrid: Ediciones Júcar, 1972), p. 48.

21. De Torre, *Historia... op. cit.*, pp. 213-214.

Guillermo Sucre afirma que "Cada poema ultraísta pretendía ser un puro calidoscopio de imágenes, despreocupándose quizá por la coherencia e intensidad de la visión creadora." Guillermo Sucre, "La equivocación ultraísta" en *Borges, el poeta* (Caracas: Monte Ávila Editores, 1967), p. 28.

22. De Torre, *op. cit.*, p. 216.

Gustav Siebenmann ha observado que un proceso purificador de eliminación de elementos de "lastre", sería para estos poetas una "condición fundamental". Es por ello que nota una semejanza con los afanes hacia una poesía "pura". Siebenmann, *op. cit.*, pp. 228-229.

23. Varios críticos lo atestiguan así: Guillermo de Torre mantiene que el movimiento ultraísta quedaría "disuelto" cuando se dejó de publicar la revista *Ultra* en la primavera de 1922. Pero su impronta se haría sentir en los poetas posteriores, ya que de acuerdo con este crítico la importancia otorgada a la imagen y la metáfora llevaría a una "purificación" de la poesía "de toda ganga o excrecencia, con el afán —desmesurado, sin duda— de repristinizarla." De Torre, *Historia... op. cit.*, p. 275.

Guillermo Díaz-Plaja sostiene que "este movimiento puede darse por liquidado hacia 1923", aunque reconociendo una fundamental conquista: el relieve otorgado a la metáfora. Guillermo Díaz-Plaja, *Historia de la poesía lírica española* (Barcelona: Editorial Labor, S.A., 1948), p. 395.

José Olivio Jiménez destaca la "devoción incondicional" a la metáfora de esta poesía que Ortega definiría en 1925 como un "álgebra superior" y cuya incidencia se notaría en la generación del '27. José Olivio Jiménez, "Medio siglo de poesía española (1917-1967)", *Hispania*, Vol. L, No. 4 (diciembre de 1967), p. 933.

24. José Ortega y Gasset, *La deshumanización del arte* (Madrid: Ediciones de la Revista de Occidente, 1967), p. 25.

25. Antonio Machado, "Reflexiones sobre la lírica", *Revista de Occidente*, Madrid (junio de 1925), p. 376. Anteriormente este poeta había declarado ideas similares sobre su creencia en una poesía temporal "humanizada". En el prólogo a *Soledades* (1917) afirmaba lo siguiente:

"Pensaba yo que el elemento poético no era la palabra por su valor fónico, ni el color, ni la línea, ni un complejo de sensaciones, sino una honda palpitación del espíritu; lo que pone el alma, si es que algo pone, o lo que dice, si es que algo dice, con voz propia, en respuesta animada al contacto del mundo." Y en el poema "De mi cartera" en *Nuevas canciones* (1924) afirmaba:

"Ni mármol duro y eterno,
ni música ni pintura,
sino palabra en el tiempo..."

Antonio Machado, *Antología poética* (Salamanca: Ediciones Anaya, 1969), p. 21.

26. Fernando Vela, "La poesía pura" (Información de un debate literario), *Revista de Occidente,* Tomo XIV, No. XLI (noviembre de 1926), pp. 217-240.

El crítico Alberto Monterde, defensor de la tesis bremondiana, opina que el artículo de Vela demuestra "que en España se había seguido con tanto interés como en la propia Francia el debate iniciado por Brémond." Alberto Monterde, *La poesía pura en la lírica española* (México: Imprenta Universitaria, 1953), p. 35.

27. Citado por Juan Cano Ballesta en *La poesía española entre pureza y revolución (1930-1936)* (Madrid: Editorial Gredos, 1972), pp. 29-30.

28. "Asepsia (en lo poético, en lo pictórico, en lo arquitectónico), esa era la palabra mágica entonces." Dámaso Alonso, *Poetas españoles contemporáneos* (Madrid: Editorial Gredos, 1969), p. 163.

29. Aunque existe disparidad de criterios sobre si es una generación o no, y la fecha denominativa (1920, 1924-1925 ó 1927), creemos que lo realmente importante en cuanto a nuestro estudio es el afán compartido hacia un ideal de "pureza" en la poesía.

Emilia de Zuleta, la cual prefiere la denominación de generación del '27, señala esa coincidencia en un ideal a alcanzar: "... la formulación de pureza como meta de una voluntad poética extremadamente reflexiva..." lo cual considera una "tendencia clasicista". Emilia de Zuleta, *Cinco poetas españoles* (Madrid: Editorial Gredos, S.A., 1971), p. 33.

Antonio Blanch en un libro de publicación reciente, denomina a este grupo "... movimiento, generación o constelación de la poesía pura española" y constata también esa coincidencia hacia una "pureza": "... su trabajo está orientado a la producción de unas formas artísticas específicas, purificadas de toda adherencia no poética... se sienten empujados por un mismo deseo incoercible de pureza y de renovación lírica...". Antonio Blanch, *La poesía pura española* (Madrid: Editorial Gredos, 1976), pp. 7, 8, 12, 14. (Este libro, aunque llegado a nuestras manos tardíamente nos parece valioso por la información enorme que aporta).

Andrew P. Debicki se basa en el fin del ultraísmo para nombrarlos "generación de 1924-1925" y observa igualmente esos ideales comunes de pureza en ellos: "... conciencia artística y su interés en el empleo más adecuado de la forma y de la lengua; su desdén por el sentimentalismo, la retórica...". Andrew P. Debicki, *Estudios sobre poesía española contemporánea* (Madrid: Editorial Gredos, S.A., 1968), p. 42.

Dámaso Alonso destaca el afán común de conciencia de la técnica, de alejamiento de lo "impuro": "Salió a la vida (1920-1927)... con un sacro horror a lo demasiado humano, con muchas preocupaciones técnicas, con mucho miedo a las impurezas, desdén de lo sentimental." Alonso, *op. cit.*, p. 175.

30. De acuerdo con él, esa "actitud" tendrá dos fuentes: la francesa, especialmente Valéry y la tradición poética nacional. Asimismo, nota el uso de cierta terminología en la crítica de la época que denota un deseo de contención "clasicista": "medida" "excesivo" "usar la lima". Menciona a Lorca y a Guillén como ejemplos de esa actitud. Luis Cernuda, *Estudios sobre poesía española contemporánea* (Madrid: Guadarrama, 1972), p. 159.

31. Guillermo de Torre es de la opinión de que "Si la aventura es mocedad, el orden será madurez... Si la aventura es modernidad, el orden será tradición... la segunda cuaja siempre en el mismo título: clasicismo". Guillermo de Torre, *La aventura y el orden* (Buenos Aires: Editorial Losada, 1960), p. 16.

Emilia de Zuleta se refiere a ese "orden" como una "búsqueda de formas de conciliación y equilibrio" mencionando un artículo de Curtius de 1927 para la *Revista de Occidente*, titulado, "Restauración de la razón", en el cual se estudian las tendencias de vuelta al clasicismo y se afirma un deseo ordenador: "Construcción y aún mejor reconstrucción...". Zuleta, *op. cit.*, p. 31.

Pedro Salinas lo llama "lirismo integrador y abierto" ya que aprovecha lo mejor del tradicionalismo español y las corrientes europeas (la poesía pura entre ellas) y hace una adaptación "en fórmulas propias". Pedro Salinas, "La literatura española moderna" en *Ensayos de literatura hispánica* (Madrid: Aguilar, S. A., 1961), p. 288.

C. B. Morris destaca el marcado interés de estos poetas ("The Brilliant Pleiad") por moldes líricos tradicionales de contención y rigidez formal: la décima y el soneto entre otros. (Esto, como veremos, serían moldes usados por los "puros" en Cuba). C.B. Morris, *A Generation of Spanish Poets 1920-1936* (Great Britain: Cambridge University Press, 1969), p. 17.

Antonio Blanch nota también el gusto de la generación por la métrica clásica ya que "... veían en la estrofa (tanto española como francesa: Valéry en especial) uno de los medios más eficaces para simplificar y purificar el poema...". Blanch, *op. cit.*, p. 279.

Por último, el crítico Carlos Ramos-Gil confirma también lo dicho por Salinas, al afirmar que "La implantación pura de corrientes extrañas no va con el espíritu y la tradición poética nacionales. Se prefiere el compromiso entre lo propio y lo ajeno, trasvasar el vino añejo a los odres nuevos." Carlos Ramos-Gil, *Claves líricas de García Lorca* (Madrid: Aguilar, S.A., 1967), p. 155. (Esto, como señalaremos después, sería pauta a seguir en Cuba).

32. Dámaso Alonso, al hablarnos de la poética de Góngora, destaca sus características de "orden", "norma" y "sistema", lo cual llevaría a "una encadenación y un desarrollo imaginativo, sujeto a pautas fijas, invariables." Por lo tanto ese tributo —según Alonso— ha pretendido ser una afirmación de "la existencia estética de Góngora." Dámaso Alonso, "Góngora y la literatura contemporánea" en *Estudios y ensayos gongorinos* (Madrid: Editorial Gredos, 1970), pp. 534, 565.

En otro libro, el citado crítico manifiesta que ese homenaje los aproximaba al esteticismo gongorino, ya que su generación, "... trataba de trabajar perfectamente, en pureza y fervor; de eliminar del poema los elementos reales y dejar todos los metafóricos, pero de tal modo que éstos satisficieran a la inteligencia con el sello de lo logrado." Dámaso Alonso, "Góngora entre sus dos centenarios" en *Cuatro poetas españoles* (Madrid: Editorial Gredos, 1962), pp. 62-64.

Guillermo Díaz-Plaja advierte además que esa celebración "... no hace sino confirmar los rasgos definitorios de un grupo literario apoyado en un doble juego de tradición y novedad...". Guillermo Díaz-Plaja, "La dimensión culturalista en la poesía castellana del siglo XX. Discurso de recepción en la Real Academia Española, Madrid (1967), pp. 111-112. Recogido en la selección de Juan Manuel Rozas, *La generación del '27 desde dentro. Textos y documentos.* (Madrid: Ediciones Alcalá, 1974), p. 132.

Max Aub sostiene que el ideal hacia una "pureza" poética en esta generación se identificaba con la estética de Góngora: "No fue Góngora quien influyó en la nueva generación, sino que el cordobés —el de las Soledades— vino a encajar perfectamente en el ansia de cierto tipo de poesía...". Max Aub, *Poesía española contemporánea* (México: Ediciones Era, 1969), p. 100.

De manera afín, José Luis Cano mantiene que ese tributo les sirvió de excusa para exponer los ideales generacionales de "pureza", y señala como indicio de ello el número-homenaje a Góngora (octubre de 1927), logrando con ello dar "la primera batalla pública por la belleza, por la poesía pura." José Luis Cano, *La poesía de la generación del '27* (Madrid: Ediciones Guadarrama, 1970), pp. 12-13.

Antonio Blanch, en su detallado estudio sobre la poesía pura española y sus conexiones con la francesa, cita la "supervivencia" en España del simbolismo (se habían hecho traducciones por esos años, década del 20, de Baudelaire, Verlaine y Mallarmé). A Mallarmé se le rindió un tributo público en España en 1923 a iniciativa de Alfonso Reyes. La línea "intelectual y purista" de este último serviría de inspiración a los poetas de la generación. Sin embargo, reconoce a Góngora como un modelo de mayor importancia para ellos, por sus innovaciones lingüísticas. Blanch, *op. cit.*, pp. 193-227.

33. Federico García Lorca, *Obras completas* (Madrid: Aguilar, S.A., 1955), pp. 95, 78-79.

Allen W. Phillips confirma ese sentido consciente en Lorca y lo identifica como un modo "purista": "A su casi mágica capacidad creadora opone un constante examen de conciencia... Creemos que en Lorca limitarse es un modo de conseguir una sinceridad y una pureza poética... Equilibrio y concentración. Contener los vuelos imaginativos para comunicar la medida justa." Allen W. Phillips, "Sobre la poética de García Lorca" en *Temas del modernismo hispánico y otros estudios* (Madrid: Editorial Gredos, 1974), pp. 333, 351.

Convendría recordar aquí el ejemplo "sereno" de Bécquer, el cual también sería admirado por la generación. El autor de las *Rimas* había expresado ideas ("Cartas literarias a una mujer"), sobre una poesía, en que la inspiración sería controlada mediante un proceso de maduración en la mente del poeta ("cuando siento no escribo"), hasta lograr un estado "puro, tranquilo, sereno."

En este proceso creativo, "la configuración del signo poemático... aparece aquí como nacido en tiempo posterior y diferenciado del momento en que surge el acto de una concepción poética ya consolidada que le es anterior." Véase Rafael de Balbín, *Poética Becqueriana* (Madrid, Prensa Española, S.A., 1969), pp. 7-8.

Dámaso Alonso señala la "sugerencia", "brevedad" y "desnudez" en Bécquer como descubrimientos originales. Alonso, "Originalidad de Bécquer" en *Poetas... op. cit.*, pp. 24-27.

José Luis Cano advierte una lírica de relación entre Bécquer, Juan Ramón y la generación del '27 en el "afán de desnudez y pureza poéticas". Cano, *op. cit.*, p. 19.

Opinión similar es la de Andrew P. Debicki: "(la poesía de la generación) se liga con las de Bécquer y Juan Ramón Jiménez en la búsqueda de una expresión exacta y poética...". Andrew P. Debicki, *La poesía de Jorge Guillén* (Madrid: Editorial Gredos, S.A., 1973), p. 315.

Biruté Ciplijauskaité ve una similitud entre la actitud becqueriana de creación ("mente clara") con las afirmaciones de "trabajo" en estos poetas. Biruté Ciplijauskaité, *El poeta y la poesía* (Madrid: Ínsula, 1966), p. 279.

34. De acuerdo con Biruté Ciplijauskaité "... aún experimentando en varias direcciones nunca dejan de guiarse por el ideal de una obra trabajada que implica lucidez y sabiduría además de intuición." Biruté Ciplijauskaité, "El ambiente generacional" en *Deber de plenitud. La poesía de Jorge Guillén* (México: Secretaría de Instrucción Pública, 1973), p. 13.

Antonio Blanch, aún aceptando una diversidad de influencias hacia la elaboración "perfecta" del poema en esta generación (creacionismo, Juan Ramón Jiménez...), destaca la estética cubista y sus intentos de una poesía "construida" y "estructurada" como un factor relevante. Blanch, *op. cit.*, pp. 227-236.

35. Dámaso Alonso, "Poética. Explicación de la poesía" en Gerardo Diego, *Poesía española contemporánea* (Madrid: Taurus Ediciones, S. A., 1966), p. 347.

36. Pedro Salinas, "Poética" en *Diego, op. cit.*, p. 303.

37. Jorge Guillén, *Lenguaje y poesía* (Madrid Alianza Editorial, 1969), p. 195.

Gonzalo Sobejano, en un estudio lingüístico del epíteto en la poesía "pura", a través de la obra de Guillén, señala algunos caracteres "funcionales" como la "abolición del epíteto enfático", "calificaciones exactas, necesarias." Gonzalo Sobejano, "El epíteto en la poesía pura: Jorge Guillén" en *El epíteto en la lírica española* (Madrid: Editorial Gredos, S.A., 2.ª ed. revisada, 1970), p. 400.

38. José Bergamín lo atestigua así: "Lo primero para el poeta de *Cántico* es ponerse en razón, en trance de razón. Por eso empieza por tomar sus medidas; por medir sus palabras; para contar con ellas para calcular el peligro." José Bergamín, "La poética de Jorge Guillén", *La Gaceta Literaria*, No. 49 (1º de enero de 1929), incluido en *Jorge Guillén*, edición de Biruté Ciplijauskaité (Madrid: Taurus Ediciones, 1975), p. 102.

39. T. S. Eliot identifica el término clásico con una "madurez" del lenguaje. Éste será reflejo de un "orden" y una "armonía" en el que la creación literaria deberá lograr un equilibrio de lo tradicional con lo nuevo. (Esto en Cuba sería una rigurosidad selectiva). T. S. Eliot, "What is a Classic?" en *On Poetry and Poets* (New York: Noonday, 1961), pp. 54-58.

Es posible notar aquí una cierta correspondencia entre las características clasicistas de "lógica, rigor y serenidad", encarnación de un ideal de "estabilidad y duración" y los ideales de esta generación hacia la "pureza". Véase Henri Peyre, "El ideal artístico del clasicismo" en *¿Qué es el clasicismo?* (México: Fondo de Cultura Económica, 2.ª ed., 1966), pp. 164-165.

40. El propio Guillén, amigo y traductor de algunas obras del poeta francés ("Le Cimetière Marin" la más importante), menciona en un artículo, incluido en un número-homenaje de la revista *Books Abroad*, el estímulo que representó Valéry por su "exactitud". Jorge Guillén, "Remembering Valéry" en Paul Valéry Centennial: A look at the man in the poet, *Books Abroad* (Autumn 1971), p. 584.

Varios críticos señalan también el interés de Guillén en la obra de Valéry por su "precisión y simetría". Véanse entre otros, C. B. Morris, "Old Poetry, New Poets" en *A Generation... op. cit.*, pp. 17-81; Biruté Ciplijauskaité, "Jorge Guillén y Paul Valéry" en *Deber... op. cit.*, pp. 87-114 y Claude Vigée, "Jorge Guillén y la tradición simbolista francesa", *Cuadernos*, París No. 46 (1960), pp. 53-59.

José Manuel Blecua, en su introducción al *Cántico* de Guillén, destaca la devoción de éste por la "exactitud" y el "equilibrio", así como por estrofas clásicas: el soneto y la décima entre otras. Jorge Guillén, *Cántico* (1936), Edición de José Manuel Blecua (Barcelona: Editorial Labor, S.A., 1970), pp. 53-55.

Por último, como nota interesante, podríamos mencionar la recolección que hace Mathilde Pomès en el número-homenaje antes mencionado de las visitas y conferencias de Valéry en la España de 1924, lo cual indica una relación personal y exposición directa de sus ideales a los intelectuales españoles de esa época. Revísese Mathilde Pomès, "Paul Valéry et l'Espagne" en *op. cit.*, pp. 592-602.

41. Dámaso Alonso, "Góngora" en *Cuatro poetas... op. cit.*, pp. 73-75. Incluido en la selección de Juan Manuel Rozas bajo el título de "Poética de Dámaso Alonso: La nueva humanización del arte", *op. cit.*, p. 166.

Según Luis Cernuda, esta fase surrealista tendrá como característica una evolución hacia un estilo, que se aleja del hermetismo anterior (fases metafórica-clasicista-gongorina) hacia uno "... cada vez más cercano a la pauta del lenguaje hablado, siendo la expresión más directa y la dicción más clara." Cernuda, *op. cit.*, pp. 167-168.

Sería relevante el hacer notar que no existió en ellos una cohesión externa de escuela, sino que utilizaron una vasta variedad de formas individuales. Véase sobre esto: Vittorio Bodini, *Los poetas surrealistas españoles* (Barcelona: Tusquets Editor, 1971), p. 13 y Paul Ilie, *Los surrealistas españoles* (Madrid: Taurus Ediciones, S.A., 1972), pp. 10-11.

42. Carlos Bousoño, "Sentido de la poesía de Vicente Aleixandre" en Vicente Aleixandre, *Obras completas* (Madrid: Aguilar, 1968), pp. 16-17.

43. Léase Juan Cano Ballesta, "Pablo Neruda y los ideales de la poesía impura" en *op. cit.*, pp. 202-212.

44. José Luis Cano, *op. cit.*, p. 23.

Es conveniente hacer notar aquí la opinión de José Ma. Castellet sobre la importancia de esta generación, la cual, según él, "proviene ante todo del hecho de que realiza en sí misma, en un plazo brevísimo... toda la revolución formal, que la poesía europea tardó sesenta años en cumplir...". José María Castellet, *Un cuarto de siglo de poesía española* (Barcelona: Editorial Seix Barral, S.A., 1966), p. 54.

Capítulo III

1. Rafael Esténger considera al *Ismaelillo* (1882) de José Martí como el iniciador de la "etapa transformadora". Junto a Casal y su obra, representa una "renovación" en la poesía. Rafael Esténger, *Cien de las mejores poesías cubanas* (Miami: Mnemosyne Publishing Inc., 1969), pp. 36-39.

Alberto Baeza Flores ha dicho al respecto: "Martí y Casal dan las notas precursoras del modernismo. El primero tiene la virtud de una más larga resonancia y de una entrega continua, aún no agotada en su variado mensaje. Casal recoge los ecos de los resplandores de Poe, Baudelaire y los parnasianos y les otorga una esencia muy propia". Alberto Baeza Flores, "Poetas y poesía de Cuba" en *Las mejores poesías cubanas* (Barcelona: Editorial Bruguera, S.A., 1955), p. 9.

Sobre las influencias generales de Poe (traducciones) así como del parnasianismo y del simbolismo en general, véase el estudio de Max Henríquez Ureña, "Las influencias francesas en la poesía hispanoamericana", *Revista Iberoamericana*, II (1940), pp. 409-410.

2. Salvador Bueno destaca en la obra poética de Martí, "una renovación total", sustentada en la "sinceridad y la libertad del artista".

De acuerdo con este crítico, Martí "es un renovador que abre caminos a la poesía futura". Salvador Bueno, *Historia de la literatura cubana* (La Habana: Editorial Nacional de Cuba, 1963), p. 315.

Alfredo Roggiano ve en los "Versos Sencillos" de Martí la etiqueta de la "modernidad", por la predominancia de lo metafórico. Consúltese su estudio, "Poética y estilo de José Martí" en Manuel Pedro González, *Antología crítica de José Martí* (México: Editorial Cultura, S.A., 1960), pp. 41-69.

Raúl Roa ha observado asimismo en los "Versos Sencillos" un antecedente del "vanguardismo poético", por la metaforización constante, "los contrastes ideológicos", los "simbolismos trascendentes", "el don sintético...". Raúl Roa, "Martí, poeta nuevo", *revista de avance*, Vol. I, No. 10 (30 de agosto de 1927), p. 255.

Cintio Vitier ha resaltado también el ideal martiano de "síntesis", así como una dimensión hacia lo futuro en sus aspectos espiritual y de estilo. Cintio Vitier, "En la mina martiana" en Ivan A. Schulman y Manuel Pedro González, *Martí, Darío y el modernismo* (Madrid: Editorial Gredos, 1974), p. 16.

3.   Emeterio Santovenia y Raúl M. Shelton, *Martí y su obra* (Miami: Educational Publishing Corp., 1970), p. 123.

4.   José Martí, "Escenas mexicanas" en *Obras completas*, Vol. 50, pp. 23-24. Cita tomada de Manuel Pedro González, "Conciencia y voluntad de estilo en Martí" en Ivan A. Schulman y Manuel Pedro González, *op. cit.*, p. 122. Lo destacado en cursiva es nuestro.

5.   En 1882, año de publicación del *Ismaelillo*, Martí esboza una teoría similar a la de Baudelaire sobre las correspondencias entre los distintos sentidos (en el periódico caraqueño *La Opinión Nacional*):

"Entre los colores y los sonidos hay una gran relación. El cornetín de pistón produce sonidos amarillos; la flauta suele tener sonidos azules y anaranjados; el fagot y el violín dan sonidos de color de castaña y azul de Prusia, y el silencio, que es la ausencia de los sonidos, el color negro. El blanco lo produce el oboe."

Citado por Manuel Pedro González en "José Martí, su circunstancia y su tiempo" en Ivan A. Schulman y Manuel Pedro González, *op. cit.*, p. 92.

El mismo profesor ha observado la utilización del azul y del oro en "función poética pura". Manuel Pedro González, "Conciencia..." *op. cit.*, p. 125. Y Ivan A. Schulman menciona el aspecto plástico de procedencia prerrafaelista, unido a lo musical y lumínico. Ivan A. Schulman, "Darío y Martí: 'Marcha Triunfal', 'El Centenario de Calderón' y 'Castelar'" en Ivan A. Schulman y Manuel Pedro González, *op. cit.*, p. 257.

6.   Manuel Pedro González, "Conciencia..." *op. cit.*, p. 145.

7.   Citado por Manuel Pedro González en "Martí, creador de la gran prosa modernista" en Ivan A. Schulman y Manuel Pedro González, *op. cit.*, pp. 195-196.

8.   La cita de este poema la hemos tomado de Juan Carlos Ghiano, *José Martí* (Buenos Aires: Centro Editor de América Latina, S.A., 1967), p. 35. Lo destacado en cursiva es nuestro.

José Lezama Lima ha visto en Martí un nacer y renacer, una perennidad:

"... en Martí su lenguaje termina por reformar la realidad... que la imagen no se extingue, que nace en lo cercano e inmediato y renace en el Eros de la lejanía. El verso de Martí: *Cesa, calla, reposa, vive* nos prepara para la sutileza del acto para el acto."

José Lezama Lima, "Introducción" a *Esferaimagen. Sierpe de Don Luis de Góngora: Las imágenes posibles* (Barcelona: Tusquets Editor, 1970), p. 18.

Oscar Fernández de la Vega, en una dedicatoria al Apóstol, lo llama "sembrador" de ideología y las preposiciones usadas: "desde", "con", "por", "hacia" confirman —en mi opinión— la vigencia martiana, generadora de nuevas modalidades. Oscar Fernández de la Vega, *Agonemas martianos* (Madrid: Playor, 1975), p. 5.

Carlos Ripoll afirma que la generación que él denomina de 1923 (la de "avance"), volverá a los ideales de Martí, como "base principal de su pensar y de su 'quehacer'". Carlos Ripoll, *La generación del 23 en Cuba y otros apuntes sobre el vanguardismo* (Nueva York: Las Américas Publishing Co., 1968), p. 70.

Por último, debo señalar que un poeta "puro" como Mariano Brull, escribirá un soneto dedicado al Apóstol, bajo el título mismo de su nombre.

9. Juan J. Remos, *Proceso histórico de las letras cubanas* (Madrid: Ediciones Guadarrama, S.L., 1958), p. 190.

Eugenio Florit ha visto en este deseo de belleza poemática por parte de Casal, un matiz artificioso, "un afán decadentista". Eugenio Florit, "Notas de un curso sobre la poesía modernista hispanoamericana", Hunter College, primavera de 1969.

Salvador Bueno cree que Julián del Casal es un representante del aspecto esteticista del modernismo, el cual —según este crítico— se caracteriza por la "evasión" y la "corrección formal". Salvador Bueno, "Contorno del modernismo en Cuba", *Cuadernos de la Universidad del Aire*, La Habana, CMQ (1949), pp. 2-3.

10. Raimundo Lazo, *La literatura cubana* (México: Universidad Nacional Autónoma de México, 1965), p. 143.

11. Julián del Casal, *Prosas*, Vol. II, "Dos encuentros", 1890. (La Habana: Edición del Centenario, 1963-1964), p. 83. Hemos tomado esta cita de Julio Hernández Miyares, "Julián del Casal: sus ideas y teorías sobre el arte y la literatura" en *Julián del Casal. Estudios críticos sobre su obra* (Miami: Ediciones Universal, 1974), pp. 51-52. Lo destacado en cursiva es nuestro.

12. Casal, *Prosas... op. cit.*, pp. 151 (I), 85, 57 (III) en Hernández Miyares, *Ibid.*, pp. 53-54. Lo destacado en cursiva es nuestro.

13. Casal, *Prosas, Ibid.*, pp. 201, 249 (I) y pp. 63, 88 (III) en Hernández Miyares, *Ibid.*, pp. 59-60, 77. Lo destacado en cursiva es nuestro.

14. Max Henríquez Ureña, *Panorama histórico de la literatura cubana* (New York: Las Américas Publishing Co., 1963), p. 279.

Oscar Fernández de la Vega y Juan F. Carvajal afirman que la primera década de la República se caracteriza por una "mediocridad" y falta de "universalidad en las letras". Oscar Fernández de la Vega y Juan F. Carvajal, "Bosquejo de la literatura cubana actual" en *Literatura cubana* (La Habana: Editorial Selecta, 1960), p. 444.

15. Eugenio Florit, "Notas sobre la poesía cubana", *Cuadernos del Congreso por la libertad de la cultura*, París (1954), pp. 60-61.

16. Raimundo Lazo percibe, en este grupo poético, un sentido crítico de "gusto más exigente", al cual cataloga como segundo de dos, dentro de la primera generación republicana. Raimundo Lazo, *La teoría de las generaciones y su aplicación al estudio histórico de la literatura cubana* (México: Universidad Nacional Autónoma de México, 1973), p. 36. Gustavo J. Godoy denomina esa tendencia como "posmodernista", caracterizada por la búsqueda de una expresión más precisa y justa. Gustavo J. Godoy, *La generación cubana de poetas posmodernistas*. Tesis doctoral, University of Miami, 1967. (Ann Arbor: University Microfilms, 1967), pp. 132-134.

17. Cintio Vitier, *Cincuenta años de poesía cubana 1902-1952* (La Habana: Dirección de Cultura del Ministerio de Educación, 1952), p. 1.

18. Enrique Anderson Imbert, *Historia de la literatura hispanoamericana*, Vol. II. Época Contemporánea (México: Fondo de Cultura Económica, 1974), pp. 31-32. Este historiador y crítico opina lo siguiente:

> "Por su esteticismo, encaminado hacia la poesía pura, Boti forma pareja con Poveda (aunque su obra se prolonga más que la de Poveda y así llega a la generación que en 1927 lanza la *Revista de Avance*)... Diferente de Boti y Poveda por su mayor proximidad a las cosas de Cuba fue Acosta... levantó vuelo con *Ala* (1915) y dio vueltas por el cielo modernista... en general la emoción nacional de Acosta es franca, realista y aún didáctica."

(Esto, como vimos, es ajeno a lo "puro" preconizado por la línea Poe-Baudelaire).

Juan Marinello ha dicho también que Boti y Poveda "son más gente de oficio", lo cual los convierte en anunciadores de lo "nuevo" en la poesía. Juan Marinello, "25 años de poesía cubana. Derrotero provisional", *Revista Bimestre Cubana*, XXXIX (junio de 1937), pp. 371-372.

Alberto Baeza Flores, en la introducción ya citada, "Poetas y poesía de Cuba", ve en Acosta a un representante de lo "nacional" desde su primer libro *Ala*, y en otra, a otro libro, *Cuatro poetas cubanos de comunicativa emoción* señala en él un *predominio* del "sentimiento" y de la "emoción" como "factores humanos de comunicación de la poesía". Alberto Baeza Flores, *Las mejores poesías... op. cit.*, p. 9 y *Cuatro poetas cubanos* (Barcelona: Editorial Bruguera, S.A., 1956), p. 10.

Raimundo Lazo, en un libro reciente, lo califica de "romántico esencial" por su creación de "auténtico contenido humano, personal o social, y de emocionado, espontáneo y resonante mensaje lírico". Raimundo Lazo, *El romanticismo: lo romántico en la lírica hispanoamericana (Del siglo XVI a 1970)* (México: Editorial Porrúa, 1971), p. 140.

Medardo Vitier esboza un ciclo de evolución en Acosta desde *Ala* (1915), libro revelador, pasando por *Hermanita* (1923), de carácter intimista, *La Zafra* (1926), de "fuerte sentido vernáculo", hasta *Los camellos distantes* (1936), donde se observa más lo "artístico". Medardo Vitier, "Agustín Acosta y los camellos distantes", *Lyceum*, III, No. 11-12 (1938), p. 25.

19. Agustín Acosta, "Agustín Acosta y el vanguardismo. Una carta desde Jagüey Grande", *revista de avance*, Vol. II, No. 17, (15 de diciembre de 1927), p. 124.

20. Agustín Acosta, "Carta de Agustín Acosta a Gustavo J. Godoy" fechada en Matanzas el 12 de febrero de 1966 e incluida como Apéndice a Gustavo J. Godoy, *La generación... op. cit.*, pp. 383-385.

Véanse sobre esto los siguientes autores: Juan J. Remos, *Historia de la literatura cubana* (Miami: Mnemosyne Publishing Inc., 1969), pp. 216-223. Salvador Bueno, "Perfil de la poesía cubana contemporánea" en *Medio siglo de literatura cubana* (La Habana: Comisión de la Unesco, 1953) pp. 54-56. José Antonio Portuondo, *Bosquejo histórico de las letras cubanas* (La Habana: Ministerio de Relaciones Exteriores, Departamento de Asuntos Culturales, 1960), p. 50. Otto Olivera, *Breve historia de la literatura antillana* (México: Ediciones de Andrea, 1957), pp. 124-126.

21. Juan Isidro Jiménez-Grullón, "Regino E. Boti" en *Seis ensayos apologéticos* (La Habana: Editorial Cromos, 1954), pp. 13-18.

22. Regino E. Boti, "Yoísmo, estética y autocrítica de Arabescos Mentales" en *Arabescos Mentales* (Barcelona: R. Tobella, 1913), pp. 13-61. Todas las citas que siguen han sido tomadas de aquí. (Este libro obtenido en la Universidad de Harvard, incluye una dedicatoria laudatoria manual de Boti a Rubén Darío, "gran renovador lírico").

23. *Ibíd.*, pp. 13, 15, 16, 32.

Jorge Castellanos ha observado en Boti al artista consciente de su labor que escribe en estado "sereno", impulsado por un aristocratismo que lo lleva hacia un aislamiento de "superioridad". Jorge Castellanos, "Whitman y Boti", *Revista de los Estudiantes de Filosofía*, La Habana, No. 2-3 (1939), p. 48.

24. Boti, *op. cit.*, p.33.

Eduardo E. López Morales destaca en él una "voluntad de estilo", en búsqueda de una expresión objetiva y serena, de "aprehensión de la palabra como hecho musical, más que como signo de comunicación; el símbolo a toda costa". Eduardo E. López Morales, "La palabra y la poética de Regino E. Boti", *Universidad de La Habana*, No. 184-185 (1967), pp. 109-110.

José Olivio Jiménez considera a Boti como un avanzado hacia la poesía pura posterior por su método "depurativo" formal, de una "serenidad" exacta.

Juan Jerez Villarreal nota el sentido sugerente de matiz simbólico y el poder condensatorio.

Véanse José Olivio Jiménez, "La poesía de Regino Boti en su momento" en *Estudios sobre poesía cubana contemporánea* (New York:

Las Américas Publishing Co., 1967), pp. 16-18 y Juan Jerez Villarreal, "Regino E. Boti", *Revista de Oriente* (agosto de 1929), p. 8.
  25. Boti, *op. cit.*, pp. 34, 61. Lo destacado en cursiva es nuestro.
  26. Regino E. Boti, "Madre Tierra" en *Arabescos... op. cit.*, pp. 149-150. Lo destacado en cursiva es nuestro. Creo que la última palabra en cursiva sugiere el deseo de obtener una contención, una "serenidad", mediante la fusión de lo clásico con lo cubano; (recordemos que yambo es el pie de la poesía griega y latina de dos sílabas y también un árbol típico antillano).
  27. Regino E. Boti, *El mar y la montaña* (La Habana: El Siglo XX, 1921).
  28. Regino E. Boti, "Antes" en *Ibíd.*, pp. 11-12.
  29. José A. Portuondo ha dicho: "... este huraño orfebre rebasa su aislamiento provinciano e impone su voz más allá de los límites de su región y de su lapso generacional, enseñando a quienes no le son coetáneos". José A. Portuondo, "Regino E. Boti", *Nuestro Tiempo*, No. 26 (noviembre-diciembre de 1958), pp. 10-11.

  Roberto Fernández Retamar menciona una línea ascendente de "pureza", que lo llevará al "poema imaginista", a lo concentrado, que estima proviene del cubismo: "... no olvida Boti la reverencia ante la pura forma poética... un miniaturista beneficiado con el conocimiento del cubismo". Roberto Fernández Retamar, "En los ochenta años de Regino E. Boti", *Islas*, Vol. I, No. 2 (enero-abril de 1959), pp. 317-322.

  Sobre este aspecto visual, miniaturista, véanse los estudios de Ángel Aparicio Laurencio, "Guantánamo en la obra de Regino E. Boti", *Boletín de la Academia Cubana de la Lengua*, Vol. VII, No. 3-4 (julio-diciembre de 1958), p. 256 y "Regino E. Boti, correspondiente de la Academia Cubana de la Lengua" en *Ibíd.*, Vol. VII, No. 1-2 (enero-junio de 1958), p. 219 y sobre características más generales, el estudio de Héctor Poveda "Los momentos estéticos de Regino E. Boti", *Orto*, Manzanillo, Cuba, XVIII, No. 6-7 (septiembre-octubre de 1929), pp. 5-16. Este crítico menciona entre otras, lo analítico, lo objetivo, lo metafórico y lo sintético.
  30. Regino E. Boti, *El mar y la montaña, op. cit.*, p. 93. Lo destacado en cursiva es nuestro. Nótese aquí el deseo de Boti, ya expresado desde *Arabescos*, de encontrar en los ideales de serenidad clásica, un punto de fusión con lo paisajista nativo. Debemos también observar un recurso de síntesis (que Mariano Brull utilizará mucho), el de los guiones.
  31. Boti, *Ibíd.*, p. 108. Lo destacado en cursiva es nuestro. Nótese el sentido de lo geométrico, de fundamentos cubistas, al cual le otorga una característica musical.
  32. Jorge Mañach, "La nueva poesía en Cuba de Regino E. Boti", *revista de avance*, Vol. II, No. 14 (30 de octubre de 1927), p. 53.
  33. Regino E. Boti, "Tres temas sobre la nueva poesía", *revista de avance*, Vol. III, No. 19 (15 de febrero de 1928); Vol. III, No. 21 (15 de abril de 1928) y Vol. III, No. 22 (15 de mayo de 1928).

34. Rafael Esténger, "Evocación de Poveda" en José Manuel Poveda, *Proemios de cenáculo* (La Habana: Ministerio de Educación, Dirección de Cultura, 1948), pp. 13-16.

35. Gustavo J. Godoy, *op. cit.*, pp. 291-295. Este relevante novelista observa, además, un "tecnicismo" a la sombra del simbolismo francés. Consúltese Enrique Labrador Ruiz, "Poveda", *Orto*, Manzanillo, Cuba, XLIV, No. 3 (1956), p. 15.

36. Introducción a José Manuel Poveda, *Versos precursores*, (La Habana: Ediciones de la Organización Nacional de Bibliotecas Ambulantes y Populares, 1958), p. 6. La primera edición de *Versos precursores* fue publicada por la Editorial El Arte, Manzanillo, Cuba, en 1917.

37. José Manuel Poveda, "Versos precursores" en *Versos precursores, op. cit.*, p. 25. Creemos ver también una relación con el principio de superioridad aislativa, postulado por Rousseau.

38. José Manuel Poveda, "Prefacio del Autor" en *Versos precursores, op. cit.*, p. 11.

39. *Ibíd.*, p. 12.

40. *Ibíd.*, p. 14.

41. *Ibíd.*, p. 20. Lo destacado en cursiva es nuestro.

42. Esténger, "Evocación"... *op. cit.*, pp. 25-26.
Como nota interesante sobre esto: la esposa de Poveda destruyó sus papeles y escritos a la muerte del poeta, lo que hizo difícil una labor de recolección.
Véase la nota biográfica que aparece en Carlos Ripoll, *Naturaleza y alma de Cuba* (New York: Las Américas Publishing Co., 1974), p. 178.

43. José Manuel Poveda, "Para una lectura de 'los poemas' del autor" en *Proemios de cenáculo, op. cit.*, p. 35.

44. Poveda, "Para la lectura de las 'Rimes Bizantines'" (de Augusto de Armas) en *Proemios, op. cit.*, p. 39.

45. Poveda, "Para la lectura de las 'Princesses D'Ivoire et D'Ivresse'" en *Proemios, op. cit.*, pp. 43-45.

46. Poveda, "Palabras a los efusivos" en *Proemios, op. cit.*, pp. 50-53.

47. Poveda, "La música en el verso" en *Proemios, op. cit.*, pp. 155-156.

48. *Ibíd.*, pp. 162-163. Esto implicaba, desde luego, una técnica consciente en el lenguaje, que mediante su depuración lo acerca a lo prístino y esencial de espiritualidad auténtica.

49. José Manuel Poveda, "Parágrafos", selección de Rafael Esténger, *Orígenes*, IV, No. 16 (1947), p. 9.

50. Cintio Vitier, *Lo cubano en la poesía*, 2.ª edición (La Habana: Instituto del Libro, 1970), p. 330.

51. Félix Lizaso, *Panorama de la cultura cubana* (México: Fondo de Cultura Económica, 1949), pp. 115-116.

52. Otto Olivera, *Cuba en su poesía* (México: Ediciones de Andrea, 1965), p. 198.

Este crítico-historiador señala los años entre 1910 y 1930 como de "incubación y triunfo de las nuevas ideas".

53. Mario Guiral Moreno, *Cuba Contemporánea. Su origen, su existencia y su significación* (La Habana: Molina y Compañía, 1940), p. 21.

54. Véase *Social*, Vol. VIII, No. 4 (abril de 1923), p. 33; Vol. XI, No. 3 (marzo de 1926), pp. 19, 62 para el prólogo de Werrie y s.p. para los "poemas en menguante" y Vol. XIV, No. 1, (enero de 1929), p. 56.

55. Léase *Social*, Vol. XII, No. 10 (octubre de 1927), pp. 22, 81, 90. Debemos aclarar que este ensayo aparece ya dentro del ciclo de "avance", al igual que los "poemas en menguante" anteriormente mencionados, por ser las fechas de publicación 1927 y 1929 respectivamente.

56. Raymond D. Souza, al referirse a la importancia de *Social* en la vida intelectual de Cuba e Hispanoamérica, menciona este deseo de unidad en las revistas de esos años y su expresión de revisión en cuestionarios y manifiestos:

> "... The intensity of the search for new artistic orientations and the deep-rooted desire for cultural and national unity are the most impressive characteristics of literary journals of the 1920s... They examined their responsibilities to society and questioned the purposes of art. Their concerns were expressed in questionnaires and manifestos, as they examined their role in society and challenged practices and policies they deemed immoral."

Raymond D. Souza, *Major Cuban Novelists. Innovation and Tradition* (Columbia and London: University of Missouri Press, 1976), p. 2.

57. Luis Aguilar menciona algunos: las revoluciones mexicana y rusa, el sentimiento anti-imperialista, la reforma universitaria argentina. Luis E. Aguilar, *Cuba 1933. Prologue to Revolution* (Ithaca and London: Cornell University Press, 1972), p. 67.

58. Ripoll, *La generación... op. cit.*, pp. 49-50.

Opinión similar, es la de Roberto Fernández Retamar al otorgarle a ese año de 1923 un carácter iniciador de "lo nuevo":

> "... es el año de la reforma universitaria, y consecuentemente del inicio de Mella en la vida pública, del Movimiento de Veteranos y Patriotas, de la Universidad Popular José Martí. Para quienes gustan de esas simetrías, podría decirse que en Cuba, el siglo XX empieza en 1923."

Roberto Fernández Retamar, "Sobre el caso Rubén Martínez Villena" en Rubén Martínez Villena, *Órbita de Rubén Martínez Villena* (La Habana: Ediciones Unión, Colección Órbita, 1964), p. 236.

59. Jorge Mañach, "La generación del 25", *Diario de la Marina* (21 de febrero de 1954), sección "Relieves", p. 4.

60. Calixto C. Masó, *Historia de Cuba* (Miami: Ediciones Universal, 1976), p. 515.

61. "La protesta de los trece" en la sección "Manifiestos" en *Órbita... op. cit.*, pp. 217-218.

Los nombres de los firmantes fueron los siguientes: Rubén Martínez Villena, José Antonio Fernández de Castro, Calixto Masó, Félix Lizaso,

Alberto Lamar Schweyer, Francisco Ichaso, Luis Gómez Wangüemert, Juan Marinello Vidaurreta, José Z. Tallet, José Manuel Acosta, Primitivo Cordero Leyva, Jorge Mañach y José R. García Pedrosa.
Raúl Roa hace unos comentarios sobre esta protesta a la cual considera como un "enérgico manifiesto a la opinión pública". Menciona además el "mensaje lírico-civil" de Martínez Villena el cual —según Roa— es anunciador de una etapa "revolucionaria".

"Pero esto es sólo un síntoma, hace falta una valla
para salvar a Cuba del oleaje maldito:
....

Hace falta una carga para matar bribones,
para acabar la obra de las revoluciones;"
....

Examínese Raúl Roa, "Una semilla en un surco de fuego" (Prólogo) en *Órbita... op. cit.*, pp. 28-31. (Este prólogo aparece también en *La pupila insomne* de Rubén Martínez Villena, publicada en 1936).

62. Emilio Roig de Leuchsenring, *El grupo minorista de intelectuales y artistas habaneros*. La Habana, Cuadernos de Historia Habanera, No. 73 (1961), p. 9.

63. Véase sobre esto: Jorge Mañach, *Historia y Estilo* (La Habana: Editorial Minerva, 1944), p. 191 y Juan de Dios Bojórquez, "Los minoristas de Cuba", *Social*, Vol. XII, No. 6 (junio de 1927), p. 35. Este último nos ofrece una descripción de lo que es el grupo, sus reuniones y actividades. (Aquí debo añadir que Mariano Brull era miembro del grupo y asistía con cierta regularidad a sus almuerzos).

Examínese también como señal de la esfera latinoamericana del "minorismo" el artículo de Bernardo Ortiz de Montellano, "Poesía nueva en Cuba", *revista de avance*, Vol. I, No. 10 (30 de agosto de 1927), p. 249, el cual reconoce la renovación artística del "minorismo".

64. "Declaración del grupo minorista" en *Órbita... op. cit.*, pp. 223-224.

65. *Ibíd.*, pp. 224-225.

66. Jorge Mañach, *La crisis de la alta cultura en Cuba* (La Habana: Imprenta y Papelería La Universal, 1925), p. 18. Esa característica de falta de seriedad "el choteo", será estudiada más a fondo en otro ensayo posterior, *Indagación del choteo* (La Habana: Ediciones Revista de Avance, 1928).

Creo oportuno recordar aquí las afirmaciones de otro escritor:

"... todo intento de comprender la actitud actual de un país, de entender el por qué de sus reacciones y su sensibilidad, tiene que partir de un recuento de sus antecedentes, de un previo conocimiento de los estímulos históricos que están actuando sobre su presente, o lo que es lo mismo, de una amplia revisión de su pasado."

Luis E. Aguilar, "Pasado y ambiente en el proceso cubano" en *Cuba: conciencia y revolución* (Miami: Ediciones Universal, 1972), pp. 28-29.

67. Jorge García Montes y Antonio Alonso Ávila, *Historia del partido comunista de Cuba* (Miami: Ediciones Universal, 1970), pp. 66-67. Sobre algunos factores determinadores que influirán en una identificación con las ideas del comunismo (el anti-imperialismo norteamericano, la dictadura machadista, el plattismo). Véanse Leopoldo Ávila, "El pueblo es el forjador, defensor y sostén de la cultura" en Lourdes Casal, *El caso Padilla, literatura y revolución en Cuba. Documentos* (Miami: Ediciones Universal, 1971), pp. 42-45; Ángel Augier, *Nicolás Guillén* (La Habana: Instituto Cubano del Libro, 1971), p. 125 y Mario Riera Hernández, *Cuba Republicana 1899-1958* (Miami: Ediciones Universal, 1974), pp. 20, 36.

Roberto Fernández Retamar esboza un paralelismo entre la insurgencia de la generación vanguardista (la de "avance") y la fundación del Partido Comunista (hace mención de Julio Antonio Mella entre sus fundadores). Revísese su ensayo, "Hacia una intelectualidad revolucionaria en Cuba" en *Ensayo de otro mundo* (Santiago de Chile: Editorial Universitaria, 1969), pp. 143-144.

68. Lo "puro" y lo "negro" se identificarán principalmente en el ansia hacia un expresión que mantuviera un estado de "pureza", con las contaminaciones "impuras" del contenido en el poema. Esto lo veremos en detalle, al referirnos a un recurso estilístico común: el de lo jitanjafórico.

69. Hortensia Ruiz del Vizo, en una antología reciente, mantiene que aunque los inicios se deben a Camín, su categoría como escuela no se establecería hasta la obra poética de Nicolás Guillén. Esta escritora cubana denomina a esa escuela "The African-Cuban Black Poetry School", la cual, según ella, sobrevivía hasta nuestros días, aunque de forma atenuada. Hortensia Ruiz del Vizo, *Black Poetry of the Americas* (Miami: Ediciones Universal, 1972), pp. 13-14.

Oscar Fernández de la Vega señala un origen remoto en los "Cantos de Cabildo" de los esclavos (Siglo XIX) y apunta el antecedente concreto de 1915 con "El grito abuelo" de José Manuel Poveda. Además, precisa a Camín como punto de arranque en 1925, aunque cita el libro de este poeta *Carteles* de 1926 como verdaderamente "iniciador". También menciona el hecho de que, en 1926, Palés Matos "inauguraba un estilo, una modalidad externa de simulación folklórica y de sugerencia innovadora" aunque advierte que esta "modalidad" ya había sido utilizada por Palés en 1921.

Resumiendo, el profesor citado cree que "Poveda anticipó una motivación, Camín inauguró una actitud y Palés un estilo posmodernista en la estructura". Léanse su ensayos "Medio siglo de poesía negrista", *Cubanacán, Revista* del Centro Cultural Cubano de Nueva York, Vol. 1, No. 1, verano de 1974, pp. 65, 68 y, más explícitos aún, los folletos "Origen del negrismo lírico antillano desde tres prespectivas" y "Negrismo hispano: un recuento", Hunter College of the City University of New York, 1984. El segundo incluye un Índice Cronológico que fue publicado en el "Almanaque Mundial" de 1974.

Enrique Noble afirma que el tema negro, como movimiento literario definido, hará su aparición en 1926 con un poema escrito por el poeta blanco puertorriqueño Luis Palés Matos, titulado "Danza Negra". Enrique Noble, *Literatura afro-hispanoamericana* (Lexington, Massachusetts/ Toronto: Xerox College Publishing, 1973), p. 6.

Por último, Adriana Tous, en un estudio de la poesía de Nicolás Guillén, opina que lo negrista como "escuela" surgirá con las publicaciones de "Bailadora de rumba" de Ramón Guirao en el suplemento literario del *Diario de la Marina* (8 de abril de 1928) y "La rumba" de José Z. Tallet en *Atuei* (agosto de 1928) y termina como tal en 1938 (tesis de Ramón Guirao). Adriana Tous, *La poesía de Nicolás Guillén* (Madrid: Ediciones Cultura Hispánica, 1971), p. 58.

    70.   Ángel I. Augier, *Nicolás Guillén... op. cit.*, p. 76.

Humberto Piñera ha señalado como manifestaciones de ese interés en lo "negro", los museos y ateliers con objetos procedentes de África; el jazz, expresión artística genuina de la era del instinto en los Estados Unidos; el éxito teatral de Josefina Baker y los libros de inspiración "negra": *Magia negra* de Paul Morand, *Viaje al Congo* de André Gide. Humberto Piñera, "Notas de un curso sobre la poesía hispanoamericana contemporánea", New York University, verano de 1968.

Es de notar aquí que el jazz ha sido visto como una forma de libertad del espíritu, de rebeldía contra lo establecido, relacionándose con las manifestaciones musicales de lo español (los gitanos entre otros). Véase J. A. Rogers, "Jazz at Home" en *The Black Aesthetic* (New York: Anchor Books, 1972), p. 105.

El poeta Guillén opina que de esas inquietudes surgiría la "moda" negra, que se convertiría en "modo" al pasar a América. Examínese Luis Alemán, "Entrevista a Nicolás Guillén", *La Pajarita de Papel*, México, No. 5-6 (1950), p. 80.

    71.   Alejo Carpentier, *La música en Cuba* (México: Fondo de Cultura Económica, Colección Popular, 1972), p. 286. Este crítico menciona como ejemplo la prohibición, en 1913, de las comparsas y los interdictos contra las fiestas de carácter religioso de los negros. Raimundo Lazo opina que el ambiente discriminatorio existente hacia lo negro era una sobrevivencia de "prejuicios coloniales". Raimundo Lazo, "Con motivo de una biografía de Nicolás Guillén", *Universidad de La Habana*, XXVIII, No. 170 (1964), p. 13.

Sobre los antecedentes históricos y raciales del negro y su situación dentro de lo literario, consúltese Rosa Valdés Cruz, *Lo ancestral africano en la narrativa de Lydia Cabrera* (Barcelona: Editorial Vosgos, S.A., 1974), pp. 14-15, 19-21. Convendría recordar aquí la traducción que de sus *Cuentos negros* hiciera el poeta Paul Valéry, lo cual indicaba el interés de los "puros" por esta modalidad.

    72.   El crítico Luis Íñigo Madrigal ha dicho al respecto:
       "Tal situación (la discriminación o segregación del negro) lleva a los intelectuales y escritores cubanos, sin distinción de color, a una actitud mental que vacila entre el descreimiento en todos los valores y la rebeldía."

Luis Íñigo Madrigal, "Introducción a la poesía de Nicolás Guillén" en *Nicolás Guillén. Antología clave* (Santiago de Chile: Editorial Nascimento, 1971), p. 9.

Pedro M. Barreda, en un artículo para la revista *Hispania*, ve en esa revalorización de lo negro una reacción contra valores "anquilosados". Pedro M. Barreda, "Alejo Carpentier: dos visiones del negro, dos conceptos de la novela", *Hispania*, Vol. LV, No. 1 (marzo de 1972), p. 34.

Oscar Fernández de la Vega y Alberto N. Pamies circunscriben lo "negrista" desde un ángulo psico-social:

"Injustamente marginados el negro y el mestizo, encontraron cauces artísticos en que volcar su triste inconformidad y su dolida protesta."

Oscar Fernández de la Vega y Alberto N. Pamies, *Iniciación a la poesía afroamericana* (Miami: Ediciones Universal, 1973), p. 9.

73. Mónica Mansour, *La poesía negrista* (México: Ediciones Era, 1973), pp. 207, 209.

74. Sobre las relaciones con este grupo, véase el epígrafe "Poesía y realidad" en Lizaso, *op. cit.*, pp. 126-128.

75. Félix Lizaso y José A. Fernández de Castro, *Antología de la poesía moderna en Cuba* (Madrid: Librería y Casa Editorial Hernando, 1926), pp. 5-6.

76. Enrique José Varona, "Carta a Lizaso y Fernández de Castro" (2 de diciembre de 1926), *Social*, Vol. XII, No. 1 (enero de 1927), p. 26. Debo hacer notar aquí que en la antología aparecen poemas de Mariano Brull (de su libro *La casa del silencio* de 1916) en la sección "orientaciones diversas". Creo que son exponentes de un tono intimista. (He de advertir que en aquel año de 1926, aparece en la *Revista Bimestre Cubana* un poema que le dedica Juan Marinello, "Anochecer en la montaña").

77. Regino E. Boti, "Un libro para la posteridad. La poesía moderna en Cuba (1882-1925)", *Social*, Vol. XII, No. 6 (junio de 1927), p. 43, 64.

78. Jorge Mañach así lo confirma: "... no se trata de un estudio de realizaciones personales diversas, sino de tendencias más o menos comunes a la nueva horda lírica que los recalcitrantes dan en llamar de 'vanguardia'...". Mañach, *La nueva poesía... op. cit.*, p. 53.

79. Regino E. Boti, "La nueva poesía en Cuba", *Cuba Contemporánea*, XLIV (mayo-agosto de 1927), pp. 55-56. (Aparece también publicado en forma de folleto en ese mismo año por la Editorial Siglo XX de La Habana).

80. *Ibíd.*, p. 57. Lo destacado en cursiva es nuestro.

81. *Ibíd.*, p. 58. Lo destacado en cursiva es nuestro.

82. *Ídem.* Lo destacado en cursiva es nuestro.

83. Carlos Ripoll, "*La revista de avance* (1927-1930), vocero de vanguardismo y pórtico de revolución", *Revista Iberoamericana*, Vol. XXX, No. 58 (julio-diciembre de 1964), pp. 262-263. Revísese también su prólogo a *Índice de la revista de avance* (New York: Las Américas Publishing Co., 1969), pp. 5-6. En él Ripoll hace mención del propósito

que animaba a esta revista: "Lo inmediato en nuestra conciencia es un apetito de claridad, de novedad, de movimiento".

84. "Directrices", *revista de avance*, Vol. I, No. 7 (15 de junio de 1927), pp. 153-154. Lo destacado en cursiva es nuestro. La profesora Rosario Rexach sostiene que la "minoría" existente en Cuba fue factor necesario al surgimiento de esta revista. "No basta... que haya un ambiente espiritual propicio para que surja una nueva revista. Es necesario, además, que haya una minoría esencialmente inquieta y al tanto del movimiento cultural de las ideas. Cuba contaba entonces también con esta minoría...". Rosario Rexach, "La Revista de Avance publicada en Habana, 1927-1930", *Caribbean Studies*, Vol. 3, No. 3 (octubre de 1963), p. 4.

Creemos oportuno el mencionar aquí la labor realizada, paralela a la *revista de avance*, por minorías cultas, a través de dos entidades: la Institución Hispanocubana de Cultura y el Lyceum Lawn Tennis Club, ambas de La Habana, que serán divulgadoras de las nuevas ideas (por ellas desfilaron figuras de gran influencia: la de García Lorca entre las más destacadas). Consúltese sobre esto: Eugenio Florit, "El Lyceum y la cultura cubana", *Lyceum*, Vol. 1, No. 3 (septiembre de 1936), p. 157, y el posterior, "Un homenaje al Lyceum", *Revista Cubana*, VI (1939), p. 287. También Rafael Suárez Solís, "El Lyceum y su aportación a la cultura cubana", *Lyceum*, Vol. XI, No. 37 (febrero de 1954), p. 52.

85. "Un aviso y una aclaración" en "Directrices", *revista de avance*, Vol. I No. 4 (30 de abril de 1927), p. 70. Lo destacado en cursiva es nuestro.

86. Lino Novás Calvo, "Los ánimos literarios en Cuba", *Revista de Occidente*, Vol. XLI, No. CCXII (agosto de 1933), p. 238. Éste dice al respecto: "La *Revista de Avance*... no se limitó a ninguna tendencia. Recogió cuanto bueno se le presentó durante los cuatro años (del 27 al 30) de su existencia, y a ella tendrá que acudir todo el que quiera conocer el movimiento literario cubano de aquellos años...". Citado por Raymond D. Souza en "Lino Novás Calvo and the Revista de Avance" en *Journal of Inter-American Studies*, University of Miami Press, Vol. X, No. 2 (abril de 1968), p. 240. De Souza confirma lo dicho de ser tiempos de experimentos en Cuba. "The time spanned by the publication of the *Revista de Avance* was a period of experimentation in Cuban literature...", p. 240.

87. Rosa Pallás, en un capítulo de su libro sobre la poesía de Ballagas, "Cuba en la primera mitad del siglo XX" ve en esta *revista de avance* una cierta similitud con la *Revista de Occidente* destacando el deseo de lo universal. Rosa Pallás, *La poesía de Emilio Ballagas* (Madrid: Playor, S.A., 1973), p. 20.

Andrés Valdespino menciona algunas revistas hispanoamericanas de metas afines: *Proa*, *Prisma* y *Martín Fierro* de la Argentina, *Horizonte* y *Contemporáneos* de México, *Los nuevos* de Uruguay y *Amauta* del Perú. Andrés Valdespino, *Jorge Mañach y su generación en las letras cubanas* (Miami: Ediciones Universal, 1971), p. 146.

88. Gastón Baquero, "Tendencias de nuestra literatura", *Anuario cultural de Cuba 1943* (La Habana: Dirección de Relaciones Culturales, 1944), pp. 264-265.

89. Félix Lizaso, "La Revista de Avance", *Boletín de la Academia Cubana de la lengua*, Vol. X, No. 3-4 (julio-diciembre de 1961), p. 21

Para una explicación de lo que lleva en un momento histórico determinado a evadirse, véase el capítulo "Literatura es evasión" en Raúl H. Castagnino *¿Qué es literatura?* (Buenos Aires: Editorial Nova, 1968), pp. 61-80. Este crítico destaca además de lo meramente psicológico de base freudiana, la hostilidad del ambiente y las motivaciones sociales y también las políticas.

90. Mañach, *Historia... op. cit.*, pp. 200-201. Lo destacado en cursiva es nuestro.

Un crítico ha destacado la búsqueda de lo autóctono por los vanguardistas en nuestra América: "... It was their own experience, their own sensibility, and their own vision that were ultimately to matter". D. P. Gallagher, *Modern Latin American Literature* (London: Oxford University Press, 1973), p. 10.

Se han mencionado asimismo las características de polémica y personalismo en lo vanguardista. Léase sobre esto David Bary, "En torno a las polémicas de vanguardia", *Memoria del Undécimo Congreso de Literatura Iberoamericana*, Universidad de Texas, México, 1965.

91. Jorge Mañach, "Vanguardismo", *revista de avance*, Vol. I, No. 1 (15 de marzo de 1927), p. 2.

92. ___ "Vanguardismo. La fisonomía de las épocas", *revista de avance*, Vol. I, No. 2 (30 de marzo de 1927), p. 20.

93. ___ "Vanguardismo. El imperativo temporal", *revista de avance*, Vol. I, No. 3 (15 de abril de 1927), p. 44.

94. Roberto Fernández Retamar, *La poesía contemporánea en Cuba* (La Habana: Orígenes, 1954), p. 28.

Creo oportuno el resaltar aquí ciertas direcciones en que se perfilará lo "negrista", que como vimos se entrecruza con lo "puro": 1) las de tema folklórico, 2) de predominancia rítmica y musical, de ascendencia jitanjafórica, 3) la de énfasis en lo económico y racial.

Examínese Rosa E. Valdés Cruz, "Tres poemas representativos de la poesía afroantillana", *Hispania*, Vol. 54, No. 1 (marzo de 1971), p. 39.

Véanse sobre metas a alcanzar en la poesía cubana después de la vanguardia: Argyll Pryor Rice, *Emilio Ballagas, poeta o poesía* (México: Ediciones de Andrea, 1966), p. 55; Emilio Ballagas, "Los movimientos literarios de vanguardia", *Cuadernos de la Universidad del Aire*, La Habana, 2° curso, No. 24 (19 de julio de 1933), pp. 97-103 y José Juan Arrom, *Esquema generacional de las letras hispanoamericanas* (Bogotá: Instituto Caro y Cuervo, 1963), pp. 198-199.

95. Manuel Navarro Luna, "El Loco", *revista de avance*, Vol. I, No. 3 (15 de abril de 1927) p. 49.

96. Se considera a su libro *Surco* de 1928 como representativo de la vanguardia y a *Pulso y Onda* de 1929 como un aprovechamiento de las

conquistas formales de ese momento, pero con aristas de más calidad "humana" o social.

Léanse Heberto Padilla, "Prólogo" a Manuel Navarro Luna, *Obra poética* (La Habana: Ediciones Unión/Poesía, 1963), pp. 6-7, y Humberto López Morales, "Ensayo de Antología" en *Poesía cubana contemporánea* (New York: Las Américas Publishing Co., 1967), p. 7.

Consúltense también Nemesio Lavié, "Captación de *Pulso y Onda*", *Orto*, XXII (1933), pp. 41-42, el cual lo considera de matiz "minoritario" y José Portogalo, "Poesía y realidad en la *Tierra herida* de Manuel Navarro Luna", *Orto*, XXVIII (1939) p. 148, el que estima a *Pulso y Onda* como un libro de "claridades perfectas".

97. Félix Pita Rodríguez, "Polirritmo de la Amada Marina", *revista de avance*, Vol. III, No. 27 (15 de octubre de 1928), p. 279.

98. Este poeta habrá de evolucionar hacia módulos con un mayor sentido de lo social. De ahí que un crítico lo sitúe junto a Navarro Luna, Regino Pedroso y Nicolás Guillén, poetas de "preocupación social". Roberto Fernández Retamar, "Introducción" a *Nueva poesía cubana. Antología poética* (Barcelona: Ediciones Península, 1970), p. 11.

99. Miguel de Unamuno, "Vanguardismo", *revista de avance*, Vol. III, No. 27 (15 de octubre de 1928), p. 269.

100. Mario Guiral Moreno, *Auge y decadencia del vanguardismo literario en Cuba* (La Habana: Editorial Molina y Cía., 1942), p. 24. Consúltese también Luis Rodríguez Embil, "El vanguardismo europeo y nuestra América", *Revista de La Habana*, Vol. 1, No. 3 (marzo de 1930), p. 284. Este crítico ve en la "serenidad" una condición necesaria hacia un arte de permanencia.

101. Regino E. Boti, "Tres temas sobre la nueva poesía: De la armazón del poema", *revista de avance*, Vol. III, No. 19 (15 de febrero de 1928), p. 50.

102. *Ibíd.*, p. 51.

103. *Ibíd.*, pp. 51, 63.

104. Boti, "Del verso" en *op. cit.*, Vol. III, No. 21 (15 de abril de 1928), p. 91.

105. *Ibíd.*, p. 93.

106. Boti, "De las directrices del poema" en *op. cit.*, Vol. III, No. 22 (15 de mayo de 1928), p. 127.

107. *Ibíd.*, pp. 127-128.

108. *Ibíd.*, p. 129.

109. *Ídem.*

110. Los poemas de Brull aparecidos en esta última revista, Vol. I, No. 5 (15 de mayo de 1927), pp. 110-111, fueron tres: 1) "La Palma Real", 2) "La Catedral", 3) "La Divina Comedia". Creo oportuno recordar aquí la aparición en esta revista, poco después de estos poemas, de algunos escritos que indicaban un interés en lo "puro". De lo francés, hemos encontrado los siguientes: Paul Valéry "¿Cómo fue mi retorno a la poesía?" Vol. I, No. 12 (30 de septiembre de 1927), p. 305; Henri Rambaud "Poética de Mallarmé" Vol. II, No.13 (15 de octubre de 1927), p. 16, (En ambos se

aprecia la importancia del lenguaje hacia la "pureza") y el de Sebastián Gasch, "Cinema puro", que se extiende más allá de lo poético, Vol. I, No. 11 (15 de septiembre de 1927), p. 279. (Se ve aquí una derivación del cubismo en su eliminación de lo anecdótico). De lo español, aparecen fragmentos de un estudio muy importante de Francisco Ichaso "Góngora y la nueva poesía", Vol. I, No. 6 (30 de mayo de 1927), p. 127, el cual será publicado también en forma de libro. Se admira en él a Góngora como un modelo de lo "puro", que implica rasgos minoritarios. (La *revista de avance* se había hecho eco ya del homenaje en España al poeta cordobés en "Directrices", Vol. I, No.4 (30 de abril de 1927), p. 70, y en el mismo número del estudio de Ichaso aparecen unos comentarios acerca de la edición crítica de Dámaso Alonso sobre *Las soledades*).

111. Eugenio Florit, "Poemas en menguante por Mariano Brull, París, 1928" en "Letras", *revista de avance*,Vol. IV, No. 30 (enero de 1929), p. 25. Este poeta y profesor, en artículo de fecha más cercana, mantiene ese criterio aunque señala coincidencias ocasionales con lo estrictamente vanguardista. Véase Eugenio Florit, "Mariano Brull y la poesía cubana de vanguardia", en "Movimientos literarios de vanguardia", *Memoria del Undécimo Congreso del Instituto Internacional de Literatura Iberoamericana*, Universidad de Texas, México 1965, p. 61.

Argyll Pryor Rice hace mención de la estadía del poeta en París por esos años y sus contactos directos con Paul Valéry. También sus relaciones con intelectuales españoles. Léase Argyll Pryor Rice, *Emilio Ballagas... op. cit.*, p. 56.

112. Eugenio Florit y José Olivio Jiménez, *La poesía hispanoamericana desde el modernismo* (New York: Appleton-Century-Crofts, 1968), p. 275.

Examínese también Salvador Bueno, "La poesía vanguardista y la poesía pura" en *Historia... op. cit.*, p. 394, el cual menciona la influencia de un ensayo de Ortega *La deshumanización del arte* y la obra de Henri Brémond; J. M. Cohen, *En tiempos difíciles. La poesía cubana de la revolución* (Barcelona: Tusquets Editor, 1970), p. 9. Este crítico destaca la hegemonía de Valéry, así como cierta deuda a Juan Ramón Jiménez. También véase Carlos M. Raggi, "Tendencias de la poesía de hoy: 1960-1975" en *Estudios literarios sobre Hispanoamérica* (Costa Rica: Círculo de Cultura Panamericano, 1976), p. 125 el cual señala un paralelismo entre la generación del 27 y la de "avance" y cita la tradición española como fundamental a lo nuevo: Machado, Juan Ramón Jiménez, Valle-Inclán.

113. Raúl Roa hace unos comentarios sobre la obra de Ichaso citada y coloca a Góngora por arriba de Mallarmé, en cuanto a lo metafórico. Raúl Roa, "Góngora y la nueva poesía de Francisco Ichaso", *revista de avance*, Vol. III, No. 22 (15 de mayo de 1928), p. 131.

Al año siguiente aparecerán dos ensayos muy importantes sobre la generación del 27 por Antonio Oliver Belmás, "La nueva poesía española", en los cuales analiza poemas de Salinas, Guillén, Lorca y Gerardo Diego Vol. IV, No. 32 (15 de marzo de 1929), pp. 80-81 y Vol. IV, No. 39 (15 de octubre de 1929), pp. 303-304.

También aparece en ese mismo año el artículo de Guillermo Díaz-Plaja "Romanticismo, nueva literatura" Vol. IV, No. 38 (15 de septiembre de 1929), pp. 274-275, el cual ve en la generación del 27 "un plano de aspiración (de romanticismo) hacia una pureza lírica" y el estudio corto de Tomás Castañeda Ledón sobre *Cántico* (Versos de Jorge Guillén) al cual considera un exponente de lo nuevo, Vol. IV, No. 31 (15 de febrero de 1929), p. 57.

El año de 1930 marcará la visita de Lorca a Cuba, apareciendo varias reseñas de sus conferencias y algunos poemas suyos (todo en la *revista de avance*).

Véase sobre esto: "Almanaque", Vol. V, No. 44 (15 de marzo de 1930); Vol. V, No. 46 (15 de mayo de 1930) y Vol. V, No. 47 (15 de junio de 1930), donde se comenta su visita y conferencia en Caibarién (José María Chacón y Calvo). También la reseña de tres conferencias para la Hispanocubana de Cultura, Vol. V, No. 45 (15 de abril de 1930).

Los tres poemas de Lorca, aparecidos ese año de 1930 (15 de abril) Vol. V, No. 45 fueron: 1) "Degollación del Bautista", 2) "Danza de la muerte", 3) "Soneto". (Ya en 1928 Eugenio Florit había escrito unos comentarios sobre su *Romancero Gitano*, en los cuales destacaba lo vanguardista y la búsqueda consciente de las imágenes).

Por último, en cuanto a lo plástico, se publica un ensayo de Gabriel García Maroto, "Picasso y el arte de siempre", Vol. V, No. 46 (15 de mayo de 1930), pp. 150-152.

114. Sería conveniente recordar aquí que la soberanía y total autonomía del pueblo cubano se encontraba aún mediatizada. La guerra entre España y los Estados Unidos nos había dado una República, en la cual el espíritu de libertad e independencia, expuesto en la Resolución Conjunta de 1898, no se había plasmado en realidad concreta. La Enmienda Platt y su carácter intervencionista impedía una plena realización del ideal independentista. Esto se reflejará en los escritores, los cuales ante ese "fatalismo", intervención imperialista, buscarían lo autóctono, como un afincamiento de la individualidad propia. Desdeñarían toda limitación impuesta en merma de la raigambre hispánica. Sobre estos aspectos deben verse, además de las historias más generales de Riera Hernández y de Masó, antes citadas, la de Herminio Portell Vilá, *Historia de Cuba en sus relaciones con los Estados Unidos y España* (La Habana: Ediciones Jesús Montero, 1938) y la de Manuel Márquez Sterling, sobre esta frustración republicana, *Proceso histórico de la Enmienda Platt* (La Habana: Rambla y Bouza, 1938).

115. Creo oportuno resaltar que en esos años se advierte una inquietud general, de ahondamiento en las esencias del arte, como medio de alcanzar una expresión "pura". Ejemplo de esto, lo fue el curso que en 1933 condujo la Universidad del Aire del Circuito CMQ de La Habana, el cual sería recogido en sus *Cuadernos*.

Juan J. Remos, en "La expresión literaria actual", destaca la tamización tipo laboratorio, que causan los afanes "puristas" de entonces.

Salvador Salazar, en "Literatura pura y social", ve en lo "puro" el alcance de la belleza en sí misma.

Francisco Ichaso, en "El dilema actual del arte" y en "Los grandes poetas contemporáneos", hace notar la influencia del simbolismo francés y los ideales de "pureza", en Paul Valéry.

116. Eugenio Florit, "Regreso a la serenidad" en *Miscelánea de estudios literarios históricos y filosóficos* (La Habana: Publicación de la Secretaría de Educación, Dirección de Cultura, 1935). Revísese también su artículo "Una hora conmigo", *Revista Cubana* (1935). Florit expresa su admiración por lo normativo y lo sereno.

117. Esto, como expusimos, seguiría la línea que mantenía, como había dicho Poe, no dejar nada al accidente o la mera intuición. El poema debe ser trabajado.

Se implicaba además un retorno al espíritu clásico de contención. Sobre este nuevo estado espiritual en lo poético "crítico-espiritual", lo cual limitaría las manifestaciones emotivas ("... limits or rather contains their manifestations"). Véase "The New Spirit and the Poets" en Guillaume Apollinaire, *The Selected Writings of Guillaume Apollinaire* (New York: New Directions, 1971), p. 227.

118. En el debate, como se pudo apreciar, Valéry había sido el defensor de una "pureza" en que predominaban lo intelectivo y lo lingüístico. Brémond había hecho hincapié en la iluminación inefable *a priori*.

119. Entre los más notables se han mencionado los nombres de Ramón Guirao, Silverio Díaz de la Rionda, Rafael García Bárcena, Juan Carvajal y Oscar Fernández de la Vega. Este último poeta me ha aclarado en una carta que me dirige que en él se ha dado una cierta afinidad con los recursos del "purismo", pero sin llegar a ser una "filiación".

120. *La poesía cubana en 1936*. Prólogo y apéndice de Juan Ramón Jiménez. Comentario final de José María Chacón y Calvo (La Habana: Institución Hispanocubana de Cultura, 1937). Esta antología, a iniciativa del poeta, tenía como criterio selectivo lo autóctono, de miras hacia lo universal. Se agregan poemas de Brull, Ballagas y Florit. También incluye poesías que califica "accidentales" (son las que considera como ejemplos de poesía revolucionaria). Armando Álvarez Bravo percibe su importancia como un remozo de lo cultural: "Los jóvenes buscan al que consideran Maestro, ven en su figura venerable el fin de una anquilosada vida intelectual". Armando Álvarez Bravo, *Lezama Lima* (Montevideo: Editorial Arca, 1968), p. 16.

121. En Eugenio Florit es posible advertir un cambio hacia lo "impuro", principalmente desde 1940. Se observa el predominio de lo más cotidiano de cada día, que en lo formal lo acerca al prosaísmo.

Dos cartas dirigidas al poeta lo atestiguan así: La primera de Agustín Acosta, fechada el 31 de marzo de 1947 "... me asombraste en la calle de O'Reilly al expresarme que habías —al fin— escrito en unos versos la palabra corazón". La segunda de Pedro Salinas con fecha del 25 de abril de 1950, a propósito de sus poemas "Conversación a mi padre": "Me gusta mucho. Tiene un tono confesional, sin patetismo; una sencillez, que a veces se acerca peligrosamente al prosaísmo". Léase el número-homenaje de la revista Exilio (invierno de 1973), pp. 49, 93 respectivamente.

En este poeta lo sencillo adquirirá un tono de religiosidad profunda en que se trata de conjugar lo vivido con lo escrito, dándole una expresión coloquial. Véase sobre esto: Eugenio Florit (sobre poesía) en *Who's Who in America* (Chicago: Marquis Who's Who Inc., 38th ed., 1974-1975), p. 1017.

Ese mismo sentido de sumergirse en el diario vivir, lo expresaría el propio poeta en una conferencia, "La poesía mía y la poesía de mi tiempo", en New York University, el 20 de noviembre de 1975. Esto lo lleva a una soledad de ahondamiento en el Yo, lo cual será temática en gran parte de su poesía posterior. Esto último lo diría una conferenciante, en presencia del poeta, Rosario Hiriart: "El tema de la soledad en la poesía de Eugenio Florit", en el Ateneo Puertorriqueño de Nueva York, el 15 de febrero de 1975.

En Ballagas, sin embargo, aunque motivaciones más "subjetivistas" (lo religioso, lo romántico) lo inclinarán hacia módulos que lo alejan de su marcada evasión ahistórica inicial, puede advertirse una preocupación más artística o formal. (*Sabor eterno* de 1939, *Nuestra Señora del Mar* de 1943 y *Cielo en rehenes* de 1955, ejemplificarán su ciclo evolutivo desde *Júbilo y fuga*).

Léanse los siguientes estudios: José María Chacón y Calvo, "La poesía de Emilio Ballagas", *Grafos*, V, No. 53 (1937); Juan Ramón Jiménez, "Guía de lectores", *Feria del libro*, Vol. 1, No. 4 (1943); José Olivio Jiménez, "La poesía de Emilio Ballagas", *Revista Hispánica Moderna*, XXXIII (1967) y el prólogo de Ángel I. Augier a *Órbita de Emilio Ballagas* (La Habana: Colección Órbita, 1972).

Capítulo IV

1. Robert Penn Warren ha sostenido que el conocimiento del hombre está determinado por lo que hacemos, vemos o somos y cualquier cambio nos afectará, cambiando nuestra capacidad de ser, ver o hacer.

Véase su ensayo "Knowledge and the Image of Man" en *Robert Penn Warren. A collection of Critical Essays* ed., John L. Longley, Jr. (New York: New York University Press, 1965), pp. 237-246.

También el crítico Guillermo de Torre ha hecho notar la importancia de lo histórico. Su criterio es que, para mejor valorar a un autor, debe haber cierta relación entre él y la época y ambientes que le toca vivir. Esto —a mi entender— influye la manera en que el poeta intuye las cosas. Guillermo de Torre, *Nuevas direcciones de la crítica literaria* (Madrid: Alianza Editorial, 1970), pp. 54-55.

2. Luis J. Bustamante, *Enciclopedia Popular Cubana* (La Habana: Cultural, S.A., 1948), p. 278.

Percy Alvin Martin, *Who's Who in Latin America* (California: Stanford University Press, 1935), p. 62.

Ronald Hilton, *Who's Who in Latin America* (California: Stanford University Press, 1951), p. 7.

3. La mayoría de estos datos biográficos —no las inferencias hechas por mí— los hemos obtenido de una carta, de fecha 24 de junio de 1974, de Ana María Brull, hija del poeta, a su hermana Silvia, la cual nos fue facilitada por ésta última.

Para una información específica sobre José Brull Seoane, véase *Enciclopedia Universal Ilustrada Europeo-Americana* (Madrid: Espasa-Calpe, 1908), p. 1078 y el *Diccionario Enciclopédico Hispano-Americano* (Barcelona: Montaner y Simón Editores, 1888), p. 971.

4. William Belmont Parker, *Cubans of Today*. (New York and London: G. P. Putnam's and Sons, 1919), p. 109.

5. *Social*, Vol. III, No. 1 (enero de 1918), p. 12. En esta breve noticia aparece la fotografía de la dama cubana, con el nombre en diminutivo, Adelita. Esto, creo, indica ya ese tono de lo "pequeño", que en su poesía se manifestaría en lo infantil.

6. Esta información nos fue dada por la hija mayor de Mariano Brull, Silvia. Por amabilidad suya, nos fue posible visitarla en su residencia de Washington, el 16 de diciembre de 1975. En lo sucesivo, nos referiremos a esta visita así: Silvia Brull, Washington, D.C.

7. El poeta Eugenio Florit ha expresado la creencia de que el vivir fuera de la patria hace que se pueda "comprenderla más y poder verla mejor." Eugenio Florit "Presencia de Cuba: Nicolás Guillén, poeta entero", *Revista de América*, Bogotá (febrero de 1948), p. 243.

Este aspecto de conocer nuevos horizontes me recuerda lo que tantas veces expresaría mi profesor de literatura Juan Fernández Carvajal, un poeta "puro" al igual que Mariano Brull: el entrar a formar parte de lo nuevo en el arte universal, conferirá a lo autóctono o propio, algo más que el color local o íntimo. Se convertiría —yo diría— en "esencia" hacia una unión de permanencia o perdurabilidad.

8. J.G.L. (Jorge Guillermo Leguía), "La conferencia del Excmo. Sr. Luis Baralt, en la Federación de Estudiantes", *Mercurio Peruano*, Año III, Vol. IV, No. 23 (mayo de 1920), p. 394.

Creo oportuno recordar aquí que uno de los puntos básicos del "minorismo", del cual Brull formaría parte, fue la unión por la concordia con los otros países de Hispanoamérica.

9. Conversación sostenida con el Dr. Carlos Márquez Sterling, en su apartamento de Nueva York, el 17 de enero de 1975.

10. Entre dos de estos espíritus afines, se encontraban la chilena Gabriela Mistral y el mejicano Alfonso Reyes. Con ellos sostendría el poeta cubano correspondencia, desafortunadamente perdida en la mayor parte. Esto último fue lo que escribió Ana María Brull, en una carta dirigida a mí, el 9 de octubre de 1975, en respuesta a una mía.

11. Felipe Pichardo Moya, "Mariano Brull", sección "Micronoticias", *Avance* (12 de junio de 1956). Pudimos leer este artículo en casa de Silvia Brull, Washington, D.C.

12. *La casa del silencio*, prólogo de Pedro Henríquez Ureña (Madrid: M. García y Galo Sáez, 1916) pp. IX, XI. Este libro, del cual veremos ejemplos más tarde, denota un sentido intimista y también un ansia de perfección. Se menciona a los prerrafaelistas ingleses (Dante Gabriel Rossetti) y sus ideales del creador aislado, así como a Juan Ramón Jiménez y el deseo hacia una plenitud, como inspiradores del libro.

Véanse además del prólogo de Henríquez Ureña al libro, lo siguiente: Lionel Stevenson, *The Pre-Raphaelite Poets* (New York: The Norton Library, 1974), pp. 3-8; Frank Kermode "The Artist in Isolation" en *Yeats. A Collection of Critical Essays* ed., John Unterecker (New Jersey: Prentice-Hall, Inc., 1963), pp. 37-42 y dos comentarios sobre el libro, uno antes de haber aparecido y el otro después de su publicación. El primero en *Social*, Vol. I, No. 11 (1916) p.17, y el otro en *Mercurio Peruano* (1916), p. 138.

13. Silvia Brull: Washington, D.C. He de aclarar que los datos específicos nos fueron facilitados por la hija del poeta, siendo nuestras la elaboración y las inferencias.

Sobre la amistad de Brull con Valéry, véase lo siguiente: Rafael Heliodoro Valle "Diálogo con Mariano Brull", *Revista de la Universidad de México*, II, No. 14 (1947), pp. 1-4. Aquí se menciona a la también muy amiga de Brull, Mathilde Pomès, a través de la cual lo conoció y Paul Valéry, *Cahiers*, Vol. 20, (París: Centre National de la Recherche Scientifique, 1960), p. 62. En estos aparece el nombre de Brull, junto al esposo de Emilie Noulet, José Carner, entre los asistentes a una conferencia.

14. Guy Silvestre "Une heure avec le docteur Mariano Brull", *Diplomacia*, La Habana, No. II (septiembre de 1946), pp. 8-9.

Loló de la Torriente, en un artículo titulado "El mundo ensoñado de Abela", se refiere a Brull como un coleccionista de pinturas, entre las cuales cita el óleo "Antillas", de Eduardo Abela, con fecha de 1928, en la ciudad de París. Nada más propicio que esto, para destacar un ansia de este poeta: la de fundir lo autóctono en lo universal. Examínese *Revista del Instituto Nacional de Cultura*, La Habana, Año I, No. 3-4 (junio-septiembre de 1956), p. 44.

Recordemos que en lo más universalista, el poeta hará mención de Picasso en su poema "Yo me voy a la mar de junio" de *Poemas en menguante*, asociándolo, a mi entender, con un mar de trópico, algo más caluroso. El poeta querrá ceñirlo bajo los principios universales del cubismo, algo fríos, quizás, pero con el propósito mental de lograr una atenuación, un equilibrio de lo más sensorial, desbordante de lo cubano.

15. Silvia Brull, Washington, D.C. La información sobre sus amistades nos fue dada por la hija del poeta.

16. Véase *Diplomacia*, La Habana, No. XLVI-VII (diciembre de 1950), p. 21 y *Belgique Amérique Latine*, Bruselas, No. 62 (20 de noviembre de 1950), p. 5.

17. Mariano Brull, *Temps en peine. Tiempo en pena* (Bruselas: La Maison du Poète, 1950).

Además de la influencia mallarmeana, se ha mencionado a Verlaine y Rimbaud, aunque en un grado menor. Véase Max Henríquez Ureña, "Tránsito y poesía de Mariano Brull", *Boletín de la Academia Cubana de la Lengua*, Vol. VII, No. 1-2 (enero-junio de 1958), p. 52.

18. Silvia Brull, Washington, D.C. (Creo que son inéditos).

19. Esto nos lo dijo el mismo poeta Florit, en una entrevista en su apartamento de Riverside Drive, New York, el 31 de enero de 1975.

Este modo de ser cauteloso habría de reflejarse en su obra —como veremos— que lo llevaría a una creatividad de cuidado, apartada de lo más multitudinario y —yo diría— de "minoría", implicando con esto lo selecto en la elaboración.

Véase, sobre aspectos que pueden aclarar la estrechez entre el autor y su obra, el artículo de la periodista uruguaya Dora Isella Russell, "Personalidad y obra poética de Mariano Brull", *América*, (octubre-diciembre de 1956), p. 43.

20. Jorge Mañach "Del claroscuro poético", *Diario de la Marina*, 23 de abril de 1954, sección "Relieves", p. 4. Examínese también su artículo "Brull y la traducibilidad de la poesía", el cual hizo su aparición dos días antes, en ese mismo periódico conservador, y que dicho sea de paso, sirvió en una gran medida a divulgar lo nuevo y dentro de esto lo "puro".

21. Una de sus traducciones más importantes aparte de "El Cementerio Marino" lo constituiría "La Joven Parca", también de Valéry. De ella existen dos versiones: una parisina de 1950 y otra habanera de 1949. Algunos comentarios aparecidos dan fe de esa manera hacia una perfección: véanse Francis de Miomandre, *Hommes et Mondes*, junio de 1951, pp. 149-150; Cintio Vitier, "Una traducción de La Jeune Parque", *Revista Cubana*, La Habana, Vol. 28 (1951), pp. 176-185. Debe revisarse, asimismo, la nota aclaratoria que aparece junto a un fragmento de esta traducción del año 1931, o sea dieciocho años antes de la publicación en forma total, lo que deja entrever un trabajo de depuración y pulimento hacia lo definitivo: Mariano Brull, "Variété. Une traduction inédite de Paul Valéry en espagnol. Fragment de La Jeune Parque", *Revue de Littérature Comparée*, 11e année, No. 1(janvier-mars 1931), pp. 74-75. (Quise incluir, como un apéndice, fragmentos de ambas traducciones del poeta).

A modo de captar la relación estrecha que había entre los poetas de la generación del '27 y lo cubano, he hallado lo siguiente: Jules Supervielle, *Bosque sin horas* (poemas), traducidos del francés por Rafael Alberti, con versiones de Pedro Salinas, Jorge Guillén, Mariano Brull y Manuel Altolaguirre. Este libro fue publicado por la Editorial Plutarco de Madrid en el año 1932. Todavía son años de vigencia "purista" en la Península, aunque atenuada, y de apogeo en Cuba, sólo cuatro años antes de la impronta personal juanramoniana.

22. Mariano Brull, "Cómo hace usted sus versos", *El Fígaro*, XXXI, No. 48 (1915), p. 769.

23. *Idem.*

24. *Idem.*

25. Esto, así creo, lo acercaría a lo asumido por Julián del Casal sobre el perfeccionamiento del artista y a lo expuesto por Regino Boti en su prólogo de *Arabescos mentales*, en cuanto a su alejamiento de lo común, mediante los poderes del intelecto.

26. Mariano Brull, "Poesía 1931", *Revista Bimestre Cubana*, Vol. XXVIII (julio-agosto de 1931), p. 15. He de aclarar, que originalmente, fue una conferencia, leída por el poeta, en aquella institución femenina de tanto alcance en lo cultural: el "Lyceum" de La Habana, en ese mismo año, el 25 de mayo. Fue parte de la serie de divulgación, "Algo sobre...".

27. *Ibíd.*, p. 15.

28. *Ibíd.*, pp. 15, 16.

29. *Ibíd.*, p. 16.

30. *Ibíd.*, p. 17. Pondérese aquí la hermandad entre las artes, lo cual es una aproximación a lo que señalamos en el soneto de Baudelaire "Correspondances". (Véase la nota 27 del capítulo I).

31. En cuanto a la fidelidad del creador consigo mismo, véase lo divulgado por Ezra Pound de que el no-mantenimiento de una filosofía auténtica debe ser castigado o penado: Ezra Pound, "The Serious Artist" en *Literary Essays of Ezra Pound* (New York: New Directions, 1968), pp. 43-44.

32. Brull, "Poesía...", *op. cit.*, p.18.

33. *Ibíd.*, p. 20. Esto denota que el lenguaje y sus poderes asociativos, de base sensorial, serán primordiales en la creación poética.

34. *Ídem*. Lo destacado en cursiva es nuestro.

35. *Ibíd.*, p. 21. Lo destacado en cursiva es nuestro.

36. *Ibíd.*, pp. 21-22. Lo destacado en cursiva es nuestro.

37. Mariano Brull, "Le poète romantique cubain Juan Clemente Zenea et l'influence française" (París: Institut des Études Américaines, 1937). Lo destacado en cursiva por nosotros son dos palabras que indicarán su admiración por el ideal francés hacia una mesura, de acuerdo con una concepción de la disciplina en el arte. Este escrito apareció en los *Cahiers de politique étrangère*, editado por Gabriel-Louis Jaray.

38. Mariano Brull, "En torno a Racine", *Revista Cubana*, XIV (1940), p. 162. (Éste sería originalmente leído por el autor en el Tercer Centenario de Racine, el 22 de diciembre de ese mismo año). Lo destacado en cursiva es nuestro.

39. Mariano Brull, "El arma secreta de Ulises", *Revista de La Habana*, No. 1 (septiembre de 1942), p. 72. Lo destacado en cursiva es nuestro.

40. Mariano Brull, "Conmemoración del aniversario de la Independencia de Checoeslovaquia el 28 de octubre de 1942", *Revista de La Habana*, No. 4 (diciembre de 1942), p. 374. (Palabras pronunciadas en el acto de la Conmemoración de la Independencia de la República de Checoeslovaquia en el teatro Fausto, de La Habana, el 28 de octubre de ese mismo año). Lo destacado en cursiva es nuestro. Nótese aquí lo moral en su aspecto de unión espiritual más allá de lo meramente geográfico.

41. Mariano Brull, "La cooperación intelectual o los caminos de la inteligencia", *Revista de La Habana*, No.3 (noviembre de 1942), p. 274. Lo destacado en cursiva es nuestro. Véase aquí, el ideal de una hermandad, en una creencia de que ésta puede lograrse a través de lo común humano en todos los seres del mundo, por medio de una creación en fe.

42. Mariano Brull, "El mercader y el libro", *Revista de La Habana*, Año I, No. 5 (enero de 1943), p. 452. Lo destacado en cursiva es nuestro. (Este trabajo fue leído en la "Feria del Libro" el 30 de noviembre). Obsérvese el sentido de lo "puro", como indagación del intelecto.

43. Mariano Brull, "Juan Clemente Zenea y Alfredo de Musset", *Revista de La Habana*, Año III, No. 26 (octubre de 1944), p. 159. (Conferencia leída en la Unión Panamericana de Washington). Compruébese ese ideal, ya más dentro de lo metafísico, de trascender la realidad poética hacia la esencia misma de ella. Lo destacado en cursiva es nuestro.

44. "Diplomáticos cubanos en el extranjero. El Ministro de Cuba en el Canadá", *Diplomacia*, La Habana, No. XXIII (junio de 1948), pp. 22-23, 39. Nótese el sentido de contención de lo armónico. Lo destacado en cursiva es nuestro.

45. Mariano Brull, "Frente y perfil del Coronel Cosme de la Torriente y Peraza, el libertador infatigable" en *Libro homenaje al Coronel Cosme de la Torriente en reconocimiento de sus grandes servicios a Cuba* (La Habana: Úcar García y Cía., 1951), pp. 321-322. Lo destacado en cursiva es nuestro.

46. Mariano Brull, "El Salón de 1917", *El Fígaro*, XXXIII, No. 1 (1917), p. 3.

47. Mariano Brull, *L'Art et la Réalité-L'Art et L'État*, Institut International de Coopération Intellectuelle, París, 1935, pp. 302-306.

Revísese además sobre esto la nota y comentario de Edwin Elmore acerca de la labor de este cubano en pro de un universalismo cultural, sustentado en la libertad y la autonomía del creador, en "Análisis y consecuencias de la intervención americana en los asuntos interiores de Cuba", *Mercurio Peruano*, VI, No. 61-62 (julio-agosto de 1923) pp. 78-79.

Esto de la "autonomía creativa", me trae a la memoria la visita del escritor existencialista francés Jean Paul Sartre a La Habana en 1960. Como parte de ella, hablaría a un grupo estudiantil, entre los que se contaba el que esto escribe. Saldrían a relucir y se discutirían ciertos aspectos de la libertad del individuo, y por extensión de la cultura. Creo importante el recordar, que para este literato-filósofo, aunque el hombre debe "comprometerse" en su época, la creación del poeta debe mantenerse alejada de todo aquello que impurifique la autenticidad del mensaje, lo cual —así creo— le confiere un carácter autonómico al creador.

Esto, desde luego, no estorbaría al deseo de unirse a lo afín o universal, que sea aprovechable por analogía. De ahí, que se haya buscado una hermandad en lo autóctono de América. (Ello me recuerda lo expresado por el argentino Ezequiel Martínez Estrada, allá por el año 1959, en una charla a un grupo de profesores).

NOTAS

Sobre esta unión o hermandad, de base étnica en idealidad martiana y bolivariana, puede verse un libro reciente de Roberto Fernández Retamar, *Calibán. Apuntes sobre la cultura en nuestra América* (México: Editorial Diógenes, S.A., 1971), pp. 10-11.

48. Véanse sobre estos aspectos mencionados: Mario Cabrera Saqui, "Segunda Conferencia Americana de Comisiones Nacionales de Cooperación Intelectual", *Revista Bimestre Cubana*, Vol. XLVII, No. 1 (enero-febrero de 1941), pp. 156-157; Enrique Gay Calbó, "La plática de La Habana", *Revista Bimestre Cubana*, Vol. XLVIII, No. 2 (noviembre-diciembre de 1941), pp. 454-455, y *Plática de La Habana. América ante la crisis mundial*. Comisión Cubana de Cooperación Intelectual (La Habana: Úcar García y Cía., 1943). El método de la discusión, para expresar criterios divergentes con vistas a una armonía en acuerdo, pudiera relacionarse con el debate de poesía pura en Francia.

Segunda Conferencia Americana de Comisiones Nacionales de Cooperación Intelectual (La Habana: Úcar García y Cía., 1943), pp. 8, 13, 15.

Y por último, el artículo de Brull, "Walter Lippmann y la política exterior de los Estados Unidos", *Revista de La Habana*, Año II, No. 20 (abril de 1944), pp. 144-152. Aquí se establecerá una especie de paralelismo entre lo humano y las relaciones de unión entre las diferentes culturas.

49. En una carta de la poetisa chilena a Brull, se menciona ese amor compartido hacia lo autóctono, en las esencias universales de un escritor como Martí: "Caro amigo Mariano Brull: ... Espero siempre, espero sin cansarme, y siempre con fruto, el regreso de mis amigos a su sangre. Casi nunca he esperado en vano... Ahora ordeno una selección que me pide Losada, de nuestro Martí. Hoy estuve leyendo en voz alta aquel largo trozo sobre las Ruinas Indias, que me da una especie de fascinación." "Fragmentos de una carta de Gabriela Mistral", *Revista Cubana*, Vol. XVII (abril-diciembre de 1943), pp. 376-377.

No olvidemos que Brull había escrito un soneto dedicado a Martí, el cual sería seleccionado por Rafael Argilagos para una antología. Véase Rafael Graciano Argilagos, *Soneto Martiano* (La Habana: Editorial Servi-Libros, 1960), pp. 35-36. Se menciona el hecho de ser, por la brevedad, apropiado para ser recitado por los niños en las escuelas. (Incluimos este soneto al final en un apéndice). También puede revisarse en Carlos Ripoll, *Archivo José Martí* (New York: Eliseo Torres & Sons, 1971), p. 43.

50. Mariano Brull, "Eternidad de Simón Bolívar", *Revista de La Habana*, No. 6 (febrero de 1943), p. 552. (Palabras leídas ante la radio emisora del Ministerio de Educación el 17 de diciembre de 1942).

51. Según se relata, Brull encontró la tenaz resistencia del machadato y la economía en depauperación de aquellos años 30. Tendría que acudir a su amiga en espíritu, Gabriela Mistral, para que diera un recital de poesías en La Habana con objeto de recaudar los fondos necesarios. El bardo cubano contribuiría, por sí mismo, con $200.00.

Véanse sobre esta labor desinteresada, en rescate de lo propio: Elías Entralgo, "José Martí. 'América'", *Revista Bimestre Cubana*, Vol. XXXVII, No. 3 (mayo-junio de 1936), pp. 456-458.

"José Martí. *América*", traduit de l'espagnol par Francis de Miomandre avec des préfaces de Jorge Mañach, Juan Marinello et Félix Lizaso (París: Institut International de Coopération Intellectuelle, 1935). Félix Lizaso, "Martí en francés", *Revista Bibliográfica Cubana*, Año I, No. 2 (marzo-abril de 1936) y "José Martí, artista", *Repertorio Americano*, XXVI, pp. 292-295. (Segunda parte del prólogo a la edición en francés de Martí, entonces en preparación en París).

Es interesante observar aquí también que Brull formará parte de un grupo dedicado a estudiar y con ello a difundir a Martí.

Sobre las actividades del grupo "Amar" y sus reuniones en el Ateneo de La Habana, revísese el artículo de Julio Rodríguez Luis, "Recuerdo de Mariano Brull", *Ciclón*, II, No. 5 (1956), pp. 3-6.

52. Sobre este sentido de liberación en la vanguardia, examínese lo expuesto por Roberto Fernández Retamar en *La poesía contemporánea...* *op. cit.*, p. 25.

53. Recuérdese lo expresado por T. S. Eliot en cuanto a ser objetivo teorético. Existirá siempre —yo creo— lo impuro de la vida, por lo cual puede verse, a pesar del intento del poeta en dirección opuesta, un contenido, un soplo de lo real.

54. En la *Gran Enciclopedia del Mundo* (Bilbao: Durván, S.A. de Ediciones, 1964), pp. 1057-1058, bajo los auspicios de Ramón Menéndez Pidal, se reconoce a Brull como creador de la jitanjáfora, en sus aspectos de libertad en juego y de "profundidad" lírica (esto implicaba una técnica).

Enrique Anderson Imbert señala igualmente este doble aspecto en él y en el juego evasivo ve algo de los dadaístas. Véase su libro, *Spanish-American Literature. A History* (Detroit: Wayne State University Press, 1963), p. 356.

55. El uso de los recursos en el lenguaje sería mencionado por el crítico Luis Alberto Sánchez, como una manera de obtener el "verso puro", en que se elimina "todo relleno conceptual". Examínese su *Breve tratado de literatura general. Notas sobre la literatura nueva* (Santiago de Chile: Ediciones Ercilla, 1952), p. 261. También sobre esto véase Pedro Henríquez Ureña, *Literary Currents in Hispanic America* (Cambridge, Mass.: Harvard University Press, 1945), p. 190.

Con vistas a una visión de más amplitud, en cuanto al lenguaje y sus poderes de crear algo esencial, de comprensión universalista, debe consultarse el estudio de Eugene Jolas "The Revolution of Language and James Joyce" en *James Joyce/Finnegans Wake. A Symposium* (New York: New Directions, 1972), pp. 79-92.

56. Alfonso Reyes, "Alcance a las jitanjáforas", *revista de avance*, Vol. V, No. 46 (15 de mayo de 1930), p. 133.

57. Rafael Heliodoro Valle, "Diálogo con Mariano Brull", Revista de la Universidad de México, II, No. 14 (1947), p. 3.

58. Alfonso Reyes, "Las jitanjáforas" en *La experiencia literaria* (Buenos Aires: Editorial Losada, 1961), p. 197.
Creo interesante apuntar aquí que la recitación lleva a lograr el perfeccionamiento en lo rítmico. Véase I. A. Richards, *Practical Criticism* (New York: Harcourt, Brace World, Inc. 1929), p. 222.
59. Revísese Reyes, *La experiencia...op. cit.*, pp. 200-210.
60. Esto, como ya vimos, se relaciona con lo "puro" en el negrismo, aunque en la poesía "pura" se ve más lo simbólico, de "sugestibilidad" en las palabras: "La poesía pura viene a ser aquella en que el poeta usa de las palabras, trasladándolas radicalmente de su sentido habitual...". Consúltese Emilio Ballagas, "La poesía nueva", *Cuadernos de la Universidad del Aire*, La Habana (septiembre de 1949), pp. 51-61.
61. Silvia Brull, Washington, D.C. He de aclarar, con vistas a cualquier malentendido, que he mantenido lo dicho en exactitud por ella. Desde luego, la modalidad expresiva variará, así como las inferencias y conclusiones que presento.
62. Lo de la cola y el burrito me hace pensar en ese juego que tantas veces yo jugaba en Cuba o veía jugar en fiestas de piñatas y otras reuniones de niños: el poner un pañuelo blanco en los ojos, dar vueltas y tratar de colocarle el "rabo" a la réplica de un burrito, colocado en una pared. Esto podría convertirse asimismo en una asociación para el poeta, en el tratar de descifrar casi intuitivamente el espacio que "contempla" y siente.
63. Esto último lo he inferido del Dios mahometano, lo cual asocio también con lo andaluz, donde la influencia árabe en "mezquita" es de todos conocida.
64. Asocio también la palabra "cundir" con "cuna" en su matiz de un movimiento hacia una "pureza" infantil, giratoria en círculo, de lo eterno. Ésta, a su vez, puede asociarse con lo cuneiforme del alfabeto griego: lo originario, de símbolos gráficos, como el niño que balbucea o gesticula, sin estar contaminado aún por lo "impuro", de un lenguaje ya desarrollado, con vivencias de impuridad.
65. Debo notar aquí que el vocablo "ánfora" es de procedencia helénica, lo cual puede asociarse con algo más típico y autóctono de su suelo natal: los famosos tinajones de Camagüey. Es posible además percibir una relación de lo sereno en esta unión de lo clásico con lo cubano "escultórico" visual, en correspondencia con lo olfativo de lo natural fluvial. Podría asimismo asociarse con lo religioso del agua bendita y lo infinito de un Dios que provee esa agua "purificadora".
66. La salamandra, que aparece en la poesía de Brull, por sus colores negros y amarillos nos da idea de la noche y los reflejos de la luz lunar. También debe asociarse con el calor del desierto, ya que es símbolo del fuego y con la palabra inicial "flama" de "Filiflama", lo que implica la llama de ese fuego que el poeta ve o imagina.
La palabra "calandra" denota "calandria" o sea alondra y la máquina que ha de prensar o satinar ciertas telas, lo cual nos lleva otra vez a la "filigrana": es canto y color, oído y vista, lo que el poeta oye y ve, en sus

andanzas por las lejanías del desierto marroquí, al igual que en Cuba, en sus escapadas a la Sierra de Nájara, de su Camagüey nativo.

67. Diversas asociaciones de palabras nos vienen a la mente con la palabra "girófara" = "alforja", "oriflama", "alcanforada", "alcandora": todas ellas de mucho regodeo en los sentidos y en sus facultades de correspondencias.

68. Haciendo las salvedades necesarias, el recuerdo acumulado en el subconsciente resurge bajo un estímulo analógico posterior, quizás ya bajo un estado de mayor madurez o serenidad, lo cual nos coloca en lo que indicamos sobre Baudelaire (línea francesa) y Bécquer (línea española).

69. Este poema haría su aparición en el libro que inicia de modo oficial —como dije— lo que se llamó poesía "pura": *Poemas en menguante* de 1928.

70. Recuérdese esa misma dualidad, en "El Loco" de Manuel Navarro Luna, como símbolo vanguardista de un ideal desconocido.

71. Silvia Brull, Washington, D.C. (Insisto en que lo exacto se mantiene, pero que la elaboración es mía).

72. Esta anécdota rememora en nosotros un juego de "intercambio monetario", en que lo real del dinero es una manera infantil de fantasear, que esconde su faz más materialista: doble juego de realidad e irrealidad, como en el caso del Brull-niño. (Este juego del "monopolio" es, en sus hojas de papel, algo así como una falsificación de lo real y lo natural, en un aprisionamiento de tablero ideal).

73. Véase en esto de lo verde, una asociación con lo andaluz lorquiano y juanramoniano. El poeta lo vería igualmente en su tierra cubana: cotorras y loros verdes, cestas de limones en andas o en carretas, al unísono del pregón.

74. Escrita antes de 1926, aunque sin que sepamos una fecha exacta, ya que el crítico cubano la habría de encontrar tiempo después, junto al libro de Brull *La casa del silencio*. Fue motivada por un programa de viaje, preparado por Chacón para su amigo, en tierras andaluzas.

75. José María Chacón y Calvo "En la muerte de un amigo: Mariano Brull", *Boletín de la Academia Cubana de la Lengua*, Vol. V, No. 1-4 (1956), p. 204. Lo destacado en cursiva es nuestro.

Nótese las correspondencias entre los distintos sentidos —visual, olfativo, auditivo, — hacia una elevación del alma, que quiere unirse a lo intacto en "pureza", de lo paradisíaco en orígenes.

76. Se ha mencionado el impacto de este recurso en el letrismo de la poesía francesa y en la obra del chileno Vicente Huidobro.

Examínese sobre esto: Max Henríquez Ureña, *Tránsito y poesía... op. cit.*, p. 61. Luis Leal, *Breve historia de la literatura hispanoamericana* (New York: Alfred A. Knopp, 1971), p. 181. También debe verse un libro reciente de George Yúdice, *Vicente Huidobro y la motivación del lenguaje* (Buenos Aires: Editorial Galerna, 1978), p. 192, donde se menciona el uso de la jitanjáfora por Huidobro. Cita a Brull como precedente de Huidobro. Entre los cubanos, veremos ejemplos de Emilio Ballagas y de Nicolás Guillén.

77. Lo rítmico, asociado con instrumentos musicales, las rumberas, los colores de sus trajes, tiene como fin la valoración sonora en las palabras, despojándolas de aquello que impurifique su esencialidad, en sensación. Véase el epígrafe "Jitanjáforas" en Rosa E. Valdés-Cruz, *La poesía negroide en América* (New York: Las Américas Publishing Co., 1970), pp. 26-28.

Esta autora ofrece como ejemplo varias palabras:

    quencúyere   ñam-ñam
    prucutú   chaqui-charaqui
    sóngoro-cosongo   piquitiqui-pan
    mabomba   calembanyé
        mancontíbiri

78. En un artículo, el poeta expresa ese deseo de fundir lo meramente de intuición, con lo más perdurable, de esencias, lo cual denota la elaboración *a posteriori*. Revísense "Poesía negra liberada", *Universidad de México*, Tomo IV, No. 18 (julio de 1937), pp. 5-6 y "Poesía afrocubana", *Revista de la Biblioteca Nacional*, La Habana, Vol. II, No. 4 (octubre-diciembre de 1951), pp. 6-18.

79. En un escrito en prosa se advierte el sentimiento religioso en lo infantil de este poeta, al pedirle al Creador o mago, que en el día de la resurrección lo devuelva a su forma de niño, con sus juguetes y fantasías de entonces. Emilio Ballagas, "El mágico prodigioso", *Grafos*, La Habana, 1938.

Y en una entrevista con la escritora puertorriqueña Isabel Cuchi Coll, le informa Ballagas sobre su ideal poético, de ir por el mundo, "sin ruido como las ardillas o las palomas". Isabel Cuchi Coll, "Charlando con el poeta sin ruido, Emilio Ballagas", *Alma Latina*, San Juan, Puerto Rico 1947, p. 19.

80. Todas las citas de los poemas de Ballagas que siguen las hemos tomado de *Obra poética de Emilio Ballagas* (Miami: Mnemosyne Publishing, Inc., 1969). El número de la página quedará entre paréntesis al final de la cita.

81. Este libro, el cual contiene solamente catorce poemas, ofrece ejemplos también en que lo social, de reivindicación del negro, es medio de una exaltación de los valores auténticos, dentro de los cubano más amplio. La siguiente estrofa de su "Comparsa habanera" lo ilustra así:

"Se asoman los muertos del cañaveral.
En la noche se oyen cadenas rodar.
Rebrilla el relámpago como una navaja
que a la noche conga la carne le raja.
Cencerros y grillos, güijes y lloronas:
cadenas de ancestro... y... ¡Sube la loma!
Barracones, tachos, sangre del batey
mezclan su clamor en el guararey."
        (*Cuadernos...* pp. 86-87)

82. Nicolás Guillén "Motivos de son" en *Antología Clave, op. cit.*, p. 32.

Quisiera hacer notar, que los años 30 verían la corrupción política en que la dictadura machadista intentaba perpetuarse en el poder, se refleja un estado de crisis económica, en que la tarifa estadounidense Hawley-Smoot afecta el precio del azúcar, creando el descontento. Pesa aún, sobre nuestra Constitución la Enmienda Platt norteamericana, la cual limita la soberanía de Cuba. Todo ello unido a la proximidad geográfica de los Estados Unidos, su poderío y política, entonces intervencionista. Véase sobre esto: Carlos Márquez Sterling y Manuel Márquez Sterling, *Historia de la Isla de Cuba* (New York: Regents Publishing Co., Inc., 1975), pp. 161, 308-309.

En cuanto a aspectos musicales y del lenguaje en lo negrista, deben verse, entre otros estudios, los siguientes:

Hilda Perera, *Idapo. El sincretismo en los cuentos negros de Lydia Cabrera* (Miami: Ediciones Universal, 1971), p. 44.

Fernando Ortiz, *La africanía de la música folklórica de Cuba* (La Habana: Editorial Universitaria, 1965), p. 223.

Ildefonso Pereda Valdés, *Lo negro y lo mulato en la poesía cubana* (Uruguay: Ediciones Ciudadela, 1970), pp. 20-21.

En relación con lo rítmico y la posible influencia del jazz norteamericano, debe verse un artículo reciente en inglés, donde se nota esa interrelación, específicamente en la imitación del sonido del tambor "one, two, three...". Consúltese Lewis Porter, "A Historical Survey of Jazz Drumming Styles", *Minority Voices*, Vol. 3, No. 1 (Fall 1979), pp. 1-19. (Esta revista es publicada por Penn State University, Paul Robeson Cultural Center).

83. Esto denotaría una creatividad en quietud y soledad, lo cual se une a características propias de personalidad que lo impulsan a ello.

Léanse sobre este proceso en la creación: Juan Marinello, *Literatura hispanoamericana* (México: Universidad Nacional Autónoma de México, 1937), p. 131 y en inglés, en dimensión más abarcadora, María Rainer Rilke, *Letters to a Young Poet* (New York: W. W. Norton & Co., Inc., 1954), pp. 17-22.

84. Esto, como expusimos, es un instinto "inmortal", según Poe, lo cual denota en sí la Belleza. Es quizás debido a ello que la crítica lo ha catalogado como un poeta de fineza, elevación y "aristocratismo" espiritual.

Véase especialmente lo dicho por dos críticos: Gaspar Betancourt, "Dos poetas representativos de la moderna lírica cubana" en *Mimetismo y otros trabajos* (La Habana: Cultural, S.A., 1937), p. 104. (Originalmente fue una conferencia leída por la Hora Radio París de la CMK del hotel Plaza, en la noche del 25 de octubre de 1934).

Enrique Gay Calbó, "Mariano Brull *Solo de rosa*. Poemas con dos rosas de Mariano y Portocarrero", *Revista Bimestre Cubana*, Vol. XLIX, No. 1 (enero-febrero de 1942), p. 153.

85. Cintio Vitier ha dicho sobre esto: "La intuición poética central de Mariano Brull (1891-1956), se sitúa en las vísperas de la realidad... de un lado la epifanía, el nacimiento prístino y continuo de lo que es; del otro

la potencia regresiva del caos... en el indeciso *antes*, en la nebulosa del ser...". Cintio Vitier, *Lo cubano...op. cit.*, p. 379.

Jorge Mañach ha explicado esta curiosidad de perplejidad ante el "de dónde venimos y adónde vamos...", como algo innato y de lo vivido: específicamente, la participación de Brull en un grupo de orientación filosófica en Lima, "La Protervia", al lado de su amigo Victor Andrés Belaúnde. Jorge Mañach, "Mariano Brull, Quelques poèmes", *Diario de la Marina*, sección "Ensayos breves" (15 de diciembre de 1925), p. 1.

86. Esta búsqueda y deseo de llegar a esencialidades me recuerda en algo lo expresado por José Lezama Lima, en una conferencia en Cuba, allá por 1960, sobre que lo poético es regreso a lo esencial auténtico. Brull, a mi entender, trata de encontrarse a sí mismo en lo infinito, lo cual es asimismo símbolo de lo propio-autóctono: el mar cubano o andaluz, en satisfacción física y espiritual.

He de añadir, también, que el anhelo hacia lo eterno originario en él pudiera asociarse, además de los rasgos ya señalados de su personalidad, con una tradición de su pueblo: el cristianismo, que en su mayoría católica, cree en sus principios del poder sobrenatural como causa primera. (Recordemos su "Verdehalago", y su asociación con lo tradicional católico de "viernes, virgen" y la abstinencia de carne en ese día en verde de "verduras", como retorno a lo más natural paradisíaco en el hombre).

87. Se observa en él esa pose de lo solitario, hacia una desnudez de esencias en silencio, lo cual trasciende la realidad del mundo contemplado. Esto podría remontarse muy bien a sus experiencias ante el mar, en contraste con la sequedad de un desierto de niño, en que el todo oceánico es imagen de algo deseado, en sus sonidos de la arena, aún informe: niño-arena; poeta-hombre; Dios-mar. Es, pues, sed espiritual de lo físico hacia lo sobrenatural.

88. Aquí debe recordarse que Cuba es una isla y, debido a su carácter insular, se halla rodeada de agua por todas partes. Posee una vegetación muy variada con abundantes ríos que la irrigan y dan fertilidad a su subsuelo. Cristóbal Colón, al descubrir esta isla, escribiría en su "Diario de viaje" lo siguiente: "Domingo 28 de octubre—(Colón) acercóse a la isla de Cuba y tomó la tierra más cercana. Aquí dice el Almirante que nunca cosa tan hermosa vió; todo el río cercado de árboles verdes y graciosísimos, diversos de los nuestros, cubiertos de flores y otros frutos, aves muchas y pajaritos que cantaban con gran dulzura, la hierba grande como en el Andalucía por abril y mayo...". Cristóbal Colón, "Diario de viaje" en Enrique Anderson Imbert y Eugenio Florit, *Literatura hispanoamericana* (New York: Holt, Rinehart and Winston, Inc., 1960), p. 13. (Esto denotaría esa analogía que hemos venido señalando entre lo cubano y lo andaluz).

89. Me refiero al libro ya mencionado antes *Rien que...(Nada más que...)* (París: Pierre Seghers Éditeur, 1954), el cual es una edición bilingüe de sus poemas. Damos las gracias al poeta y profesor Oscar Fernández de la Vega por habernos facilitado el libro, dedicado a él por

Mariano Brull en La Habana, en el mismo año de su publicación en Francia.

90. La décima en este caso representaría lo cubano —típica expresión de su campiña guajira— y la contención, hacia un clasicismo en serenidad. Recuérdese lo dicho sobre Guillén y su *Cántico*, en cuanto al uso de estrofas de equilibrio, siguiendo los postulados valerianos de simetría. (Nota 40 del Capítulo II). De hecho existe el deseo de otorgarle a lo autóctono un universalismo, en autenticidad poética.

91. Hemos tomado la cita de su poemario en décimas *Trópico*, en su *Antología penúltima* (Madrid: Editorial Plenitud, 1970), p. 53.

En este poeta lo religioso —como apuntamos antes— lo llevaría en su etapa posterior a este libro, a una soledad de gran introspección. Esto le otorgaría a su poesía un común denominador: el ahondamiento en sí mismo y la realidad del mundo, aunque variando la forma en la expresión.

Véanse entre otros estudios y comentarios los siguientes: Esther Elise Shuler "La poesía de Eugenio Florit", *Revista Iberoamericana*, Vol. VIII, No. 16 (noviembre de 1944), p. 301; Juan Ramón Jiménez, "El único estilo de Eugenio Florit", *Repertorio Americano*, Año XIX, No. 822 (1937) pp. 217-218; Juan Marinello, *Poética: ensayos en entusiasmo* (Madrid: Espasa-Calpe, S.A., 1933), pp. 45-48; y María Teresa Babín, "De tiempo y agonía (Versos del hombre solo). Libro de Eugenio Florit", *El Diario-La Prensa*, Nueva York (8 de enero de 1975). Este libro apareció publicado en 1974 por la Revista de Occidente.

También debe verse lo afirmado por el propio poeta, de que con su libro *Reino* de 1938 se ha encontrado a sí mismo, ya que como le dice su amigo Juan Ramón Jiménez en una carta de 1937, sobre los poemas de ese libro, pronto a publicarse: "... señalan el oasis a donde han salido los dos bellos caminos que usted traía (neoclasicismo y sobrerealismo consciente)... Para mí, ha encontrado usted su "Reino" (un buen título para su libro venidero)...". Revísese Eugenio Florit, "De recuerdos y libros", *Exilio* (invierno de 1973), p. 23. (Agradezco al doctor Carlos Márquez Sterling por habernos facilitado este ejemplar de homenaje al poeta).

92. Las citas de los poemas de Juan Ramón Jiménez que siguen pertenecen a su "Mar de retorno", Diario de un poeta reciéncasado en sus *Libros de poesía, op.cit.*, (Las páginas correspondientes las ponemos al final de cada cita).

93. Me refiero a su libro, ya antes citado, *Temps en peine. Tiempo en pena*, de 1950. Este libro, debo aclarar aquí fue una edición bilingüe, estando la traducción a cargo de su amiga Mathilde Pomès. Queremos reconocer la amabilidad del profesor Oscar Fernández de la Vega por habernos permitido sacar copia fotostática del libro.

94. Eugenio Florit, "El Niño Loco", *de Doble Acento* en *Antología... op. cit.*, p. 74.

Si comparamos este poema (período de 1930-1936) con otro de 1941, se podrá comprobar lo dicho antes, de adentrarse en lo más cotidiano de cada día, después de 1940. Esto lo aleja de su línea más "pura", hacia lo temporal afirmativo de hombre sobre la tierra, en su realidad punzante y hasta "tétrica".

Ya no habrá ese regreso a la "pureza" de ingenuidad de niño-loco, sino la realización pesimista de que sólo tenemos la realidad "dura" del vivir presente; con ese hilo continuo de ser un poeta-hombre-soledad:

LAS DOS NIÑAS
No, niña que preguntas, ya no quedan
aquí los huesos de la niña muerta.
Aquí no hay más que tierra.
Aquí no hay más que un nombre y una fecha
bajo el árbol y en medio de la yerba.
Aquí estamos tú y yo; tú con tus fresas
que vas cogiendo, frescas,
y yo en mi soledad de siempre, mientras
nos cae la lluvia de la primavera.
Pero ella
ya no está aquí.
....
(*Antología...*, p. 210)

95. Eso nos lleva a recordar los postulados swedenborgistas de una correspondencia "pura" entre lo natural y lo divino. (Examínese el Capítulo I sobre el simbolismo baudelariano).

Esto implicaba el deseo de descifrar lo Universal, para llegar a su esencia misma, por unión entre lo humano y lo sobrenatural.

96. Federico García Lorca, "Romance de la luna, luna" en *Obras... op. cit.*, p. 353.

97. Juan Ramón Jiménez, *Platero y yo* (Madrid: Taurus Ediciones, 1975), pp. 11, 17. Recordamos también la aventura del Brull-niño en su burrito.

98. La gran riqueza sensorial de este poemita —así como su significado de encontrar lo "puro" en lo "natural" de los sentidos— nos trae a la mente, otro poema de García Lorca:

"Su luna de pergamino
Preciosa tocando viene
por un anfibio sendero
de cristales y laureles.
El silencio sin estrellas,
huyendo del sonsonete,
cae donde el mar bate y canta
su noche llena de peces."
....
(*Romancero Gitano*, en *O. C.*, p. 354)

99. Este libro lo sería *Solo de rosa* (La Habana: La Verónica, 1941).

100. El sentido de lo antiguo y su asociación femenina nos hace recordar que esta flor, tan abundante en patios y jardines cubanos, se integra a una tradición en que la rosa es símbolo de lo maternal: su uso externo en el "Día de las madres", es como algo de "pureza" en lo que

nace, de virginidad en espíritu y también como caducidad o muerte, a lo cual hemos de unirnos en eternidad: rosa roja y clavel blanco: símbolo de lo "puro", en su autoctonismo de tradición, unido a un ansia intrínseca de la belleza.

101. Lo veremos mejor en el epígrafe sobre los procedimientos poéticos en Mariano Brull. (Será suficiente aquí precisar el lenguaje como medio de alcanzar lo originario, en una objetivación "pura").

102. Creo que "la idea misma y suave de la flor, ausencia de todos los ramilletes", expresado por Mallarmé, puede ser relacionada, en cierto sentido, con esa "maravilla no vista en los jardines", de Mariano Brull. Sería, pues, un deseo de original esencia.

103. Recuérdese aquí otra vez lo postulado por el filósofo dieciochesco Emanuel Swedenborg de que "... el mundo natural, con todo lo que contiene, existe y subsiste gracias al mundo espiritual, y ambos mundos a la Divinidad... la Palabra fue escrita por puras correspondencias...".

104. Este sentido de liberación nos recuerda otra vez la anécdota de las jaulas y los grillos, en subconsciente poético, de niñez en "pureza".

105. Mariano Brull, "Prefacio" a *Rien que... (Nada más que...) op. cit.*, pp. 11-13.

106. La crítica, en general, ha señalado, en él, un deseo de lo elevado, con una metodología, en que prima la ordenación. Esto supone una profundización en el lenguaje —es el ansia de despojarlo de lo más explícito y circunstancial de lo cotidiano— hacia lo sugestivo.

Véase lo expresado por: Benjamín Jarnés en "Poesía en creciente", sección "Revista Literaria Americana", *Revista de las Españas*, III, No. 26 (1928), pp. 515-518.

Gabriela Mistral en su nota al pie de "Guía de lectores", *Feria del libro*, I, No. 2 (1943) y Gustavo Duplessis, "Una lección de dignidad y de poesía: Mariano Brull", *Diario de la Marina*, (junio de 1956).

107. Ese deseo de expresar lo universal del lenguaje ha sido observado por Paul Valéry.

Examínese *Feria del libro*, La Habana, I, No. 2 (1943).

108. Detéctese la sombra del cancionero popular y de los romances lorquianos.

109. Es de verse aquí lo ingenioso en la ordenación de vocablos, con vistas al "efecto" asociativo, de génesis sensorial, de amor terreno que se eleva a lo más primigenio, en amor de "cielo" y "nido": el estribillo de copla popular, "vamos a buscar amores", le sirve de inicio y conclusión— de lo natural en correspondencia con lo sobrenatural.

110. Se puede entrever ese folklore del pueblo, en la veneración a sus santos en las plazas públicas, en procesiones, al unísono del cantar y repiqueteo de campanillas o "pájaros". La virgen María en un sincretismo, que asocia las mujeres de pueblo Rosa, Carmen y Pilar con las santas-vírgenes de esos nombres, le sirve al poeta como procedimiento de lo "jitanjafórico": "combinación" con vistas a un efecto musical. Creo ver en esas tres "jitanjáforas" que "trinan", a las tres hijas del poeta, que se unen

a una "pureza" originaria, en silencio primero: de madre-virgen "Jitanjáfora" de la "Soledad".

111. En este libro, *Poèmes* (Bruxelles: Les Cahiers du Journal des Poètes, 1939), que ya habíamos mencionado anteriormente, muchos de sus poemas aparecen en libros anteriores y posteriores. Contiene, como dije, prefacio de Paul Valéry y las traducciones de los poemas de Brull al francés por Mathilde Pomès y Edmond Vandercammen. Debo aclarar que existen ciertos cambios, lo cual indicaría ese afán tan suyo de llegar a una perfección plena.

112. Nótese la tradición que se nutre de elementos nuevos formales, aportados por lo subconsciente y la libertad verbal de la vanguardia: "afilar", "diente", "gritos", "acero".

113. La colocación de las palabras nos da una idea de esa libertad vanguardista hacia una búsqueda de algo idealizado— "arranca-luz-pecho"/"pone alas"/"rueda-fuego"/"noche"/"rosa", en un ritmo aliterativo, que nos dan la sensación de un movimiento.

114. Aquí la repetición de los vocablos "viento", "cuchillo", "pluma", le sirven de eje musical al logro de esa inefabilidad de un fluido, que se siente, pero que nos es imposible alcanzar o comprender: de ahí que se "corte" y se "reme" en punzante baile, por llegar a ese ideal de "pureza".

115. Obsérvese la bifurcación o doble línea de lo nacional autóctono (la palma real) y lo extranjero importado o más bien asimilado de vanguardismo hacia lo "sereno". No podemos, pues, adscribirlo a una tendencia específica, a no ser la "autenticidad", que lo guía a una "pureza".

Sobre lo imposible de situarlo o encasillarlo en lo martiano cubano o valeriano francés, consúltese Esteban Roldán Oliarte, *Cuba en la mano— Enciclopedia Popular Ilustrada* (La Habana: Úcar García y Cía., 1940), p. 829.

116. Hago constar aquí que ese poema aparece después en su libro *Solo de rosa* (p. 11). He notado algunos cambios, los cuales considero menores: puntuación y la palabra "amaranto" que cambia de "amarante", deseo de despojarla de su valor real en significado, hacia otro más sugerente de amar en lo anterior, "amar/ante" y "amaranto" sería la realización más concreta de ese deseo en cierne hacia lo "puro" que no ha cristalizado.

117. Lo destacado en cursiva, como modo de ilustración de lo dicho, es nuestro.

118. El poeta no los usará a modo de simple decoración externa, sino con el objetivo consciente de crear en el ánimo del lector una "pureza", de estética más bien interna.

Sobre estas relaciones de colores y una creación "pura", véase el epígrafe "An Art of Pure Form" en Herbert Read, *Art and Society* (New York: Schocken Books, 1974), pp. 124-126.

119. Lo destacado en cursiva es nuestro. Nótese como se asocia sensorialmente el amarillo del espino en su aspecto exterior y el mundo interno de soledad en el poeta, que quiere la protección en la unión de lo

natural y divino (de frialdad contemplativa hacia calor en lo lejano de infinitud).

120. Lo destacado en cursiva es nuestro. Ha de observarse ese predominio en concordancia de colores terrestres y marinos, en que los reflejos se entrelazan, como una miríada de asociaciones colorativas entre "peces", "faisanes", "pinos" y "mar", en la búsqueda de esa víspera anterior a lo creado.

121. Lo destacado en cursiva es nuestro. El canto sensorial de lo natural lo lleva aquí a corresponderse con los colores, en libertad plena, en una desarticulación, que es a la vez prueba de la existencia de una Belleza, en calma de "pureza" primera.

122. Lo destacado en cursiva es nuestro. Véase en esa "lunita" y "estrellita" una condensación de esa enanitud o niñez anterior, en la que el poeta desea estar.

123. Lo destacado en cursiva es nuestro. Nótese ese mundo en diminuto de lo natural, como si el poeta jugara con él y que teme su desaparición de paraíso encantado por el ojo nocturno, que envolverá en tinieblas su luz de mañana primera.

124. Lo destacado en cursiva es nuestro. Es aquí la dispersión de lo natural en reflejo, lo que el poeta desea apresar, como algo que se quiere reducir a sus esencias. Lo infantil, es más bien una reducción de la visión, a sus correspondencias sensoriales en pequeñez de niño, que desea cercar lo "puro" extraterreno en su reducto humano.

125. Sobre estos principios de sobriedad y justeza en la expresión, es de apreciarse la influencia que ejercería Enrique José Varona sobre los escritores y poetas de esos años innovadores, hacia lo "puro".

Léase Medardo Vitier, *La lección de Varona* (México: El Colegio de México, 1945), pp. 63-64.

126. Recuérdese lo expuesto sobre Mallarmé y su búsqueda de la palabra justa y adecuada: "Je te jure qu'il n'y a pas un mot qui ne m'ait coûté plusieurs heures de recherche". Esto llevaría a una concentración, "The Concentration of Pure Poetry". (Véase el Capítulo I).

127. La selección es en orden cronológico de sus libros: 1-3 *Poemas en menguante* 4. *Canto redondo* 5. *Solo de rosa* 6. *Tiempo en pena...* 7. *Rien que... (Nada más que...).*

128. No debe olvidarse, sin embargo, su libro de 1916, *La casa del silencio*, del cual aparecieron ejemplos en la antología tan importante de 1926, a cargo de Félix Lizaso y José A. Fernández de Castro. Aunque de naturaleza muy intimista, aquel libro dejaba ya entrever un anhelo de serenidad, que sería piedra angular de la poesía "pura" en Cuba, como encauzamiento de lo vanguardista, en moldes más depurados y quintaesenciados.

129. Como ejemplificación de lo que creo pudiera ser un deseo de apresar la Belleza de lo ignorado, de aquello "originario" libre de toda prisión conformadora —así como Brull en su "Epitafio"— he seleccionado un poema suyo, no muy largo, de "Enemigo rumor" (1941) parte primera, "Filosofía del clavel".

RUEDA EL CIELO

Rueda el cielo —que no concuerde
su intento y el grácil tiempo—
a recorrer la posesión del clavel
sobre la nuca más fría
de ese alto imperio de siglos.
Rueda el cielo —el aliento le corona
de agua mansa en palacios
silenciosos sobre el río—
a decir su imagen clara.
Su imagen clara
Va el cielo a presumir
—los mastines desvelados contra el viento—
de un aroma aconsejado.
Rueda el cielo
sobre ese aroma agolpado
en las ventanas,
como una oscura potencia
desviada a nuevas tierras.
Rueda el cielo
sobre la extraña flor de este cielo,
de esta flor,
única cárcel:
corona sin ruido.

José Lezama Lima, *Poesía completa* (Barcelona: Barral Editores, 1975), pp. 21-22.

130. En el primer número de la revista *Orígenes* (1944), órgano de ese grupo, se formula una serie de principios definidores, entre los que se encuentran el de una libertad, hacia una plenitud auténtica: "desenvolverse dentro de una ganada libertad... la libertad consiste para nosotros en el respeto absoluto que merece el trabajo por la creación, para expresarse en la forma más conveniente a su temperamento...". La "pureza" en ellos estará dada no por algo impuesto o preconcebido, sino por una "plenitud que día a día logre diseñar..." en "una absorción depurada de sus raíces, en lo esencial de su desnudez...". Los editores, "Orígenes", La Habana, Año I, No. 1 (1944), pp. 5, 6.

131. Dos poemas de Brull, "Víspera" y "Última Rosa", aparecen en la revista *Orígenes*, Año IV, No. 14 (verano de 1947). Había otros que indicaremos en la sección bibliográfica.

Lezama Lima, en respuesta a un entrevistador, afirma su creencia en una vuelta a lo esencial en plenitud lograda: "Yo quería que la poesía que allí apareciera fuera una poesía de vuelta a los conjuros, a los rituales, al ceremonial viviente del hombre primitivo. Es muy curioso que un poeta como Mallarmé, que disfrutaba de una gran tradición, llegase en sus años de madurez a apetecer un arte de conjuro, de jefe de tribu, como si en esa esencia que buscase la poesía se encontrase a la vez el primitivismo y la elaboración más castigada".

Léase Armando Álvarez Bravo, "Conversación con Lezama Lima", *Mundo Nuevo*, París No. 24 (junio de 1968), p. 33.

Véanse también unas palabras de Lezama que explican o aclaran su deseo de volver a los orígenes u "oscuridades intocables", a través de Baudelaire y Mallarmé. José Lezama Lima, "El Pen-Club y Mallarmé", *Orígenes*, Año V, No. 19 (otoño de 1948), pp. 36-40.

132. Sobre estos aspectos de superación de lo más estrictamente formal en lo "puro", hacia una nueva línea de "especulación" religiosa y otras corrientes, analícense:

José A. Portuondo, "Formalismo 1940-1958" en *Bosquejo histórico de las letras cubanas* (La Habana: Ministerio de Educación 1960), pp. 72-74.

J. M. Cohen, *Writers in the New Cuba. An Anthology* (England: Penguin Books, Ltd., 1967), p. 8. Este autor destaca, en Lezama y su poesía hermética, la sombra europea de Mallarmé, entre otros.

Dos escritos aparecidos en *Ínsula*, No. 260-261 (julio-agosto de 1968). El primero de María Zambrano, "Cuba y la poesía de Lezama Lima", p. 4 y el otro de Federico Álvarez, "Cuba, hoy. Poesía", p. 1. Se hace mención en ambos de una nueva etapa "superadora" de la anterior.

Fausto Masó, "Literatura y revolución en Cuba", *Mundo Nuevo*, No. 32 (febrero de 1969), p. 53. El autor destaca el aislamiento en que se sumerge el escritor de esos años: su escapismo.

Mario Benedetti, Alejo Carpentier, Julio Cortázar, Miguel Barnet, *Literatura y arte nuevo en Cuba* (Barcelona: Editorial Estela, 1971), p. 21. Se menciona aquí la formación católica del grupo, alrededor de "Orígenes".

133. Como comprobación de esto debe consultarse lo siguiente: Roberto Fernández Retamar y Fayad Jamis, *Poesía joven de Cuba* (La Habana: Segundo festival del libro cubano, 1960).

José Agustín Goytisolo, *Nueva poesía cubana* (Barcelona: Ediciones Península, 1970), p. 16. El autor menciona el trascendentalismo purista de los poetas de "Orígenes" y su contraste con poetas más inspirados en la circunstancia actual.

José Mario, "Novísima poesía cubana", *Mundo Nuevo*, No. 38 (agosto de 1969).

Nathaniel Tarn, *Con Cuba. An Anthology of Cuban Poetry of the Last Sixty Years* (London: Cape Goliard, 1969).

Ana Rosa Núñez, *Poesía en éxodo* Miami: (Ediciones Universal, 1970).

Orlando Rodríguez Sardiñas, *La última poesía cubana* (Madrid: Hispanova de Ediciones, 1973), pp. 15-17.

Este último destaca la dualidad en la búsqueda de los orígenes y la serenidad de los poetas puros: Brull, entre ellos, y el predominio de lo hermético.

Léase además de este mismo autor-poeta, "Cuba: poesía entre revolución y exilio", *Revista Interamericana Review*, Universidad Interamericana de Puerto Rico, Vol. IV, No. 3 (Fall, 1974), p. 359.

134. Como un ejemplo debo citar una reseña sumamente reciente en la cual se comenta el libro de un poeta del grupo de "Orígenes", Justo Rodríguez Santos, *Los naipes conjurados*, publicado en Madrid en 1979, y se afirma con ello la perdurabilidad concreta y específica de lo "puro" en un libro. Esto confirma lo dicho sobre su extenso radio de influencia y su supervivencia en la hora de hoy.

Revísese Heriberto Hernández, "Las flechas trascendentales de Justo Rodríguez Santos", *El Diario-La Prensa*, Nueva York (20 de junio de 1980), p. 23. (Esta reseña aparece, junto con otra, "Todo Nueva York para Picasso", sobre su exhibición en el Museo de Arte Moderno, lo cual indica la fuerza de un arte universalista en nuestros días).

He de notar que Justo Rodríguez Santos seleccionaría a Mariano Brull para una *Antología del soneto*, editada por la revista *Clavileño*, de ese mismo grupo. (El dato aparece en José A. Portuondo, "Tarjetero: Cuba literaria (1942)", *Revista Bimestre Cubana*, Vol. LIII, No. 2 (1944), p. 164.

Como otra indicación de la influencia de lo "puro" en poetas notables de hoy, debo hacer mención de un libro también reciente de Gastón Baquero, *Memorial de un testigo* (Madrid: Ediciones Rialp, 1966) el cual aparece dedicado en memoria, entre otros, a Mariano Brull.

Este mismo poeta y periodista tendría a su cargo el libro de antología poética de Mariano Brull, de fecha muy cercana, bajo el título de su primer libro, *La casa del silencio* (Madrid: Ediciones Cultura Hispánica, 1976).

135. Lo menciona Rafael Suárez Solís en su artículo "Adiós", para el *Diario de la Marina*, a la muerte del poeta en 1956.

BIBLIOGRAFÍA

He decidido dividir la bibliografía en cinco secciones: 1) General: obras generales, de teoría o crítica. 2) Francia: obras que se relacionan con el desarrollo de lo que se entendió, históricamente, como poesía "pura" en ese país, lo cual incluye al poeta-crítico norteamericano Edgar Allan Poe. 3) España e Hispanoamérica: al igual que en la anterior, obras que tienen que ver con el fenómeno de lo "puro" en la península y los países hispanoamericanos. 4) Cuba: estudios generales y específicos. Todos ellos, en relación directa con el período de configuración hacia la "pureza", lo cual incluye a poetas y movimientos que aparecen situados dentro de esa órbita. 5) Mariano Brull: en el poeta clave de nuestra disertación, he creído conveniente dividir su bibliografía en seis partes. Sus libros de poesía, incluyendo traducciones; después poemas sueltos que aparecieron en revistas o periódicos; antologías, que contienen algunos de sus poemas; escritos en prosa; enciclopedias y referencias bibliográficas; y, finalmente, artículos o estudios cortos sobre Mariano Brull.

Por último, he considerado de importancia añadir dos apéndices. El primero, con dos poemas del autor que no aparecen en sus libros y creo representan una vertiente, en que se evidencia la motivación de lo subjetivo: "José Martí" y "A Alfonso Reyes en el Cincuentenario de sus Bodas con la poesía".

El segundo, fragmentos de sus dos traducciones mayores de Paul Valéry: "El Cementerio Marino" y "La Joven Parca". En el primero, con el segmento equivalente de la versión de Jorge Guillén, y en el segundo, con fragmentos de las dos versiones existentes, la de 1949 y la de 1950.

General

Alonso, Amado. *Materia y forma en poesía*. Madrid: Editorial Gredos, 1960.

Anderson Imbert, Enrique. *Métodos de crítica literaria*. Madrid: Editorial Revista de Occidente, 1969.

Aquino, Santo Tomás de. *Suma teológica (Selección)*. Madrid: Espasa-Calpe, S.A., 1966.

Bell, Clive. "The Debt to Cézanne" en *Art*. New York: Capricorn Books, 1958.

Bierwisch, Manfred. *El estructuralismo. Historia, problemas, métodos*. Barcelona: Tusquets Editor, 1971.

Blackham, H. J., ed. *Reality, Man and Existence: Essential Works of Existentialism*. New York: Bantam Books, 1965.

Bousoño, Carlos. *Teoría de la expresión poética*. 4.ª ed. Madrid: Editorial Gredos, 1966.

Bradbury, Malcolm y David Palmer. *Crítica contemporánea.* Madrid: Ediciones Cátedra, S.A., 1974.
Castagnino, Raúl H. *El análisis literario. Introducción metodológica a una estilística integral.* 8.ª ed. Buenos Aires: Editorial Nova, 1973.
— *¿Qué es literatura?* Buenos Aires: Editorial Nova, 1968.
Coseriu, Eugenio. *Teoría del lenguaje y lingüística general.* Madrid: Editorial Gredos, 1962.
Díaz-Plaja, Guillermo. *Ensayos sobre literatura y arte.* Madrid: Aguilar, S.A., 1973.
— *Modernismo frente a Noventa y Ocho.* Madrid: Espasa-Calpe, S.A., 1951.
Eastman, Max. "The Tendency Toward Pure Poetry". *Harper's,* magazine CLIX, July 1929.
Eliot, T. S. *On Poetry and Poets.* New York: Noonday, 1961.
— *Selected Essays.* London: Faber & Faber, Ltd., 1951.
Freud, Sigmund. *Psicoanálisis del arte.* Madrid: Alianza Editorial, 1973.
Friedrich, Hugo. *La estructura de la lírica moderna.* Barcelona: Seix Barral, 1974.
Frye, Northrop. *Anatomy of Criticism: Four Essays.* New Jersey: Princeton University Press, 1957.
Guiraud, Pierre. *La estilística.* Buenos Aires: Editorial Nova, 1967.
Hauser, Arnold. *Literatura y manierismo.* Madrid: Ediciones Guadarrama, 1969.
Jolas, Eugene. *James Joyce/Finnegans Wake. A Symposium.* New York: New Directions, 1972.
Joyce, James. *The Critical Writings.* New York: The Viking Press, 1964.
Kostelanetz, Richard, ed. *On Contemporary Literature.* New York: Avon Books, 1964.
Lázaro, Fernando. *Estilo barroco y personalidad creadora.* Salamanca: Ediciones Anaya, S.A., 1966.
Levin, Samuel R. *Estructuras lingüísticas en la poesía.* Presentación y apéndice de Fernando Lázaro Carreter. Madrid: Ediciones Cátedra, S.A., 1974.
Marías, Julián. *Historia de la filosofía.* 12.ª ed. Madrid: Manuales de la Revista de Occidente, 1960.
— *Introducción a la filosofía.* 9.ª ed. Madrid: Manuales de la Revista de Occidente, 1967.
Maroto, Gabriel G. "Picasso y el arte de siempre", *revista de avance,* Vol. V, No. 46, 15 de mayo de 1930.
Moore, George. *An Anthology of Pure Poetry.* New York: Horace Liveright, 1925.
Ortega y Gasset, José. *La deshumanización del arte.* Madrid: Ediciones de la Revista de Occidente, 1967.
Pagnini, Marcello. *Estructura literaria y método crítico.* Madrid: Ediciones Cátedra, 1975.
Peyre, Henri. *¿Qué es el clasicismo?* 2.ª ed. México: Fondo de Cultura Económica, 1966.
Poggioli, Renato. *Teoría del arte de vanguardia.* Madrid: Ediciones de la Revista de Occidente, 1964.

Porter, Lewis. "A Historical Survey of Jazz Drumming Styles", *Minority Voices*, Vol. 3, No. 1, Fall, 1979.
Portuondo, José A. *Concepto de la poesía*. México: Colegio de México, 1945.
Pottle, Frederick A. *The Idiom of Poetry*. Ithaca-New York: Cornell University Press, 1941.
Pound, Ezra. *Literary Essays of Ezra Pound*. Edited with an introduction by T. S. Eliot. New York: New Directions, 1968.
Preminger, Alex, ed. *Princeton Encyclopedia of Poetry and Poetics*. New Jersey: Princeton University Press, 1974.
Read, Herbert. *Art and Society*. New York: Schocken Books, 1974.
Richards, I. A. *Practical Criticism*. New York: Harcourt, Brace and World, 1929.
Rilke, Rainer María. *Letters to a Young Poet*. New York: W. W. Norton and Co., Inc., 1954.
Rogers, J. A. "Jazz at Home", *The Black Aesthetic*. New York: Anchor Books, 1972.
Sánchez, Luis Alberto. *Breve tratado de literatura general. Notas sobre la literatura nueva*. Santiago de Chile: Ediciones Ercilla, 1952.
Socarrás, Cayetano J. *Gramática de la lengua española*. New York: Las Américas Publishing Co., 1975.
Stevenson, Lionel. *The Pre-Raphaelite Poets*. New York: The Norton Library, 1974.
Tate, Allen, ed. *The Language of Poetry*. New York: Russell and Russell, 1960.
Thorpe, James, ed. *Relations of Literary Study. Essays on Interdisciplinary Contributions*. New York: Modern Language Association of America, 1967.
Tindall, William York. *W. B. Yeats*. New York and London: Columbia University Press, 1966.
Tomás, T. Navarro. *Métrica española. Reseña histórica y descriptiva*. Madrid-Barcelona: Ediciones Guadarrama, 1974.
Torre, Guillermo de. *Nuevas direcciones de la crítica literaria*. Madrid: Alianza Editorial, 1970.
Unterecker, John, ed. *Yeats. A Collection of Critical Essays*. New Jersey: Prentice-Hall, Inc., 1963.
Valverde, José María. *Estudios sobre la palabra poética*. Madrid: Ediciones Rialp, 1958.
Warren, Robert Penn. *A Collection of Critical Essays*, ed. John L. Longley, Jr. New York: New York University Press, 1965.
— "Pure and Impure Poetry", *Kenyon Review,*. Vol. V (1943).
Wellek, René y Austin Warren. *Teoría literaria*. Madrid: Editorial Gredos, 1966.

Francia

Adam, Antoine. *The Art of Paul Verlaine*. New York: New York University Press, 1963.
Apollinaire, Guillaume. *Selected Writings*. New York: New Directions, 1971.

Balakian, Anna. *El movimiento simbolista*. Madrid: Ediciones Guadarrama, 1969.
Baudelaire, Charles. *L'Art romantique*. París: Garnier-Flammarion, 1968.
— *Obras*, trad. de Nydia Lamarque. Madrid: Aguilar, S.A., 1961.
Bandy, William T. *The Influence and Reputation of Edgar Allan Poe in Europe*. Maryland: Frank T. Cimino Co., 1962.
Bornecque, Jacques-Henri. *L'Art poétique de Verlaine*. Istambul: Dialogues, 1956.
Brémond, Henri. *La Poésie Pure avec "un débat sur la poésie" par Robert de Souza*. París: Bernard Grasset, 1926.
— *Prière et Poésie*. París: Bernard Grasset, 1926.
— *Racine et Valéry: notes sur l'initiation poétique*. París: Bernard Grasset, 1930.
Breton, André. *Manifestes du Surréalisme*. París: Librairie Gallimard, 1965.
Cohn, Robert Greer. *Toward the Poems of Mallarmé*. Berkeley and Los Angeles: University of California Press, 1965.
Cornell, Kenneth. *The Symbolist Movement*. New York: Archon Books, 1970.
Cooperman, Hasye. *The Aesthetics of Stéphane Mallarmé*. New York: Russell and Russell, 1971.
Chadwick, Charles. *Symbolism*. London: Methuen and Co., Ltd., 1971.
Chiari, Joseph. *Contemporary French Poetry*. New York: Books for Libraries Press, 1968.
— *Symbolisme from Poe to Mallarmé*. London: Rockliff Publishing Corp., 1956.
Chisholm, A. R. *Mallarmé's Grand Oeuvre*. Great Britain: Manchester University Press, 1962.
Decker, Henry W. "Baudelaire and the Valéryan Concept of Pure Poetry", *Symposium*, Summer, 1965.
— *Pure Poetry, 1925-1930. Theory and Debate in France*. Berkeley: University of California Press, 1962.
Destéfano, José Rafael. *Baudelaire y otras rutas de la nueva literatura*. Buenos Aires: El Ateneo, 1945.
Duplessis, Ivonne. *El surrealismo*. Barcelona: Oikos-Tau, S.A., 1972.
Eliot, T. S. *From Poe to Valéry*. New York: Harcourt, Brace and Company, 1948.
Fowlie, Wallace. *Rimbaud. A Critical Study*. Chicago and London: The University of Chicago Press, 1965.
Hytier, Jean. *The Poetics of Paul Valéry*. New York: Anchor Books, 1966.
Ince, Walter. *The Poetic Theory of Paul Valéry. Inspiration and Technique*. England: Leicester University Press, 1961.
Lefèvre, Frédéric. *Entretiens avec Paul Valéry*. París: Le Livre, 1926.
MacIntyre, C.F. *French Symbolist Poetry*. Berkeley and Los Angeles: University of California Press, 1971.
Mallarmé, Stéphane. *Correspondance 1862-1871*. París: Librairie Gallimard, 1959.
— "Hérésies artistiques. L'Art pour tous" en *Oeuvres complètes*. París: Librairie Gallimard, 1945.

— "Letters: Ideas on Poetry" en *Mallarmé: Selected Prose Poems, Essays, & Letters,* trad. de Bradford Cook. Baltimore: The Johns Hopkins Press, 1956.
Mastronardi, Carlos. *Valéry o la infinitud del método.* Buenos Aires: Editorial Raigal, 1955.
Michaud, Guy. *Mallarmé.* New York: New York University Press, 1965.
Moisan, Clément. *Henri Brémond et la Poésie Pure.* París: Lettres Modernes, Minard, 1967.
Mossop, D. J. *Pure Poetry.* Oxford: Clarendon Press, 1971.
Nédoncelle, Maurice et Jean Dagens. *Entretiens sur Henri Brémond sous la direction de Maurice Nédoncelle et Jean Dagens.* París-La Haye: Éditions Mouton, 1967.
Noulet, Emilie. *Poe en la poesía francesa.* Managua: Nuevos Horizontes, 1944.
— *Paul Valéry.* México: Ediciones Rueca, MCMXVL.
Parks, Edd Winfield. *Edgar Allan Poe as Literary Critic.* Athens: University of Georgia Press, 1964.
Poe, Edgar Allan. *Obras en prosa,* trad. de Julio Cortázar. Madrid: Revista de Occidente, Ediciones de la Universidad de Puerto Rico, 1956.
— *Selected Writings.* England: Penguin Books, 1974.
Quennell, Peter. *Baudelaire and the Symbolists.* New York-London: Kennikat Press, 1970.
Quinn, Patrick F. *The French Face of Edgar Poe.* Carbondale: Southern Illinois University Press, 1957.
Rambaud, Henri. "Poética de Mallarmé", *revista de avance,* La Habana, Vol. II, No. 13, 15 de octubre de 1927.
Raymond, Marcel. *From Baudelaire to Surrealism.* London: Peter Owen Limited, 1957.
Regan, Robert, ed. *Poe A Collection of Critical Essays.* New Jersey: Prentice-Hall, Inc., 1967.
Rimbaud, Arthur. *Oeuvres.* París: Éditions Garnier Frères, 1960.
— *Poésies complètes.* París: Éditions Gallimard et Librairie Générale Française, 1963.
— *The Illuminations of Arthur Rimbaud.* New York: New Directions, MCMXLIII.
Sartre, Jean Paul. *Baudelaire.* New York: New Directions, 1967.
Valéry, Paul. "Ensayo sobre el orden", trad. de Alejo Carpentier, *Social,* La Habana, Vol. XII, No. 10, octubre de 1927.
— "¿Cómo fue mi retorno a la poesía?", *revista de avance,* La Habana, Vol. I, No. 12, 30 de septiembre de 1927.
— *Oeuvres de Paul Valéry.* París: Éditions de la NRF, 1933.
— *Poésie et Pensée abstraite.* Oxford: Clarendon Press, 1939.
— *Propos sur la poésie.* París: Maison du Livre Français, 1930.
— *Selected Writings.* New York: New Directions, 1964.
Vedia, Leonidas de. *La poesía del simbolismo.* Buenos Aires: Editorial G. Kraft, 1961.
Verlaine, Paul. *Oeuvres poétiques complètes.* París: Librairie Gallimard, 1951.
Zimmermann, Éléonore. *Magies de Verlaine.* París: Librairie José Corti, 1967.

España e Hispanoamérica

Alonso, Dámaso. *Cuatro poetas españoles*. Madrid: Editorial Gredos, 1962.
— *Estudios y ensayos gongorinos*. Madrid: Editorial Gredos, 1970.
— *Poetas españoles contemporáneos*. Madrid: Editorial Gredos, 1969.
Anderson Imbert, Enrique. *Estudios sobre letras hispánicas*. México: Editorial Libros de México, 1974.
— *La originalidad de Rubén Darío*. Buenos Aires: Centro Editor de América Latina, S.A., 1967.
— y Eugenio Florit. *Literatura hispanoamericana*. New York: Holt, Rinehart & Winston, Inc. 1960.
— *Historia de la literatura hispanoamericana*. México: Fondo de Cultura Económica, 1974.
— *Spanish-American Literature. A History*. Detroit: Wayne State University, 1963.
Arrom, José Juan. *Esquema generacional de las letras hispanoamericanas*. Bogotá: Instituto Caro y Cuervo, 1963.
Aub, Max. *Poesía española contemporánea*. México: Ediciones Era, 1969.
Bajarlía, Juan Jacobo. *El vanguardismo poético en América y España*. Buenos Aires: Editorial Perrot, 1957.
Balbín, Rafael de. *Poética Becqueriana*. Madrid: Prensa Española, S.A., 1969.
Baquero, Gastón. *Escritores hispanoamericanos de hoy*. Madrid: Instituto de Cultura Hispánica, 1961.
Barnatán, Marcos Ricardo. *Jorge Luis Borges*. Madrid: Ediciones Júcar, 1972.
Bary, David. "En torno a las polémicas de vanguardia" en *Memoria del Undécimo Congreso de Literatura Iberoamericana*. Universidad de Texas, México, 1965.
Bécquer, Gustavo Adolfo. *...¿Qué es poesía? (Cartas literarias a una mujer)*. México: Editorial Séneca, 1942.
Bergamín, José. "La poética de Jorge Guillén", *La Gaceta Literaria*, Madrid, No. 49, enero de 1929.
Blanch, Antonio. *La poesía pura española*. Madrid: Editorial Gredos, 1976.
Bodini, Vittorio. *Los poetas surrealistas españoles*. Barcelona: Tusquets Editor, 1971.
Bousoño, Carlos. "Sentido de la poesía de Vicente Aleixandre" en Vicente Aleixandre, *Obras completas*. Madrid: Aguilar, S. A., 1968.
Cano, José Luis. *La poesía de la generación del '27*. Madrid: Ediciones Guadarrama, 1970.
Cano Ballesta, Juan. *La poesía española entre pureza y revolución (1930-1936)*. Madrid: Editorial Gredos, 1972.
Castagnino, Raúl H. *Imágenes modernistas*. Buenos Aires: Editorial Nova, 1967.
Castañeda Ledón, Tomás. "Cántico" (Versos de Jorge Guillén), *revista de avance*, Vol. IV, No. 31, 15 de febrero de 1929.
Castellet, José María. *Un cuarto de siglo de poesía española*. Barcelona: Editorial Seix Barral, 1966.

Cernuda, Luis. *Estudios sobre poesía española contemporánea*. Madrid: Ediciones Guadarrama, 1972.
Ciplijauskaité, Biruté. *Deber de plenitud. La poesía de Jorge Guillén*. México: Secretaría de Instrucción Pública, 1973.
— *El poeta y la poesía*. Madrid: Ínsula, 1966.
Costa, René de, ed. *Vicente Huidobro y el creacionismo*. Madrid: Taurus Ediciones, 1975.
Darío, Rubén. *Poesías completas*. Madrid: Aguilar, S. A., 1968.
Debicki, Andrew P. *Estudios sobre poesía española contemporánea*. Madrid: Editorial Gredos, 1968.
— *La poesía de Jorge Guillén*. Madrid: Editorial Gredos, 1973.
Díaz-Plaja, Guillermo. *Historia de la poesía lírica española*. Barcelona: Editorial Labor, S.A., 1948.
— "Romanticismo, nueva literatura", *revista de avance*, Vol. IV, No. 38, 15 de septiembre de 1929.
Diego, Gerardo. *Poesía española contemporánea (Antología)*. Madrid: Taurus Ediciones, 1966.
Englekirk, John Eugene. *Edgar Allan Poe in Hispanic Literature*. New York: Instituto de las Españas, 1934.
Florit, Eugenio. *Antología de la poesía norteamericana contemporánea*. Washington: Unión Panamericana, 1955.
— y José Olivio Jiménez. *La poesía hispanoamericana desde el modernismo*. New York: Appleton-Century-Crofts, 1968.
Franco, Jean. *Introducción a la literatura hispanoamericana*. Caracas: Monte Ávila Editores, 1970.
Gallagher, D. P. *Modern Latin American Literature*. London: Oxford University Press, 1973.
García Lorca, Federico. *Obras completas*. Madrid: Aguilar, S. A., 1955.
— Poemas en *revista de avance*, La Habana, Vol. 5 No. 45, 15 de abril de 1930.
Gasch, Sebastián. "Cinema Puro", *revista de avance*, La Habana, Vol. I, No. 11, 15 de septiembre de 1927.
Ghiano, Juan Carlos. *Rubén Darío*. Buenos Aires: Centro Editor de América Latina, S.A., 1967.
Gicovate, Bernardo. *Ensayos sobre poesía hispánica. Del modernismo a la vanguardia*. México: Ediciones de Andrea, 1967.
— *La poesía de Juan Ramón Jiménez*. Barcelona: Ediciones Ariel, 1973.
Gómez de la Serna, Ramón. *Ismos*. Madrid: Ediciones Guadarrama, 1975.
González-Muela, Joaquín. *El lenguaje poético de la generación Guillén-Lorca*. Madrid: Ínsula, 1954.
Guillén, Jorge. *Cántico (1936)*, ed. de José Manuel Blecua. Barcelona: Editorial Labor, 1970.
— *Lenguaje y poesía*. Madrid: Alianza Editorial, 1969.
— "Remembering Valéry" en Paul Valéry Centennial: A Look at the Man in the Poet. *Books Abroad*, University of Oklahoma Press, Autumn, 1971.
Gullón, Ricardo. *Direcciones del modernismo*. Madrid: Editorial Gredos, 1971.
— *Estudios sobre Juan Ramón Jiménez*. Buenos Aires: Editorial Losada, 1960.

Hays, H. R. *12 Spanish American Poets. An Anthology*. Boston: Beacon Press, 1972.
Henríquez Ureña, Max. "Las influencias francesas en la poesía hispanoamericana", *Revista Iberoamericana*, 1940.
Henríquez Ureña, Pedro. *Las corrientes literarias en la América Hispánica*. México: Fondo de Cultura Económica, 1969.
— *Literary Currents in Hispanic America*. Cambridge, Mass.: Harvard University Press, 1945.
Huidobro, Vicente. *Poesía y prosa*. Madrid: Aguilar, S.A., 1967.
Ichaso, Francisco. "Góngora y la nueva poesía", *revista de avance*, La Habana, Vol. I, No. 6, 30 de mayo de 1927.
Illie, Paul. *Los surrealistas españoles*. Madrid: Taurus Ediciones, 1972.
Jiménez, José O. *Estudios críticos sobre la prosa modernista hispanoamericana*. New York: Eliseo Torres & Sons, 1975.
— "Medio siglo de poesía española", *Hispania*, American Association of Teachers of Spanish and Portuguese, Vol. L, No. 4, diciembre de 1967.
— y Antonio R. de la Campa. *Antología crítica de la prosa modernista hispanoamericana*. New York: Eliseo Torres & Sons, 1976.
Jiménez, Juan Ramón. *Antología poética*. Introducción de Vicente Gaos. Salamanca: Ediciones Anaya, 1965.
— *Cartas*. Recopilación, selección, ordenación y prólogo de Francisco Garfias. Madrid: Aguilar, S.A., 1962.
— *El andarín de su órbita*. Madrid: Editorial Magisterio Español, S.A., 1974.
— *Españoles de tres mundos*. Madrid: Aguilar, S.A., 1969.
— *Libros de poesía*. Madrid: Aguilar, S.A., 1967.
— *Platero y yo*. Madrid: Taurus Ediciones, 1975.
Leal, Luis. *Breve historia de la literatura hispanoamericana*. New York: Alfred A. Knopp, 1971.
Machado, Antonio. *Antología poética*. Salamanca: Ediciones Anaya, 1969.
— "Reflexiones sobre la lírica", *Revista de Occidente*, Madrid, junio de 1925.
Mejía Sánchez, Ernesto. *Cuestiones Rubendarianas*. Madrid: Ediciones de la Revista de Occidente, 1970.
Monterde, Alberto. *La poesía pura en la lírica española*. México: Imprenta Universitaria, 1953.
Morris, C. B. *A Generation of Spanish Poets. 1920-1936*. Great Britain: Cambridge University Press, 1969.
Oliver Belmás, Antonio. "La nueva poesía española", *revista de avance*, La Habana, Vol. IV, No. 32, 15 de marzo de 1929 y Vol. IV, No. 39, 15 de octubre de 1929.
Onís, Federico de. *Antología de la poesía española e hispanoamericana*. New York: Las Américas Publishing Co., 1961.
Phillips, Allen W. *Temas del modernismo y otros estudios*. Madrid: Editorial Gredos, 1974.
Predmore, Michael P. *La poesía hermética de Juan Ramón Jiménez*. Madrid: Editorial Gredos, 1973.
Raggi, Carlos M. *Estudios literarios sobre hispanoamérica*. Costa Rica: Círculo de Cultura Panamericano, 1976.

Ramos-Gil, Carlos. *Claves líricas de García Lorca*. Madrid: Aguilar, S.A., 1967.
Rozas, Juan Manuel. *La generación del '27 desde dentro. Textos y documentos*. Madrid: Ediciones Alcalá, 1974.
Salinas, Pedro. *Ensayos de literatura hispánica*. Madrid: Aguilar, S.A., 1961.
— "Poe in Spain and Spanish America" en *Poe in Foreign Lands and Tongues*. Baltimore: The Johns Hopkins Press, 1941.
Sánchez Barbudo, Antonio. *La segunda época de Juan Ramón Jiménez*. Madrid: Editorial Gredos, 1962.
Schulman, Ivan A. *El modernismo hispanoamericano*. Buenos Aires: Centro Editor de América Latina, S.A., 1969.
— y Manuel Pedro González. *Martí, Darío y el modernismo*. Madrid: Editorial Gredos, 1974.
Siebenmann, Gustav. *Los estilos poéticos en España desde 1900*. Madrid: Editorial Gredos, 1973.
Sobejano, Gonzalo. *El epíteto en la lírica española*. 2.ª ed. Madrid: Editorial Gredos, 1970.
Sucre, Guillermo. *Borges, el poeta*. Caracas: Monte Ávila Editores, 1967.
Torre, Guillermo de. *Historia de las literaturas de vanguardia*. Madrid: Ediciones Guadarrama, 1971.
— *La aventura y el orden*. Buenos Aires: Editorial Losada, S.A., 1960.
— *Tres conceptos de la literatura hispanoamericana*. Buenos Aires: Editorial Losada, S.A., 1963.
Torres-Ríoseco, Arturo. *The Epic of Latin American Literature*. Berkeley, Los Angeles and London: University of California Press, 1970.
Unamuno, Miguel de. "Vanguardismo", *revista de avance*, La Habana, Vol. III, No. 27, 15 de octubre de 1928.
Vela, Fernando. "La poesía pura" (Información de un debate literario), *Revista de Occidente*, Madrid, Tomo XIV, No. XLI, noviembre de 1926.
Videla, Gloria. *El ultraísmo. Estudios sobre movimientos poéticos de vanguardia en España*. Madrid: Editorial Gredos, 1963.
Vigée, Claude. "Jorge Guillén y la tradición simbolista francesa", *Cuadernos del Congreso por la Libertad de la Cultura*, París, No. 46, 1960.
Vivanco, Luis Felipe. *Introducción a la poesía española contemporánea*. Madrid: Ediciones Guadarrama, 1971.
Wood, Cecil G. "The Development of Creacionismo: A Study of Four Early Poems of Vicente Huidobro", *Hispania*, American Association of Teachers of Spanish and Portuguese, Vol. 61, No. 1, marzo de 1978.
Xirau, Ramón. *Poesía iberoamericana contemporánea*. México: Colección Sep/Setentas, Secretaría de Educación Pública, 1972.
Young, Howard T. *Juan Ramón Jiménez*. New York and London: Columbia University Press, 1967.
Yúdice, George. *Vicente Huidobro y la motivación del lenguaje*. Buenos Aires: Editorial Galerna, 1978.
Yurkievich, Saúl. *Fundadores de la nueva poesía latinoamericana*. Barcelona: Barral Editores, 1973.
Zuleta, Emilia de. *Cinco poetas españoles*. Madrid: Editorial Gredos, 1971.

Cuba

Acosta, Agustín. "Agustín Acosta y el vanguardismo. Una carta desde Jagüey Grande", *revista de avance*, La Habana, Vol. II, No. 17, 15 de diciembre de 1927.
Aguilar, Luis E. *Cuba: conciencia y revolución*. Miami: Ediciones Universal, 1972.
— *Cuba 1933. Prologue to Revolution*. Ithaca and London: Cornell University Press, 1972.
Álvarez Bravo, Armando. *Lezama Lima*. Montevideo: Editorial Arca, 1968.
— "Conversación con Lezama Lima", *Mundo Nuevo*, París, No. 24, junio de 1968.
Álvarez, Federico. "Cuba, hoy. Poesía", *Ínsula*, Madrid, julio-agosto de 1968.
Alemán, Luis. "Entrevista a Nicolás Guillén", *La Pajarita de Papel*, México, No. 5-6 (1950).
Aparicio Laurencio, Ángel. "Guantánamo en la obra de Regino E. Boti", *Boletín de la Academia Cubana de la Lengua*, Vol. VII, No. 3-4, julio-diciembre de 1958.
— "Regino E. Boti, correspondiente de la Academia Cubana de la Lengua", *Boletín de la Academia Cubana de la Lengua*, Vol. VII, No. 1-2, enero-junio de 1958.
Augier, Ángel I. *Nicolás Guillén*. La Habana: Instituto Cubano del Libro, 1971.
— *Órbita de Emilio Ballagas*. Prólogo. La Habana: Colección Órbita, 1972.
Babín, María Teresa. "De tiempo y agonía. (Versos del hombre solo). Libro de Eugenio Florit", *El Diario-La Prensa*, Nueva York, enero de 1975.
Baeza Flores, Alberto. *Cuatro poetas cubanos*. Barcelona: Editorial Bruguera, 1956.
— *Las mejores poesías cubanas*. Barcelona: Editorial Bruguera, 1955.
Ballagas, Emilio. "El Mágico Prodigioso", *Grafos*, 1938.
— "La poesía nueva", *Cuadernos de la Universidad del Aire*. La Habana, septiembre de 1949.
— "La poesía en mí", *Revista Cubana*, La Habana, No. 26, julio-septiembre de 1937.
— "Los movimientos literarios de vanguardia", *Cuadernos de la Universidad del Aire*, La Habana, No. 24, 19 de julio de 1933.
— *Obra poética*. Miami: Mnemosyne Publishing Inc., 1969.
— "Poesía afrocubana", *Revista de la Biblioteca Nacional*, La Habana, Vol. II, No. 4, octubre-diciembre de 1951.
— "Poesía negra liberada", *Universidad de México*, Tomo IV, No. 18, julio de 1937.
Baquero, Gastón. "Tendencias de nuestra literatura", *Anuario cultural de Cuba 1943*. La Habana: Dirección de Relaciones Culturales, 1944.
— *Memorial de un testigo*. Madrid: Ediciones Rialp, 1966.
Barreda, Pedro. "Alejo Carpentier: dos visiones del negro, dos conceptos de la novela", *Hispania*, American Association of Teachers of Spanish and Portuguese, Vol. LV, No. 1, marzo de 1972.

Benedetti, Mario et al. *Literatura y arte nuevo en Cuba*. Barcelona: Editorial Estela, 1971.
Bojórquez, Juan de Dios. "Los minoristas de Cuba", *Social*, La Habana, Vol. XII, No. 6, junio de 1927.
Boti, Regino E. *Arabescos mentales*. Barcelona: R. Tobella, 1913.
— *El mar y la montaña*. La Habana: El Siglo XX, 1921.
— "La nueva poesía en Cuba", *Cuba Contemporánea*, La Habana, XLIV, mayo-agosto de 1927.
— "Tres temas sobre la nueva poesía", *revista de avance*, La Habana, Vol. III, No. 19, 15 de febrero de 1928; Vol. III, No. 21, 15 de abril de 1928 y Vol. III, No. 22, 15 de mayo de 1928.
— "Un libro para la posteridad. La poesía moderna en Cuba (1882-1925)", *Social*, Vol. XII, No. 6, junio de 1927.
Bueno, Salvador. "Contorno del modernismo en Cuba", *Cuadernos de la Universidad del Aire*, La Habana, 1949.
— *Historia de la literatura cubana*. La Habana: Editora Nacional de Cuba, 1963.
— *Medio siglo de literatura cubana 1902-1952*. La Habana: Comisión de la Unesco, 1953.
Cabrera, Lydia. *Cuentos negros de Cuba*. Madrid: Colección de Chicherukú en el exilio, 1972.
Carpentier, Alejo. *La música en Cuba*. México: Fondo de Cultura Económica, 1972.
Casal, Julián del. *Prosas*. La Habana: Edición del Centenario, 1963-1964.
Casal, Lourdes. *El caso Padilla, literatura y revolución en Cuba. Documentos*. Miami: Ediciones Universal, 1971.
Castellanos, Jorge. "Whitman y Boti", *Revista de los Estudiantes de Filosofía*. La Habana, 1939.
Chacón y Calvo, José María. "La poesía de Emilio Ballagas", *Grafos*, V, No. 53 (1937).
Cohen, J. M. *En tiempos difíciles. La poesía cubana de la revolución*. Barcelona: Tusquests Editor, 1970.
— *Writers in the New Cuba. An Anthology*. England: Penguin Books, Ltd., 1967.
Cuchi Coll, Isabel. "Charlando con el poeta sin ruido", *Alma Latina*, San Juan, Puerto Rico, 1947.
"Directrices". *revista de avance*, La Habana, Vol. I, No. 7, 15 de junio de 1927.
— *revista de avance*, La Habana, Vol. I, No. 4, 30 de abril de 1927.
Esténger, Rafael. *Cien de las mejores poesías cubanas*. Miami: Mnemosyne Publishing Inc., 1969.
— "Evocación de Poveda" en *Proemios de cenáculo*. La Habana: Ministerio de Educación, Dirección de Cultura, 1948.
Fernández Retamar, Roberto. *Calibán. Apuntes sobre la cultura en nuestra América*. México: Editorial Diógenes, 1971.
— "En los ochenta años de Regino E. Boti", *Islas*, Cuba, Universidad Central de Las Villas, Vol. I, No. 2, enero-abril de 1959.
— *Ensayo de otro mundo*. Santiago de Chile: Editorial Universitaria, 1969.
— *La poesía contemporánea en Cuba*. La Habana: Orígenes, 1954.

— *Nueva poesía cubana. Antología poética.* Barcelona: Ediciones Península, 1970.
— y Fayad Jamis. *Poesía joven de Cuba.* La Habana: Segundo festival del libro cubano, 1960.
Fernández de la Vega, Oscar. *Agonemas martianos.* Madrid: Playor, 1975.
— y Juan F. Carvajal. *Literatura cubana.* 8.ª ed. La Habana: Editorial Selecta, 1960.
— y Alberto N. Pamies. *Iniciación a la poesía afroamericana.* Miami: Ediciones Universal, 1973.
— "Medio siglo de poesía negrista", *Cubanacán*, Revista del Centro Cultural Cubano de Nueva York, Vol. I, No. 1, verano de 1974.
— "Origen del negrismo lírico antillano desde tres perspectivas", Hunter College of the City University of New York, 1977-1984.
— "Negrismo hispano: un recuento", Hunter College of the City University of New York, 1984.
Florit, Eugenio. *Antología penúltima.* Madrid: Editorial Plenitud, 1970.
— "De recuerdos y libros", número-homenaje al poeta, *Exilio*, Nueva York, invierno de 1973.
— "El Lyceum y la cultura cubana", *Lyceum*, La Habana, Vol. 1, No. 3, septiembre de 1936.
— "Notas sobre la poesía cubana", *Cuadernos del Congreso por la Libertad de la Cultura*, París, 1954.
— "Presencia de Cuba: Nicolás Guillén, poeta entero", *Revista de América*, Bogotá, febrero de 1948.
— "Regreso a la serenidad" en *Miscelánea de estudios literarios históricos y filosóficos.* La Habana: Publicación de la Secretaría de Educación, Dirección de Cultura, 1935.
— "Un homenaje al Lyceum", *Revista Cubana*, La Habana, VI, No. 16-18 (1939).
— "Una hora conmigo", *Revista Cubana*, La Habana, 1935.
— *Who's Who in America.* Chicago: Marquis Who's Who, Inc., 1974-1975.
García Montes, Jorge y Antonio Alonso Ávila. *Historia del partido comunista de Cuba.* Miami: Ediciones Universal, 1970.
Ghiano, Juan Carlos. *José Martí.* Buenos Aires: Centro Editor de América Latina, S.A., 1967.
Godoy, Gustavo J. *La generación cubana de poetas posmodernistas.* Tesis doctoral. Universidad de Miami, Coral Gables, 1967.
González, Manuel Pedro. *Antología crítica de José Martí.* México: Editorial Cultura, 1960.
Goytisolo, José Agustín. *Nueva poesía cubana.* Barcelona: Ediciones Península, 1970.
Guillén, Nicolás. *Nicolás Guillén. Antología clave.* Prólogo de Luis Iñigo Madrigal. Santiago de Chile: Editorial Nascimento, 1971.
Guiral Moreno, Mario. *Auge y decadencia del vanguardismo literario en Cuba.* La Habana: Editorial Molina y Compañía, 1942.
— *Cuba Contemporánea. Su origen, su existencia y su significación.* La Habana: Editorial Molina y Compañía, 1940.
Henríquez Ureña, Max. *Panorama histórico de la literatura cubana.* New York: Las Américas Publishing Co., 1963.

— "Poetas cubanos de expresión francesa", *Revista Iberoamericana*, México, 1941.
Hernández Miyares, Julio et al. *Julián del Casal. Estudios críticos sobre su obra*. Miami: Ediciones Universal, 1974.
Hernández, Heriberto. "Las flechas trascendentales de Justo Rodríguez Santos", *El Diario-La Prensa*, Nueva York, 20 de junio de 1980.
Jerez Villareal, Juan. "Regino E. Boti", *Revista de Oriente*, agosto de 1929.
Jiménez-Grullón, Juan Isidro. *Seis ensayos apologéticos*. La Habana: Editorial Cromos, 1954.
Jiménez, José Olivio. *Estudios sobre poesía cubana contemporánea*. New York: Las Américas Publishing Co., 1967.
— "Hacia la poesía pura en Cuba", *Hispania*, American Association of Teachers of Spanish and Portuguese, XLV, No. 3 (1962).
— "La poesía de Emilio Ballagas", *Revista Hispánica Moderna*, New York, XXXIII (1967).
Jiménez, Juan Ramón. "El único estilo de Eugenio Florit", *Repertorio Americano*, San José, Costa Rica, Año XIX, No. 822, octubre de 1937.
Labrador Ruiz, Enrique. "Poveda", *Orto*, Manzanillo, Cuba, XLIV, No. 3 (1956).
Lavié, Nemesio. "Captación de Pulso y Onda", *Orto*, Manzanillo, Cuba, XXII (1933).
Lazo, Raimundo. "Con motivo de una biografía de Nicolás Guillén", *Universidad de La Habana*, XXVIII, No. 170 (1964).
— *El romanticismo: lo romántico en la lírica hispanoamericana (Del siglo XVI a 1970)*. México: Editorial Porrúa, 1971.
— *La literatura cubana*. México: Universidad Nacional Autónoma de México, 1965.
— *La teoría de las generaciones y su aplicación al estudio histórico de la literatura cubana*. México: Universidad Nacional Autónoma de México, 1973.
Lezama Lima, José. "El Pen-Club y Mallarmé", *Orígenes*, Año V, No. 19, otoño de 1948.
— *Esferaimagen. Sierpe de Don Luis de Góngora: Las imágenes posibles*. Barcelona: Tusquets Editor, 1970.
— "Gritémosle ¡Emilio!", *Lunes de Revolución*, La Habana, No. 26, 14 de septiembre de 1959.
— *Poesía completa*. Barcelona: Barral Editores, 1975.
Lizaso, Félix. *Panorama de la cultura cubana*. México: Fondo de Cultura Económica, 1949.
— y José A. Fernández de Castro. *Antología de la poesía moderna en Cuba*. Madrid: Librería y Casa Editorial Hernando, 1926.
— "La Revista de Avance", *Boletín de la Academia Cubana de la Lengua*, Vol. X, No. 3-4, julio-diciembre de 1961.
López Morales, Eduardo E. "La palabra y la poética de Regino E. Boti", *Universidad de La Habana*, No. 184-185, marzo-junio de 1967.
López Morales, Humberto. *Poesía cubana contemporánea. Un ensayo de antología*. New York: Las Américas Publishing Co., 1967.
Mansour, Mónica. *La poesía negrista*. México: Ediciones Era, 1973.
Mañach, Jorge. *Historia y estilo*. La Habana: Editorial Minerva, 1944.
— *Indagación del choteo*. La Habana: Ediciones revista de avance, 1928.

— *La crisis de la alta cultura en Cuba*. La Habana: Imprenta y Papelería La Universal, 1925.
— "La generación del 25", *Diario de la Marina*, La Habana, 21 de febrero de 1954.
— "La nueva poesía en Cuba de Regino E. Boti", *revista de avance*, La Habana, Vol. II, No. 14, 30 de octubre de 1927.
— "Vanguardismo", *revista de avance*, La Habana, Vol. I, No. 1, 15 de marzo de 1927; Vol. I, No. 2, 30 de marzo de 1927; Vol. I, No. 3, 15 de abril de 1927.
— "Vértice del gusto nuevo", *revista de avance*, La Habana, Vol. IV, No. 34, 15 de mayo de 1929.
Marinello, Juan. *Literatura hispanoamericana*. México: Ediciones de la Universidad Nacional de México, 1937.
— *Poética. Ensayos en entusiasmo*. Madrid: Espasa-Calpe, S.A., 1933.
— "25 años de poesía cubana. Derrotero provisional", *Revista Bimestre Cubana*, XXXIX, junio de 1937.
Mario, José. "Novísima poesía cubana", *Mundo Nuevo*, No. 38, agosto de 1969.
Márquez Sterling, Carlos y Manuel Márquez Sterling. *Historia de la Isla de Cuba*. New York: Regents Publishing Company, Inc., 1975.
Márquez Sterling, Manuel. *Proceso histórico de la Enmienda Platt*. La Habana: Rambla y Bouza, 1938.
Marrero Leví. *Geografía de Cuba*. Nueva York: Minerva Books Ltd., 1966.
Martínez Villena, Rubén. *Órbita de Rubén Martínez Villena*. La Habana: Ediciones Unión, Colección Órbita, 1964.
Masó, Calixto C. *Historia de Cuba*. Miami: Ediciones Universal, 1976.
Masó, Fausto. "Literatura y revolución en Cuba", *Mundo Nuevo*, No. 32, febrero de 1969.
Navarro Luna, Manuel. *Obra poética*. Prólogo de Heberto Padilla. La Habana: Ediciones Unión/Poesía, 1963.
— "El Loco", *revista de avance*, La Habana, Vol. I, No. 3, 15 de abril de 1927.
Noble, Enrique. *Literatura afro-hispanoamericana*. Lexington, Mass.: Xerox College Publishing, 1973.
Núñez, Ana Rosa. *Poesía en éxodo*. Miami: Ediciones Universal, 1970.
Olivera, Otto. *Breve historia de la literatura antillana*. México: Ediciones de Andrea, 1957.
— *Cuba en su poesía*. México: Ediciones de Andrea, 1965.
Ortiz, Fernando. *La africanía en la música folklórica de Cuba*. La Habana: Editorial Universitaria, 1965.
Ortiz de Montellano, Bernardo. "Poesía nueva en Cuba", *revista de avance*, La Habana, Vol. I, No. 10, 30 de agosto de 1927.
Pallás, Rosa. *La poesía de Emilio Ballagas*. Madrid: Playor, 1973.
Pereda Valdés, Ildefonso. *Lo negro y lo mulato en la poesía cubana*. Uruguay: Ediciones Ciudadela, 1970.
Perera, Hilda. *Idapo. El sincretismo en los cuentos negros de Lydia Cabrera*. Miami: Ediciones Universal, 1971.
Pita Rodríguez, Félix. "Poliritmo de la Amada Marina", *revista de avance*, La Habana, Vol. III, No. 27, 15 de octubre de 1928.

Portogalo, José. "Poesía y realidad en la 'Tierra herida' de Manuel Navarro Luna", *Orto*, Manzanillo, Cuba, Vol. XXVIII (1939).
Portuondo, José A. *Bosquejo histórico de las letras cubanas*. La Habana: Ministerio de Relaciones Exteriores, Departamento de Asuntos Culturales, 1960.
— "Regino E. Boti", *Nuestro Tiempo*, No. 26, noviembre-diciembre de 1958.
Portell Vilá, Herminio. *Historia de Cuba y sus relaciones con los Estados Unidos y España*. La Habana: Ediciones Jesús Montero, 1938.
Poveda, Héctor. "Los momentos estéticos de Regino E. Boti", *Orto*, Manzanillo, Cuba, Vol. XVIII, No. 6-7, septiembre-octubre de 1929.
Poveda, José Manuel. "Parágrafos", *Orígenes*, IV, No. 16 (1947).
— *Proemios de cenáculo*. "Evocación de Poveda" por Rafael Esténger. La Habana: Publicaciones del Ministerio de Educación, 1948.
— *Versos precursores*. La Habana: Ediciones de la Organización Nacional de Bibliotecas Ambulantes y Populares, 1958.
Remos, Juan J. *Historia de la literatura cubana*. Miami: Mnemosyne Publishing Co., 1969.
— *Proceso histórico de las letras cubanas*. Madrid: Ediciones Guadarrama, 1958.
Rexach, Rosario. "La Revista de Avance publicada en Habana, 1927-1930", *Caribbean Studies*, Vol. 3, No. 3, octubre de 1963.
Rice, Argyll Pryor. *Emilio Ballagas. Poeta o poesía*. México: Ediciones de Andrea, 1966.
Riera Hernández, Mario. *Cuba Republicana 1899-1958*. Miami: Ediciones Universal, 1974.
Ripoll, Carlos. *La generación del '23 en Cuba y otros apuntes sobre el vanguardismo*. New York: Las Américas Publishing Co., 1968.
— "La revista de avance (1927-1930), vocero de vanguardia y pórtico de revolución", *Revista Iberoamericana*, Vol. XXX, No. 58, julio-diciembre de 1964.
— *Naturaleza y alma de Cuba*. New York: Las Américas Publishing Co., 1974.
— *Índice de la revista de avance. (Cuba, 1927-1930)*. New York: Las Américas Publishing Co., 1969.
Roa, Raúl. "Góngora y la nueva poesía de Francisco Ichaso", *revista de avance*, La Habana, Vol. III, No. 22, 15 de mayo de 1928.
— "Martí, poeta nuevo", *revista de avance*, La Habana, Vol. I, No. 10, 30 de agosto de 1927.
Rodríguez Embil, Luis. "El vanguardismo europeo y nuestra América", *Revista de La Habana*, Vol. 1, No. 3, marzo de 1930.
Rodríguez Santos, Justo. *Los naipes conjurados*. Madrid: Playor, 1979.
Rodríguez Sardiñas, Orlando. "Cuba: poesía entre revolución y exilio", *Revista Interamericana Review*, Universidad Interamericana de Puerto Rico, Vol. IV, No. 3, Fall, 1974.
— *La última poesía cubana*. Madrid: Hispanova de Ediciones, 1973.
Roig de Leuchsenring, Emilio. *El grupo minorista de intelectuales y artistas habaneros*. La Habana: Cuadernos de Historia Habanera, No. 73 (1961).

Ruiz del Vizo, Hortensia. *Black Poetry of the Americas*. Miami: Ediciones Universal, 1972.
Santovenia, Emeterio y Raúl M. Shelton. *Martí y su obra*. Miami: Educational Publishing Corp., 1970.
Shuler, Esther Elise. "La poesía de Eugenio Florit", *Revista Iberoamericana*, Vol. VIII, No. 16, 1944.
Souza, Raymond D. "Lino Novás Calvo and the Revista de Avance", *Journal of Inter-American Studies*, University of Miami Press, Vol. X, No. 2, abril de 1968.
— *Major Cuban Novelists. Innovation and Tradition*. Columbia and London: University of Missouri Press, 1976.
Suárez Solís, Rafael. "El Lyceum y su aportación a la cultura cubana", *Lyceum*, Vol. XI, No. 37, febrero de 1954.
Tarn, Nathaniel. *Con Cuba. An Anthology of Cuban Poetry of the last Sixty Years*. London: Cape Goliard, 1969.
Tous, Adriana. *La poesía de Nicolás Guillén*. Madrid: Ediciones Cultura Hispánica, 1971.
Valdespino, Andrés. *Jorge Mañach y su generación en las letras cubanas*. Miami: Ediciones Universal, 1971.
Valdés-Cruz, Rosa E. *La poesía negroide en América*. New York: Las Américas Publishing Co., 1970.
— *Lo ancestral africano en la narrativa de Lydia Cabrera*. Barcelona: Editorial Vosgos, S.A., 1974.
— "Tres temas representativos de la poesía afroantillana", *Hispania*, American Association of Teachers of Spanish and Portuguese, Vol. 54, No. 1, marzo de 1971.
Varona, Enrique José. "Carta a Lizaso y Fernández de Castro" en "La poesía moderna en Cuba", *Social*, La Habana, Vol. XII, No. 1, enero de 1927.
Vitier, Cintio. *Cincuenta años de poesía cubana 1902-1952*. La Habana: Dirección de Cultura del Ministerio de Educación, 1952.
— *Lo cubano en la poesía*. 2.ª ed. La Habana: Instituto del Libro, 1970.
Vitier, Medardo. "Agustín Acosta y los camellos distantes", *Lyceum*, La Habana, III, No. 11-12 (1938).
— *La lección de Varona*. México: El Colegio de México, Centro de Estudios Sociales, 1945.
Zambrano, María. "Cuba y la poesía de Lezama Lima", *Ínsula*, Madrid, julio-agosto de 1968.

Mariano Brull

1. Libros de poesía. (Se incluyen sus traducciones y el libro de Zenea).

La casa del silencio. Prólogo de Pedro Henríquez Ureña. Madrid: M. García y Galo Sáez, 1916.
Quelques poèmes. Traduits de l'espagnol par Francis de Miomandre et Paul Werrie. Bruxelles: L'Equerre, 1926.
Poemas en menguante. París: Le Moil et Pascaly, 1928.
Canto redondo. París: Ediciones G.L.M., 1934.

Poèmes. Traduits par Mathilde Pomès et Edmond Vandercammen. Bruxelles: Les Cahiers du Journal des Poètes, 1939.
Solo de rosa. La Habana: La Verónica, 1941.
Temps en peine. Tiempo en pena. Bruxelles: La Maison du Poète, 1950.
Rien que... (Nada más que...) Traducción de E. Noulet. París: Pierre Seghers, Éditeur, 1954.

Libro de Zenea

Libro-antología de Juan Clemente Zenea. *Zenea. Poemas selectos*. La Habana: Revista de La Habana, 1945.

Traducciones de Paul Valéry.

El Cementerio Marino. Versión castellana de Mariano Brull. París: Durand, 1930.
La Joven Parca. Una interpretación de la poesía de Paul Valéry. La Habana: Orígenes, 1949.
La Jeune Parque. La Joven Parca. París: Civilisations du Sud, 1950. (Esta es otra versión, con un prefacio en francés de Mathilde Pomès).

Una traducción de Jules Supervielle.

... Bosque sin horas. Traducción del francés por Rafael Alberti, con versión de Mariano Brull et al. Madrid: Editorial Plutarco, 1932.

2. Poemas publicados en revistas y periódicos. (Se incluyen sus traducciones).[1]

"La durmiente", *Clavileño*,[2] No. 3, octubre de 1942.
"G. Bernard Shaw contra G. K. Chesterton", traducción por Mariano Brull y Luis A. Baralt, de Hesketh Pearson, *Cuba Contemporánea*, XXXIV, 1924. (Este no es un poema, sino una traducción de un discurso).
"Ofrenda", *Espectador Habanero*, No. 47 (1937).
"Brazos hacia el mar", *Diario de la Marina*, La Habana, 23 de julio de 1942. (Este poema fue leído el día anterior en la Radiodifusión O'Shea).
"A Alfonso Reyes en el Cincuentenario de sus Bodas con la poesía", *Diario de la Marina*, La Habana, 27 de noviembre de 1955. (Éste aparecerá también en la *Revista de la Biblioteca Nacional*, La Habana, Año VI, No. 4, octubre-diciembre de 1955).
"Sol de la tarde" (De vuelta a la ciudad), *El Fígaro*, La Habana, XXVIII, No. 9 (1912).
"Aunque falte a tu vida...", *El Fígaro*, La Habana, XXX, No. 38 (1914).
"La canción de ayer", *El Fígaro*, La Habana, XXX, No. 44 (1914).
"Quimera", *El Fígaro*, La Habana, XXX, No. 47 (1914).

---

[1] El criterio ordenador ha sido la publicación y la cronología.
[2] Revista del grupo alrededor de Lezama Lima.

"La buena canción", *El Fígaro*, La Habana, XXXI, No.11 (1915).
"Sonetos de otoño", *El Fígaro*, La Habana, XXXI, No. 48 (1915).
"Pastoral antigua", *El Fígaro*, La Habana, XXXIII, No. 12 (1917).
"A una estrella", *El Fígaro*, La Habana, XXXVI, No. 22-23 (1919).
"Hacia la montaña", *El Fígaro*, La Habana, XXXVI, No. 38 (1919).
"Interior", *El Fígaro*, La Habana, XXXVI, No. 38 (1919).
"Heraldo de ilusión", *El Fígaro*, La Habana, XXXVIII, No. 13 (1921).
"Cuento del país de las hadas" (poema), *El Fígaro*, La Habana, XXXIX, No. 53 (1922).
"Ofrenda", *El Fígaro*, La Habana, XI, No. 3 (1923).
"La Joven Parca. Versión de Mariano Brull. Primer fragmento del poema del mismo nombre", *Espuela de Plata*, La Habana, No. C y D, diciembre de 1939 y enero-marzo de 1940.
"Rose-Arminde" (traducción de Mathilde Pomès y Edmond Vandercammen), *Espuela de Plata*, La Habana, No. E y F, abril-julio de 1940.
"La durmiente", *Gaceta del Caribe*, Año 1, No. 9-10, noviembre-diciembre de 1944.
"A una estrella", *Mercurio Peruano*, Lima, Perú, IV, No. 22 (1920), pp. 265-266.
"El regreso" (de Henry Vaughan), *Mercurio Peruano*, Lima, Perú, IV, No. 23 (1920), pp. 332-333.
"El nacimiento de Pierrot" (de Thomas Walsh), *Mercurio Peruano*, Lima, Perú, IV, No. 23 (1920), p. 333.
"La única esperanza" (de Dante Gabriel Rossetti), *Mercurio Peruano*, Lima, Perú, IV, No. 24 (1920), p. 447.
"Canción", *Mercurio Peruano*, Lima, Perú, V, No. 25 (1920), p. 36.
"Estrellas en el agua" (de Thomas Walsh), *Mercurio Peruano*, Lima, Perú, VI, No. 31 (1921), p.34.
"Él y yo" (de Dante Gabriel Rossetti), *Mercurio Peruano*, Lima, Perú, V, No. 28 (1920), p. 270.
"Cuento del país de las hadas" (de Salomón de la Selva), *Mercurio Peruano*, Lima, Perú, IX, No. 51-52 (1922), pp. 169-174.
"Árboles" (traducción de Joyce Kilner), *Novedades*, Nueva York, (s.f.).
"Mi corazón" (traducción de O. Tenney del poema de Brull al inglés), *Pan American Magazine*, XXVIII (1918).
"Pax Anima" (traducción de O. Tenney del poema de Brull al inglés), *Pan American Magazine*, XXVIII (1918).
"Hacia la montaña", *Repertorio Americano*, San José, Costa Rica, I, 117 (1919).
"Interior", *Repertorio Americano*, San José, Costa Rica, I, 142 (1919).
"Booz dormido", *Repertorio Americano*, San José, Costa Rica, XVIII (1928).
"Página alusiva", *Repertorio Americano*, San José, Costa Rica, XXIII (1931). (traducción de "Le Cimetière Marin").
"El Cementerio Marino", *Repertorio Americano*, San José, Costa Rica, XXIII (1931).
"Una versión poética de Mariano Brull. El regreso de Henry Vaughan", *revista de avance*, La Habana, Vol. I, No. 1, 15 de marzo de 1927.

"Poemas en menguante" ("La Palma Real", "La Catedral", "La Divina Comedia"), *revista de avance*, La Habana, Vol. I, No. 5, 15 de mayo de 1927.
"Poemas en menguante" 1) "numerado y sin título" 2) "La Divina Comedia" 3) "A Andrés Segovia", *revista de avance*, La Habana, Vol. IV, No. 30, 15 de enero de 1929.
"El epitafio de la rosa", *revista de avance*, La Habana, Vol. IV, No. 36, 15 de julio de 1929.
"Desnudo", *revista de avance*, La Habana, Vol. V, No. 43, 15 de febrero de 1930.
"Blanca de Nieve", *revista de avance*, La Habana, Vol. V, No. 48, 15 de julio de 1930.
"Poesías de Mariano Brull: Solo de rosa", *Romance*, México, Vol. 2, No. 21, 15 de febrero de 1941. (Los poemas publicados fueron: "Preludio", "Rosa", "A la rosa desconocida", "A la rosa, rosa", "Escalas de ruiseñor", "Rosa sola", "El ruiseñor de la rosa", "Rosa sin nombre", "Silencio ante la rosa", "Cinco minutos de silencio", "Rosa-Arminda", "La rosa de mi guarda").
"Víspera" y "Última rosa", *Orígenes*, La Habana, Año IV, No. 14, verano de 1947.
"En el peñón del vuelo" (Poesías), *Social*, La Habana, Vol. VIII, No. 4, abril de 1923.
Poemas de Mariano Brull traducidos al francés por Francis de Miomandre, *Social*, La Habana, Vol. X, No. 6, junio de 1925.
"Poemas en menguante", *Social*, La Habana, Vol. XI, No. 3, marzo de 1926.
"Poemas en menguante", *Social*, La Habana, Vol. XII, No. 7, julio de 1927.
"Poemas en menguante", *Social*, La Habana, Vol. XIV, No. 1, enero de 1929.
"Poema", *Universidad de La Habana*, mayo-junio de 1934.

3. Antologías que incluyen poemas de Mariano Brull.[1]

Acevedo Escobedo, Antonio. *Poesía hispanoamericana contemporánea* (Breve antología). México: Secretaría de Educación Pública, 1944. (Contiene: "Epitafio a la rosa").
— *Algunas poesías de América*. Cuba, 1944. (Contiene "Seres piadosos del camino").
Argilagos, Rafael Graciano. *Sonetario martiano*. La Habana: Editorial Servi-Libros, 1960. (Contiene: "José Martí").
Báez, Paulino G. *Poetas jóvenes cubanos*. Barcelona: Casa Editorial Maucci, 1922. (Contiene: "Retorno", "Ojos verdes", "Ofrenda").
Baeza Flores, Alberto. *Las mejores poesías cubanas*. Barcelona: Editorial Bruguera, 1955. (Contiene: "Retorno").

---

[1] El criterio ordenador aquí ha sido de autor y alfabético. (Debo aclarar que habrá omisiones, ya que resulta imposible una recopilación total).

Carbonell, José Manuel. *Evolución de la cultura cubana*. La Habana: Imprenta El Siglo XX, 1928. (Contiene: "Retorno", "La buena canción", "Por la escondida senda").

Castellanos, Francisco José. *Ensayos y diálogos*. La Habana: Comisión Nacional Cubana de la Unesco, 1961. (Contiene: "Ofrenda").

Escanaverino, María Caridad. *Trozos cubanos: lecturas de autores cubanos seleccionados para la segunda enseñanza*. La Habana: Editorial Librería Selecta, 1952. (Contiene: "La lluvia").

Feijoo, Samuel. *Azar de lecturas*. Santa Clara: Universidad Central de Las Villas, 1961. (Contiene: partes del "Verdehalago").

— *La décima culta en Cuba*. Santa Clara: Universidad Central de Las Villas, 1963. (Contiene: "El ruiseñor a la rosa").

Feria del Libro, I, No. 2 (1943). (Contiene: "La bien aparecida", "Verdehalago").

Fernández de la Vega, Oscar. "Homenaje a Mariano Brull a los 20 años de su muerte y a los 60 de la impresión de 'La casa del silencio', *pimpam-pum, poesía. inter nos*, Nueva York, No. 50, marzo de 1976. (Serie de publicaciones de selección poética. Contiene 12 poesías de Brull: 1) "Jitanjáfora" 2) "El niño y la luna" 3) "Solo de mar" 4) "Rosa alta" 5) "Fuga" 6) "Agua" 7) "Piedra" 8) "Epitafio a la rosa" 9) "El polvo —ceniza etérea—" 10) "Retorno" 11) "Desnudo" 12) "Tiempo en pena".

Ferro, Hellén. *Antología comentada de la poesía hispanoamericana*. Tendencias-temas-evolución. New York: Las Américas Publishing Co., 1965. (Contiene: "Verdehalago").

Florit, Eugenio y José Olivio Jiménez. *La poesía hispanoamericana desde el modernismo*. New York: Appleton-Century-Crofts, 1968. (Contiene: "Ya se derramará como obra plena", "En esta tierra del alma...", "Verdehalago", "Jitanjáfora", "Epitafio a la rosa", "Marina", "Tiempo en pena", "El niño y la luna").

Hispanic Anthology. Poems translated from the Spanish by English and North American Poets. New York and London: G.P. Putnam's Sons, 1920. (Contiene: "Interior", "To the Mountain", trad. de Roderick Gill).

Jiménez, Juan Ramón. *La poesía cubana en 1936*. La Habana: Institución Hispanocubana de Cultura, 1937. (Contiene: "Avión").

Lizaso, Félix y José A. Fernández de Castro. *Antología de la poesía moderna en Cuba*. Madrid: Librería y Casa Editorial Hernando, 1926. (Contiene: 15 poemas de Mariano Brull. Ellos son: 1) "Retorno" 2) "La buena canción" 3) "Por la escondida senda" 4) "Pax anima" 5) "Soneto de otoño" 6) "Un hombre" 7) "Yo me voy a la mar de junio" 8) "Canción" 9) "In memoriam" 10) "Epitafio" 11) "Ya se derramará como obra plena" 12) "En medio del camino" 13) "Polvo de estrella" 14) "La lluvia" 15) "Mi eternidad".

Manojo de selecciones literarias: Cuba. febrero de 1944. (Contiene: "Las María").

Onís, Federico de. *Antología de la poesía española e hispanoamericana*. New York: Las Américas Publishing Co., 1961. (Contiene: "In memoriam"—Francisco José Castellanos, "Verdehalago").

Ripoll, Carlos. *Archivo José Martí: Repertorio crítico*. New York: Eliseo Torres & Sons, 1971. (Contiene: "José Martí").
Valverde, José María. *Antología de la poesía española e hispanoamericana*. México: Renacimiento, 1962. (Contiene: "Soneto", "Desnudo").
Vitier, Cintio. *Las mejores poesías cubanas*. Lima: Torres Aguirre, 1959. (Contiene: "Yo me voy a la mar de junio", "La lluvia", "Verdehalago", "El niño y la luna").

4. Conferencias, palabras, ensayos y otros escritos en prosa.[1]

"¿Cómo hace usted sus versos?", *El Fígaro*, La Habana, XXXI, No. 48 (1915).
"Manuel Ponce...", *El Fígaro*, La Habana, XXXII, No. 24 (1916).
"El salón de 1917", *El Fígaro*, La Habana, XXXIII, No. 1 (1917).
"Ana Pavlova", *El Fígaro*, La Habana, XXXIII, No. 6 (1917).
"Poesía 1931", *Revista Bimestre Cubana*, Vol. XXVIII, julio-agosto de 1931.
L'Art et la Réalité-L'Art et L'État. Institut International de Coopération Intellectuelle, París, 1935.
"Le poète romantique cubain Juan Clemente Zenea et l'influence française" en *Cahiers de politique étrangère*, No. 28. París, Institut des Études Américaines, 1937.
"En torno a Racine", *Revista Cubana*, La Habana, XIV (1940).
"El arma secreta de Ulises", *Revista de La Habana*, No. 1, septiembre de 1942.
"Conmemoración del Aniversario de la Independencia de Checoeslovaquia el 28 de octubre de 1942", *Revista de La Habana*, No. 4, diciembre de 1942.
"La cooperación intelectual o los caminos de la inteligencia", *Revista de La Habana*, No. 3, noviembre de 1942.
Plática de La Habana. América ante la crisis mundial. Comisión Cubana de Cooperación Intelectual. La Habana: Úcar García y Cía., 1943. (Mariano Brull pronunció unas palabras en la primera y tercera reunión).
"El mercader y el libro", *Revista de La Habana*, Año I, No. 5, enero de 1943.
"Eternidad de Simón Bolívar", *Revista de La Habana*, No. 6, febrero de 1943.
"Walter Lippmann y la política exterior de los Estados Unidos", *Revista de La Habana*, Año II, No. 20, abril de 1944.
"Juan Clemente Zenea y Alfredo de Musset", *Revista de La Habana*, Año III, No. 26, octubre de 1944.
"El tiempo-transición" s.f. La existencia de este ensayo la conocemos a través del artículo-entrevista de Rafael Heliodoro Valle, "Diálogo con Mariano Brull", *Revista de la Universidad de México*, II, No. 14 (1947).

---

[1] Nuestro criterio ha sido genérico y cronológico.

"Frente y perfil del Coronel Cosme de la Torriente y Peraza, el libertador infatigable" en *Libro homenaje al Coronel Cosme de la Torriente en reconocimiento de sus grandes servicios a Cuba.* La Habana: Úcar García y Cía., 1951.

"Apoteosis de la rosa ante Dante y Goethe" (Conferencia pronunciada en la Casa Cultural de Católicas el lunes 19 de mayo de 1954 y el miércoles 28 de esa misma semana, en el Ateneo de La Habana).

"Réponse de son Excellence Mariano Brull" en folleto homenaje *Réception de son Excellence Mariano Brull au Pen-Club belge d'expression française a Bruxelles.* Montevideo, 1956.

"La página en blanco. Variaciones sobre un tema de Mallarmé" y "La poesía como expresión secreta" (Estos dos ensayos son mencionados, sin fecha específica, —creo son de su última etapa por la temática— en Max Henríquez Ureña, "Tránsito y poesía de Mariano Brull", *Boletín de la Academia Cubana de la Lengua,* VII, No. 1-2 (1958), p. 67.

5. Enciclopedias y referencias bibliográficas.[1]

Bustamante, Luis J. *Enciclopedia Popular Cubana.* La Habana: Cultural, S.A., 1948, (278).
Diccionario Enciclopédico Abreviado. Tomo II. Madrid: Espasa-Calpe, S. A., 1954, (277).
Diccionario Enciclopédico Hispano-Americano. Barcelona: Montaner y Simón Editores, 1888, (971).
Diccionario Enciclopédico Salvat. Barcelona: Salvat Editores, 1967.
Enciclopedia Universal Ilustrada Europeo-Americana. Madrid: Espasa-Calpe, S. A., 1908, (1078).
Engber, Marjorie. *Caribbean Fiction and Poetry.* New York: Center for Inter-American Relations, 1970, (15).
Forster, Merlin H. *An Index to Mexican Literary Periodicals.* New York and London: The Scarecrow Press, Inc., 1966, (57).
Grismer, Raymond L. *A Reference Index to Twelve Thousand Spanish American Authors.* The H. W. Wilson Company, 1939. (Reprint: Blaine Ethridge Books, 1971).
— *Bibliography of Articles and Essays on the Literature of Spain and Spanish America.* Minneapolis, Minn.: Perine Book Company, 1935, (335).
— and Mildred B. Grismer. *A New Bibliography of the Literature of Spain and Spanish America.* Minneapolis, Minn: Perine Book Company, 1942, (1025).
Havlice, Patricia Pate. *Index to Literary Biography.* Metuchen, New Jersey: The Scarecrow Press, 1975, (173).
Hilton, Ronald. *Who's Who in Latin America.* California: Stanford University Press, 1951.
Index translationum. París: Unesco, 1956, (202).
Índice cultural español. Madrid: VI, No. 66, 1951.

---

[1] Nuestro criterio aquí ha sido de autor y alfabético, con la página entre paréntesis cuando era conocida.

Lazo, Raimundo. "Notas bibliográficas", *Universidad de La Habana*, enero-junio de 1945, (386).
Leavitt, Sturgis E. *Hispano-American Literature in the United States. A Bibliography of Translation and Criticism*. Cambridge, Mass.: Harvard University Press, 1932, (10, 12).
— *Revistas hispanoamericanas. Índice bibliográfico 1843-1935*. Santiago de Chile: Fondo histórico y bibliográfico José Toribio Medina, 1960. (Contiene 18 referencias sobre Mariano Brull).
— and Francisco Aguilera. *Handbook of Latin American Studies*. Cambridge, Mass.: Harvard University Press, 1941, (455).
Levine, Suzanne Jill. *Latin American Fiction and Poetry in Translation*. New York: Center for Inter-American Relations, 1970, (13).
Martin, Percy Alvin. *Who's Who in Latin America*. California: Stanford University Press, 1935, (62).
Menéndez Pidal, Ramón. *Gran Enciclopedia del Mundo*. Bilbao: Durván de Ediciones, 1964, (1057-1058).
Mincharo Vilasaro, Ángel. *Diccionario Universal de Escritores*. San Sebastián, España, 1957.
Pariseau, Earl J. *Cuban Acquisitions and Bibliography*. Washington: Library of Congress, 1970, (59).
Parker, William Belmont. *Cubans of today*. New York and London: G. P. Putnam's Sons, 1919, (109).
Reyes, Alfonso. *Vida y obra- Bibliografía - Antología*. New York: Columbia University, Hispanic Institute, 1956, (74).
Roldán Oliarte, Esteban. *Cuba en la mano. Enciclopedia Popular Ilustrada*. La Habana: Úcar García y Cía., 1940, (829).

6. Estudios, comentarios, noticias o reseñas específicas acerca de Mariano Brull.[1]

Lizaso, Félix. "Mariano Brull: La casa del silencio", *El Fígaro*, La Habana, abril de 1917.
Leguía, Jorge Guillermo. "La Conferencia del Excmo. Sr. Luis Baralt en la Federación de Estudiantes", *Mercurio Peruano*, Año III, Vol. IV, No. 23, mayo de 1920.
Elmore, Edwin. "Análisis y consecuencias de la intervención americana en los asuntos internos de Cuba", *Mercurio Peruano*, Año VI, No. 61-62, julio-agosto de 1923.
Mañach, Jorge. "Mariano Brull: Quelques poèmes", *Diario de la Marina*, La Habana, 15 de diciembre de 1925.
Werrie, Paul. "Quelques poèmes de Mariano Brull", *Social*, La Habana, Vol. XI, No. 3, marzo de 1926.
Jarnés, Benjamín. "Revista literaria americana", *Revista de las Españas*, III, No. 26 (1928). (Sobre "Poemas en menguante").
Anónimo. "Poemas en menguante por Mariano Brull" (noticia bibliográfica), *Archipiélago*, Año 1, No. 9, enero de 1929.

---

[1] Mi criterio aquí ha sido cronológico.

Lizaso, Félix. "Nuestra producción poética en 1928", Social, La Habana, Vol. XIV, No. 1, enero de 1929.
Florit, Eugenio. "Poemas en menguante por Mariano Brull, París, 1928", revista de avance, La Habana, Vol. IV, No. 30, 15 de enero de 1929.
Reyes, Alfonso. "Alcance a las jitanjáforas", revista de avance, La Habana, Vol. V, No. 46, 15 de mayo de 1930.
Anónimo. "Revista en Revista", Revista Bimestre Cubana, Vol. XXVII, No. 3, mayo-junio de 1931.
Martí, José. América. Traduit de l'espagnol par Francis de Miomandre. París: Institut International de Coopération Intellectuelle, 1935.
Lizaso, Félix. "Martí en francés", Revista Bibliográfica Cubana, Año I, No. 2, marzo-abril de 1936.
Entralgo, Elías. "José Martí. 'América'", Revista Bimestre Cubana, Vol. XXXVII, No. 3, mayo-junio de 1936.
Betancourt, Gaspar. "Dos poetas representativos de la moderna lírica cubana" en Mimetismo y otros trabajos. La Habana: Cultural, S.A., 1937.
Valéry, Paul. "Préface" a Mariano Brull, Poèmes. Bruxelles: Les Cahiers du Journal des Poètes, 1939.
— "Prefacio" a los poemas de Mariano Brull, Espuela de Plata, No. E-F, abril-julio de 1940.
Cabrera Saqui, Mario. "Segunda Conferencia Americana de Comisiones Nacionales de Cooperación Intelectual", Revista Bimestre Cubana, Vol. XLVII, No. 1, enero-febrero de 1941.
— "Los poetas de ayer vistos por los poetas de hoy", Revista Bimestre Cubana, Vol. XLVII, No. 2, marzo-abril, 1941.
Anónimo. "Noticia de homenaje a Mariano Brull", América, Vol. X, No. 1, junio de 1941.
Anónimo. "Almuerzo-homenaje a Mariano Brull" (con fotografía), Revista Carteles, Año 22, No. 24, 15 de junio de 1941.
Gay Calbó, Enrique. "La plática de La Habana", Revista Bimestre Cubana, Vol. XLVIII, No. 2, noviembre-diciembre de 1941.
— "Mariano Brull 'Solo de rosa'. Poemas con dos rosas de Mariano y Portocarrero", Revista Bimestre Cubana, Vol. XLIX, No. 1, enero-febrero de 1942.
Cabrera Saqui, Mario. "Revista de La Habana", Revista Bimestre Cubana, Vol. L, No. 2, septiembre-octubre de 1942.
Mistral, Gabriela. "Guía de lectores", Feria del Libro, I, No. 2 (1943).
Valéry, Paul. "Sobre Mariano Brull", Feria del Libro, I, No. 2 (1943).
Mistral, Gabriela. "Fragmentos de una carta de Gabriela Mistral", Revista Cubana, Vol. XVII, abril-diciembre de 1943. (En la sección "Hechos y Comentarios" a cargo de José María Chacón y Calvo).
Anónimo. Segunda Conferencia de Comisiones Nacionales de Cooperación Intelectual. La Habana: Úcar García y Cía., 1943.
Portuondo, José A. "Tarjetero: Cuba literaria (1942)", Revista Bimestre Cubana, Vol. LIII, No. 2 (1944), p. 164.
Lazo, Raimundo. "Zenea, poemas selectos, por Mariano Brull", Universidad de La Habana, enero-junio de 1945.
Silvestre, Guy. "Une heure avec le docteur Mariano Brull", Diplomacia, La Habana, No. II, septiembre de 1946.

Triqueros de León. "Recuerdo de Paul Valéry", *América*, Vol. XXXI, Nos. 1, 2, 3, octubre-noviembre-diciembre de 1946.
Valle, Rafael Heliodoro. "Diálogo con Mariano Brull", *Revista de la Universidad de México*, II, No. 14, 1947.
Tello, Jaime. "Poetas contemporáneos de América, Mariano Brull", *Revista de América*, Bogotá, XI (1947).
Anónimo. "Brull, poeta", *Diplomacia*, La Habana, No. XXIII, junio de 1948.
Mañach, Jorge. "El arcano de cierta poesía nueva", *Bohemia*, La Habana, 25 de septiembre de 1948.
Anónimo. "El Ministro de Cuba en el Canadá", *Diplomacia*, La Habana, No. XXIII, junio de1948.
Anónimo. "El Ministro de Cuba en Suiza", *Diplomacia*, La Habana, No. XXXIII-XXXIV, noviembre de 1949.
Pomès, Mathilde. "Préface" a *La Jeune Parque. La Joven Parca.* París: Civilisations du Sud, 1950.
Anónimo. "Cuba en Bélgica" (Con dos fotografías de Mariano Brull), *Diplomacia*, La Habana, No. XLVI-VII, diciembre de 1950.
Vitier, Cintio. "Una traducción de La Jeune Parque", *Revista Cubana*, La Habana, Vol. 28 (1951).
Miomandre, Francis de. "Sobre Mariano Brull: La Joven Parca", *Hommes et Mondes*, junio de 1951.
— "Una traducción de Paul Valéry", *Boletín de la Comisión Nacional Cubana de la Unesco*, Año I, No. 1, enero de 1952. (Es el mismo que el anterior, en una traducción al español de Luis A. Baralt).
Anónimo. "Homenaje al Señor Embajador de Cuba, Don Mariano Brull y Caballero, con motivo del regreso a su patria" (contiene un discurso de Brull), *Gaceta Comercial*, Montevideo, cubierta 15 (1953).
Mañach, Jorge. "Brull y la traducibilidad de la poesía", *Diario de la Marina*, La Habana, 21 de abril de 1954.
— "Del claroscuro poético", *Diario de la Marina*, La Habana, 23 de abril de 1954.
Anónimo. "Noticia de una conferencia de Mariano Brull" ("Apoteosis de la rosa ante Dante y Goethe" pronunciada en la Casa Cultural de Católicas y en el Ateneo de La Habana), *Boletín de la Comisión Cubana de la Unesco*, Año III, No. 5, mayo de 1954.
Anónimo. "Noticia de una comisión formada por Gastón Baquero, Mariano Brull y José María Chacón y Calvo para publicar la obra de Ballagas", *Boletín de la Academia Cubana de la Lengua*, Vol. III, No. 3-4 , julio-diciembre de 1954.
Réception de son Excellence Mariano Brull au Pen-Club belge d'expression française a Bruxelles. Montevideo, 1956. (Esta recepción tuvo lugar en noviembre de 1952 y se recogió en este folleto-homenaje el cual contiene una alocución de Edmond Vandercammen y la respuesta dando las gracias de Mariano Brull).
Ballagas, Emilio. "La poesía de Mariano Brull", *Orto*, Manzanillo, Cuba, Vol. XLIV, No. 7, 8, 9 (1956). También apareció en el Vol. XXIV (1935) de esta misma revista.
Rodríguez Luis, Julio. "Recuerdo de Mariano Brull", *Ciclón*, La Habana, II, No. 5 (1956).

Baquero, Gastón. "En la muerte de Mariano Brull" (con una fotografía de Brull junto a Alfonso Reyes), *Revista de la Biblioteca Nacional*, La Habana, Año VII, No. 2, abril-junio de 1956. (Este artículo fue publicado también en el *Diario de la Marina*, La Habana, 9 de junio de 1956).

Amado Blanco, Luis. "La soledad de Mariano Brull", *Información*, La Habana, junio de 1956.

Duplessis, Gustavo. "Una lección de dignidad y de poesía: Mariano Brull", *Diario de la Marina*, La Habana, junio de 1956.

Vasconcelos, Ramón. "Notas sobre un gran poeta" en "Entreactos", *Información*, La Habana, junio de 1956.

Anónimo. "Obituario de Mariano Brull", *Boletín Informativo. Instituto Nacional de Cultura*. La Habana, No. 8, junio de 1956. (La doctora Marilyn Ichaso dirigía la publicación).

Anónimo. "Falleció ayer Mariano Brull", *El Camagüeyano*, 9 de junio de 1956.

Anónimo. "El deceso de Mariano Brull y Caballero", *Diario de la Marina* (Creo que es de este periódico —lo encontré entre unos recortes que me permitió hojear su hija Silvia, pero sin nombre—), 10 de junio de 1956.

Anónimo. "Sepelio de Mariano Brull" (fotografía) en "Noticias Nacionales", *Diario de la Marina*, La Habana, 10 de junio de 1956.

Chacón y Calvo, José María. "En la muerte de un amigo: Mariano Brull", *Boletín de la Academia Cubana de la Lengua*, Vol. V, No. 1-4, enero-diciembre de 1956.

Anónimo. "Sobre Mariano Brull" en la sección "Haciendo Justicia", *Diario de la Marina*, La Habana, 10 de junio de 1956.

Pichardo Moya, Felipe. "Mariano Brull", sección "Micronoticias", *Avance*, La Habana, 12 de junio de 1956.

Suárez Solís, Rafael. "Adiós" en "Pequeñas causas", *Diario de la Marina*, La Habana, 12 de junio de 1956.

Torriente, Loló de la. "El mundo ensoñado de Abela", *Revista del Instituto Nacional de Cultura*, La Habana, Año I, No. 3-4, junio-septiembre de 1956.

Anónimo. "Noticia de una conferencia de Gastón Baquero sobre Mariano Brull", *Boletín de la Comisión Nacional Cubana*, Año V, No. 7, julio de 1956. (Con el título, "La poesía de Mariano Brull", fue leída en la Casa Cultural de Católicas).

Bueno, Salvador. "Adiós a Mariano Brull, poeta del silencio y de la rosa", *Revista Carteles*, La Habana, 1 de julio de 1956.

— "En memoria del poeta Mariano Brull", *El Nacional*, Caracas, 12 de julio de 1956.

Anónimo. "Noticia de una conferencia de Gastón Baquero sobre Mariano Brull", *Boletín de la Comisión Nacional Cubana de la Unesco*, Año V, No. 9, septiembre de 1956. (Con el título, "La poesía de Mariano Brull", fue leída en el Lyceum Femenino Pinareño en el mes de agosto).

Gómez Reinoso, Manuel. "Brull, cantor de las rosas", *Renuevo*, La Habana, Año I, No. 4, septiembre de 1956.

Anónimo. "Noticia de una conferencia de Gastón Baquero sobre Mariano Brull", *Boletín de la Comisión Nacional Cubana de la Unesco*, Año V,

No. 10, octubre de 1956, (Con el título, "Evocación de Mariano Brull", fue leída en la Sociedad del Lyceum).
Anónimo. "Noticia del homenaje rendido a Mariano Brull en el Ateneo de La Habana y de la charla de Gastón Baquero sobre él en el Lyceum Lawn Tennis Club", *América*, La Habana, Vol. L, No. 1-2-3, octubre-diciembre de 1956.
Russell, Dora Isella. "Personalidad y obra poética de Mariano Brull", *América*, La Habana, Vol. L, octubre-diciembre de 1956.
Anónimo. "Noticia del homenaje rendido a Mariano Brull en el Ateneo de La Habana en el mes de diciembre", *Boletín de la Comisión Nacional Cubana de la Unesco*, Año VI, No. 1, enero de 1957.
Henríquez Ureña, Max. "Tránsito y poesía de Mariano Brull", *Boletín de la Academia Cubana de la Lengua*, Vol. VII, No. 1-2, enero-junio de 1958.
Matas, Julio. "Mariano Brull y la poesía pura en Cuba", *Nueva Revista Cubana*, I, No. 3 (1959).
Valéry, Paul. *Cahiers*. París: Centre National de la Recherche Scientifique (1960). (Se menciona a Brull como asistente a una conferencia).
Jiménez, José Olivio. "Destino humano de la rosa. Notas sobre poesía cubana contemporánea", *Brecha*, San José, Costa Rica, V, No. 12, agosto de 1961.
Reyes, Alfonso. "Las jitanjáforas" en *La experiencia literaria*. Buenos Aires: Editorial Losada, 1961.
Florit, Eugenio. "Mariano Brull y la poesía cubana de vanguardia", en "Movimientos literarios de vanguardia", *Memoria del Undécimo Congreso del Instituto Internacional de Literatura Iberoamericana*, Universidad de Texas, México, 1965.
Díaz-Plaja, Guillermo. "Paul Valéry y las literaturas hispánicas" (Conferencia ofrecida en el centenario de Valéry en el Institut Français, el 10 de noviembre de 1971. El crítico español elogió enormemente, según Silvia Brull, la traducción de "El Cementerio Marino", por Mariano Brull).
Études de Littérature Étrangère et Comparée: Valéry Larbaud, Alfonso Reyes Correspondance 1923-1952. Avant-propos de Marcel Bataillon. Introduction et notes de Paulette Patout. París: Librairie Marcel Didier, 1972.
Larraga, Ricardo. "Mariano Brull y la poesía pura". Tesis de maestría, Hunter College, Nueva York, enero de 1972. (Defendida ante un tribunal integrado por los doctores Oscar Fernández de la Vega, José Olivio Jiménez y Andrés Valdespino).
Linares Pérez, Marta. "Mariano Brull, el iniciador" en *La poesía pura en Cuba*. Madrid: Playor, 1975.
Castellanos Collins, María. "Mariano Brull, poeta revolucionario" en *Brull, Florit, Ballagas y el vanguardismo en Cuba*. Tesis doctoral, Lexington, Universidad de Kentucky, 1976.
Baquero, Gastón. "Introducción a la poesía de Mariano Brull" en *La casa del silencio*. Madrid: Ediciones Cultura Hispánica, 1976.
Matas, Julio. "Mariano Brull y los confines de la poesía pura", *Caribe*, Spring (1976).

APÉNDICE I

JOSÉ MARTÍ[1]

Tel qu'en Lui Méme enfin l'éternité le change.
MALLARMÉ.

Van quebrando el silencio que silencia tu hora...
todo el dolor del hombre tramonta en tu mirada
que en el ceño furtivo de la tierra desflora,
el júbilo sin nombre de dicha sin morada.

¡Qué mar el de tu frente! ¡Qué ternura extremada
la espuma de la vida desborda y evapora!
La gracia de las cosas despierta a tu llegada
y el candor de la tierra bajo tu planta implora...

Un ángel perseguido en tu pecho se ampara
y mira con tus ojos y con tus labios bebe
en la fuente de lágrimas que el bien y el mal separa.

¡Qué tierra ha de tenerte que no se sienta leve!
¡Qué sombra ha de envolverte que no se sienta clara!
¡Qué nueva estrella irrumpe que a tanta luz se atreva!

Mariano BRULL
(Cubano).

A ALFONSO REYES EN EL CINCUENTENARIO DE SUS BODAS CON LA POESÍA.[2]

Los que lleguen a ti como romeros
en las alas de Icaro prestadas,
por tu saludo ¡Oh, gran Alfonso! alzan
los brazos en silencio con un ruego...

---

[1] Hemos copiado este poema del *Sonetario Martiano* de Rafael G. Argilagos. No tenemos la fecha exacta de su composición, pero creemos debe ser de los años '40, por su cita mallarmeana.

[2] Publicado en el *Diario de la Marina* el 27 de noviembre de 1955 y en la *Revista de la Biblioteca Nacional*, Año VI, No. 4, octubre-diciembre de 1955. (Lo hemos copiado de ésta última).

> Hoy 28 de noviembre cierra
> el ciclo que marcó el cincuentenario
> de tu canción primera, don del cielo
> que las nubes felices tararean
> con la música muda de los astros.
>
> Después la busca y encontrarte luego
> al dejo claro de tu voz uncida
> de la prisión de tu saber, liberto
> del saber que no es más sabiduría
> y al fin vuelto a ti mismo para hallarte
> en cenizas de luces no encendidas.
> Adondequiera que pisó tu planta
> te reconoce el agua en sus cristales,
> las aves en el arte de su vuelo
> el viento en el ovillo de sus danzas.
> No en vano erraste por islas desterradas
> en los mares secretos de Odiseo.
>
> Ahora que el árbol del saber te habla
> de los mudos secretos de sus hojas
> hay en tus ojos brillo tan callado
> que taladra el silencio sin tocarlo...
> No es por azar que Reyes sigue Alfonso
> el reino de tu nombre en ti confía
> para tu gloria actual y venidera,
> si un Monte Rey le dió luz a tu cuna
> un prócer Reyes enalteció tu nombre.
>
> Mariano Brull

Deben señalarse en ambos poemas ciertas constantes de su poesía hacia el logro de una "pureza" de contención, como por ejemplo el equilibrio a través de lo antitético en lo expresivo, "desborda y evapora", "luces no encendidas". Sin embargo, se advierte una temperatura más íntima en lo personal: la de la amistad y la de la admiración.

APÉNDICE II

Fragmento de LA JEUNE PARQUE

LA JOVEN PARCA (p. 49)[1]

¿Qué haces tú, erizada, y qué tu mano gélida,
Y qué estremecimiento de hoja huída (ausente) persiste
Entre vosotras, islas de mi desnudo seno?
Yo cintilo, ligada a los cielos ignotos...
(Yo brillo, como parte de ese cielo ignorado...)
Brilla racimo inmenso a mi sed de desastres.
(En el racimo inmenso de mi sed de desastres.)

Potentes forasteros, inevitables astros, (omnipotentes seres)
Que hacéis lúcido, sobre lo temporal lejano
Yo no sé qué de puro y sobrenatural;
Vosotros, que fundís en lágrimas de hombre
Esos brillos soberbios, las invencibles armas,
Los lancetazos signo de vuestra eternidad;
(Y las palpitaciones)
Ante vosotros, trémula, sola, del lecho huída,
Sobre el escollo en que muerde la maravilla,
                (mordió)
A mi pecho interrogo ¿qué dolor lo desvela?
¿Qué crimen por mí misma sobre mi consumado?...
            (sobre mi misma)
....

---

[1] Pudimos comparar esta versión de 1950, consultada en la Biblioteca del Congreso de Washington, con la de 1949, en casa de Silvia Brull en esa misma ciudad. Lo puesto en paréntesis señala los cambios observados en esta última. (Esto indica el deseo "purista", de pulimento y perfeccionamiento).

Fragmento de EL CEMENTERIO MARINO (p. 11)[2]

M. Brull
Techo tranquilo; —cruce de palomas—
Entre pinos palpita y entre tumbas;
El Mediodía justo torna en fuego
El mar, el mar, recomenzando siempre...
¡Oh recompensa, tras un pensamiento:
Largo mirar la calma de los dioses!
....

J. Guillén
Ese techo, tranquilo de palomas,
Palpita entre los pinos y las tumbas.
El Mediodía justo en él enciende
El mar, el mar, sin cesar empezando...
Recompensa después de un pensamiento:
Mirar por fin la calma de los dioses.
....

---

[2] Pudimos leer esta versión en casa de su hija Silvia. Hemos añadido, a continuación, el fragmento equivalente en la versión de Jorge Guillén. Podemos notar, por ejemplo, ciertas diferencias, como ese sentido, ya apuntado anteriormente, de armonización en la contención y el uso condensatorio de los guiones por parte de Brull (—cruce de palomas—, en antítesis al techo en quietud, lo cual Guillén mantiene en su quietud, sin contraste).